ROSSANA FISCILETTI

A QUARTA REVOLUÇÃO INDUSTRIAL E OS NOVOS PARADIGMAS
DO DIREITO DO CONSUMIDOR

Copyright© 2021 by Literare Books International.
Todos os direitos desta edição são reservados à Literare Books International.

Presidente:
Mauricio Sita

Vice-presidente:
Alessandra Ksenhuck

Diretora executiva:
Julyana Rosa

Diretora de projetos:
Gleide Santos

Relacionamento com o cliente:
Claudia Pires

Capa, projeto gráfico e diagramação:
Gabriel Uchima

Edição:
Leo A. de Andrade

Revisão:
Ivani Rezende

Impressão:
Gráfica Paym

Dados Internacionais de Catalogação na Publicação (CIP)
(eDOC BRASIL, Belo Horizonte/MG)

F528q   Fisciletti, Rossana.
         A quarta revolução industrial e os novos paradigmas do direito do consumidor / Rossana Fisciletti. – 2.ed. – São Paulo, SP: Literare Books International, 2021.
         14 x 21 cm

         ISBN 978-65-5922-152-3

         1. Literatura de não-ficção. 2. Inovações tecnológicas – Aspectos sociais. 3. Tecnologia e civilização. I. Título.
         CDD 338.064

Elaborado por Maurício Amormino Júnior – CRB6/2422

Literare Books International Ltda.
Rua Antônio Augusto Covello, 472 – Vila Mariana – São Paulo, SP.
CEP 01550-060
Fone: (0**11) 2659-0968
site: www.literarebooks.com.br
e-mail: contato@literarebooks.com.br

A QUARTA REVOLUÇÃO INDUSTRIAL E OS NOVOS PARADIGMAS DO DIREITO DO CONSUMIDOR

*Para Wilma, minha mãe,
presente escolhido a dedo por Deus.*

André, companheiro de vida e pesquisas.

*Vincenzo, filho maravilhoso que
me apresentou ao Multiverso.*

*Aos amigos professores,
por tantos ensinamentos.*

*Aos meus alunos e ex-alunos,
pela amizade e confiança.*

> *"As mudanças são tão profundas que, na perspectiva da história humana, nunca houve um momento tão potencialmente promissor ou perigoso."*
>
> **Klaus Schwab**

PREFÁCIO À PRIMEIRA EDIÇÃO

Cumpre-me a honrosa tarefa de elaborar o prefácio do trabalho científico, *A Quarta Revolução Industrial e os novos paradigmas do Direito do Consumidor*, cuja pesquisa tive a prazerosa missão de orientar.

Inicialmente, vale a pena tecer considerações sobre as qualidades pessoais da Professora, Doutora em Direito e autora, Rossana Marina De Seta Fisciletti, Coordenadora do Grupo de pesquisa Observatório de Direito Digital. Seu empreendedorismo, força de vontade e gana de vencer a tornam uma pessoa única e a caracterizam como uma pesquisadora que tem a capacidade de construir uma pesquisa documental apta a deslindar qualquer problemática e testar a hipótese do trabalho de conclusão do seu curso de doutorado.

Suas experiências pessoais, particularmente, durante os anos que antecederam o doutorado fizeram com que se interessasse mais e mais sobre as temáticas consumeristas.

Além disso, as dificuldades apresentadas nas lides relacionadas ao comércio eletrônico e os dissabores dos consumidores e dos empresários na Era Digital foram causando-lhe espanto ou surpresa, o que fizeram com que pesquisasse e escrevesse sobre um tema tão atual e necessário para a sociedade informacional.

Quanto ao trabalho científico, dá um toque de multi-interdisciplinariedade à pesquisa de Direito, o que faz do seu conteúdo uma das mais expressivas contribuições para o Direito e História Econômica, com originalidade.

Agora, publicar o seu trabalho científico é essencial para que a temática seja amplamente discutida dentro da sociedade civil e para que as conclusões apresentadas em seu trabalho de pesquisa sejam analisadas por todos os interessados.

O programa de pós-graduação da Universidade Veiga de Almeida e suas linhas de pesquisa abriam a autora um leque de possibilidades para o êxito de sua pesquisa. O conjunto de disciplinas cursadas e as conversas com os professores do programa foram facilitando o caminho e sinalizando as pontes da temática com o Direito.

Aos profissionais e estudantes de direito, *marketing*, administração, comunicação social, e demais humanidades digo que poderão se espelhar no trabalho científico da autora para desenvolverem-se no ambiente da pesquisa multi-interdisciplinar em Ciências Sociais Aplicadas e Ciências Humanas, no contexto do Direito.

A contribuição trazida pela pesquisa é expressiva pela discussão de uma temática sensível na sociedade brasileira, como também se destaca pela apresentação dos problemas enfrentados pelos consumidores 4.0. Mais uma vez declaro que é pouco escrever o quanto é elogiável o trabalho científico fruto das investigações científicas da autora e do viés de inovação da obra que apresenta ao público.

Que desfrutem da excelente leitura!

Prof. Dr. Antônio Celso Alves Pereira,
Professor do Programa de Pós-Graduação
em Direito da Universidade Veiga de Almeida,
Reitor do Centro Universitário de Valença, RJ.
Presidente da Sociedade Brasileira
de Direito Internacional.

PREFÁCIO À SEGUNDA EDIÇÃO

A Editora Literare Books está de parabéns por receber e publicar esta obra, superoportuna, já na segunda edição, o que mostra a crescente necessidade do estudo neste longo período de pandemia no qual percebemos que o isolamento social impositivo, por força da Covid-19, fez com que o *e-commerce* se tornasse a ferramenta adequada a garantir o ambiente negocial dos países e a circulabilidade das riquezas, possibilitando a sobrevida de diversas empresas e países desde o difícil ano de 2020, quando foi lançada a primeira edição desta obra, que recebeu o prêmio Livros Excepcionais 2020, na categoria Direito, Inovação e Disruptividade.

A autora é uma pesquisadora incansável, tanto é que, após a conclusão do seu doutorado e com o êxito da primeira edição do livro, vem agora, com a segunda edição atualizada durante as pesquisas do seu pós-doutoramento em Direito e Novas Tecnologias realizado no *Mediterranea International Centre for Human Rights Research* (MICHR), concluindo também o estágio de pós-doutoramento em Economia na Universidade Federal Fluminense, RJ, Brasil.

A obra, ao tratar dos novos paradigmas do "consumidor 4.0", como chama a autora, repensa algumas temáticas multi-interdisciplinares, como: a articulação entre os recursos digitais, o processo de consumo e características e os efeitos da relação entre o consumidor e o produtor das compras e vendas, serviços ou acessos pela rede de computadores.

A autora teceu importantes considerações, que merecem atenção, com base no relatório do desenvolvimento digital dos países da Organização para a Cooperação e Desenvolvimento Econômico (OCDE) e com bibliografia nacional e internacional, dentro do contexto do Direito Internacional Econômico.

Focou suas discussões nos desafios e dilemas do comércio global e mercados mundiais, bem como aproveitou e estudou a questão do Brasil em perspectiva comparada com algumas iniciativas consumeristas digitais dos Estados Unidos e da União Europeia conferindo ao leitor a possibilidade de conhecer e refletir, por si mesmo, sobre como implementar as políticas públicas consumeristas brasileiras com a arte de "prestar atenção" aos detalhes históricos das quatro revoluções industriais.

O livro é um repensar generoso sobre a maneira de proteger o consumidor digital, sem afirmar numa invulnerabilidade consumerista ou nele como *homo vulnerabilis*.

A autora deixa a porta aberta para discutirmos sobre uma possível ideia de um consumidor digital em uma sociedade em que tudo se vende e se compra, o que estimula a observação e a troca de ideias no sentido da proteção adequada do ambiente de consumo.

Profa. Dra. Claudia Ribeiro Pereira Nunes,

Visiting Scholar on Michelle Bell's
Research Group at Yale University,
Investigadora Invitada en GIESA de la
Universidad Complutense de Madrid.

APRESENTAÇÃO

Rossana Marina De Seta Fisciletti fez uma pesquisa de longo alcance intelectual sobre a Quarta Revolução Industrial e os novos paradigmas do Direito do Consumidor, na qual consegue com presença perceptiva coordenar o panorama geral da evolução da sociedade moderna para o cenário de altas mudanças qualitativas. Essas mudanças qualitativas afetam não apenas as regras de ascensão nos processos produtivos que marcaram a transformação da produção artesanal para a sociedade industrial como também suas perspectivas qualitativas, modificações, até das profundas transformações na revolução digital.

Pragmaticamente, a pesquisa evolui na linha de fazer um estudo original e precursor na vida acadêmica brasileira, na qual a autora coordena a evolução do Direito dos consumidores e dentro deles a vulnerabilidade diante da evolução tecnológica de grandes efeitos, não apenas no *e-commerce*, mas também nas relações de consumo constrangidas diante da revolução digital. Nesse sentido a temática da tese, agora em livro, é uma porta aberta para a compreensão da Revolução Digital no contexto da vida jurídica brasileira moderna.

Para alcançar seus resultados, a pesquisadora-doutora Rossana Fisciletti fez um vasto levantamento bibliográfico, em que procurou por meio de um estudo qualitativo estudar não propriamente o Direito do Consumidor, mas a articulação entre os recursos digitais e o processo de consumo, identificando os seus efeitos não apenas da perspectiva do consumidor, mas também sobre a relação entre o consumidor e os produtores pelos serviços *on-line*. Independentemente da bibliografia que envolve as relações de consumo e o seu eventual processo por meio da internet, a autora identifica, com uma bibliografia intelectualmente aberta, a formação do capitalismo moderno. Nesse sentido, dá-se o papel de Adam Smith e o processo de identificação da acumulação da riqueza, como também os autores que pensam os processos dinâmicos do mercado, como Anthony Giddens.

Nesta mesma linha, justifica os fundamentos jurídicos que definiram a sua evolução, marcando seus limites, especialmente citando

Robert Cooter, que dá grandes contribuições a Teoria do Contrato, e ainda Clayton Christensen sobre o Dilema da Inovação, aspecto pouco discutido no Direito. A autora trabalha ainda com escritores brasileiros no contexto do Direito Internacional Econômico em expansão, focando seus desafios e dilemas no comércio global e no império dos mercados mundiais, tema discutido em Odete Oliveira, e mesmo no apoio que busca em Sálvio de Figueiredo Teixeira, em *A Proteção do Consumidor no Sistema Jurídico Brasileiro*.

Numa segunda linha argumentativa, Rossana busca demonstrar os espaços abertos das novas tecnologias quando trabalha com o autor Pierre Lévy sobre as tecnologias da inteligência e o futuro da inteligência na era da tecnologia, que rapidamente tomou uma dimensão digital que influencia o futuro da *inteligentsia* brasileira ligada à pesquisa, que deve pensar e conduzir mesmo nas condições precárias do país as atividades do *e-commerce*, especialmente as relações de consumo, nas quais Claudia Lima Marques tem um papel importante. Todavia é conveniente citar Zygmunt Bauman, com sua áspera crítica sobre a transformação das pessoas em mercadoria, em que abre uma discussão sobre as novas dimensões existenciais da vida moderna.

Foi nesse contexto, de amplo alcance intelectual, que traduz um esforço nem sempre identificado no cotidiano dos estudos acadêmicos, que a doutora em Direito pela Universidade Veiga de Almeida contou com o apoio de seus orientadores José Vicente Santos de Mendonça, Letícia Maria de Oliveira Borges e Antônio Celso Alves Pereira, tendo como examinadores Aurélio Wander Bastos, João Eduardo de Alves Pereira e Edna Rachel Hogemann, tendo conseguido fazer, como doutoranda, nessa marcha intelectual, uma síntese facilmente perceptível na sua obra, da perspectiva entre o que ela denomina de "a Quarta Revolução Industrial e seus impactos", de onde esperaria, como ela própria afirma, a "ecoeficiência" dos mercados e os efeitos positivos da qualidade de vida e a identificação do contexto (pleno) da empregabilidade.

Esse quadro analítico do fenômeno social que marca a vida contemporânea cruzada pela tecnologia digital permite identificar no texto o desfoque da desigualdade social. Na verdade esse é o desafio da autora, se não também o desafio de todos nós, que acompanhamos nas práticas governamentais as dificuldades das políticas brasileiras internas como o desequilíbrio da renda básica e o fenômeno crescente da pobreza na

Apresentação

imprescindível necessidade para (re)encontrar as condições mínimas de sobrevivência, sem que esqueçamos, mesmo neste quadro de dificuldades, que a tecnologia digital pode dar uma grande contribuição, que não se restrinja ao *e-commerce*.

No fundo este problema de nossos tempos, o desequilíbrio entre a riqueza e a pobreza, está subjacente na sua busca intelectual, se não para enfrentar na sua leitura concentrada nas regras da era digital, seus efeitos na legislação digital mundial e o vazio da legislação brasileira. Nesse sentido a autora deixa para discutir em capítulo próprio a questão da desigualdade social, não propriamente em função do isolamento do seu cotidiano digital, mas principalmente, aliás, numa linha bastante interessante para o autor desta Apresentação, que foi Secretário Nacional de Direito Econômico (1994/2000), que atuou na conferência dos vetos do Código de Defesa do Consumidor e redigiu o texto original do Decreto regulamentar do Código de Defesa do Consumidor (Decreto no 2181 de 20/03/97).

Esta interessante distinção está visível neste livro sobre as espécies de vulnerabilidade, palavra precursora na literatura econômica brasileira, especialmente quando se trata de distinguir o consumidor clássico e o que a autora denomina, obedecendo a critérios internacionais, de *Prosumer*, permitindo levantar os efeitos sobre a criança e principalmente sua vulnerabilidade geral diante dos *youtubers* e as práticas abusivas. É nesta linha que pretendemos conduzir nossas últimas observações, insistindo que, embora não venha a autora ressaltar a questão digital do *e-commerce* como lacunas, elas são longamente discutidas em nosso livro de Teoria do Direito, na ordem jurídica, como Hans Kelsen preferiria abordar.

Todavia, esse trabalho efetivamente é um estudo sobre o alvorecer da Primeira Revolução Digital, uma linha de continuidade da quarta revolução Industrial, podendo ser ou estar também classificado como um fato social novo que, pela sua dimensão e influência contemporânea, poderia estar sobre a observação legislativa, como ocorre no mundo global. Na verdade, o conjunto dos *sites* institucionais / portais de notícias que introduz na reta final do seu estudo é um especialíssimo desafio à nova *inteligentsia* brasileira, no sentido de compararmos a nossa evolução legislativa digital e a significativa evolução dos *sites* internacionais, em geral disponíveis no Brasil.

Melhor identificada, todavia, esta contribuição, é uma efetiva demonstração do avanço desses sites, especialmente na União Europeia (Conselho), mas também uma lição para as nossas distâncias em relação ao avanço das iniciativas digitais, também nos Estados Unidos e na China, ficando para todos nós evidente no espaço jurídico interno que a questão do Direito Digital é uma proposta de aprofundamento de estudos para viabilizar o desenvolvimento brasileiro.

A simples sistematização desses *sites* por tema e assunto nos dão a distância entre a nossa plataforma jurídica clássica e as plataformas digitais internacionais, fortalecendo a tese do longo caminho que devemos percorrer para efetivamente vivermos uma Primeira Revolução Digital, desígnio que o mundo desenvolvido implanta sobre a tradição industrial. Esta obra marca um momento importante neste compasso do progresso tecnológico digital.

Prof. Dr. Aurélio Wander Bastos

Jurista, Cientista Político, Advogado e
Professor Emérito da Universidade Federal
do Estado do Rio de Janeiro – UniRio.

SUMÁRIO

INTRODUÇÃO **19**

CAPÍTULO 1: TRANSFORMAÇÕES DA HUMANIDADE E DESCOBERTAS RELEVANTES **23**

1. PANORAMA DA EVOLUÇÃO ECONÔMICA 23
1.1. A IDADE MODERNA E SUAS RUPTURAS 25
1.1.1. O ELEMENTO CIENTÍFICO 31
1.2. REVOLUÇÕES INDUSTRIAIS: DA PRODUÇÃO 37
1.2.1. ELETRÔNICOS E PRODUÇÃO EM MASSA 41
1.2.2. INOVAÇÕES DO CENÁRIO CAÓTICO 46
1.2.3. SOCIEDADE INFORMACIONAL 50

CAPÍTULO 2: A QUARTA REVOLUÇÃO INDUSTRIAL E SEUS IMPACTOS SOCIAIS **53**

2.1. A QUARTA REVOLUÇÃO INDUSTRIAL A FAVOR DA SOCIEDADE 54
2.1.1. PESSOAS: QUALIDADE DE VIDA E EMPREGABILIDADE 55
2.1.2. PLANETA: ATUAÇÃO ECOEFICIENTE NO MERCADO 59
2.1.3. LUCRO 64
2.2. DESIGUALDADE SOCIAL, EMPREGABILIDADE E ADAPTAÇÃO 67

2.2.1. RENDA BÁSICA UNIVERSAL (RENDA BÁSICA DE CIDADANIA OU RENDIMENTO DE CIDADANIA) 71

2.2.2. HACKERS DE SERES HUMANOS: DISCURSO DE HARARI 76

2.3. CARACTERÍSTICAS DA QUARTA REVOLUÇÃO INDUSTRIAL 79

2.4. A INDÚSTRIA 4.0 NA EUROPA 81

2.4.1. LEGISLAÇÃO EUROPEIA E SUA ATUAÇÃO COMO PIONEIRA NA LEGISLAÇÃO DIGITAL MUNDIAL 83

2.4.2. ADEQUAÇÃO DAS REGRAS À ERA DIGITAL 85

2.4.3. LEGISLAÇÃO DA UE SOBRE DIREITOS DE AUTOR ADAPTADA À ERA DIGITAL 86

2.4.4. AUMENTO DA TRANSPARÊNCIA NOS NEGÓCIOS REALIZADOS POR INTERMÉDIO DE PLATAFORMAS ON-LINE 88

2.4.5. PROGRAMA EUROPA DIGITAL - COMITÊ DE REPRESENTANTES PERMANENTES DOS GOVERNOS DOS ESTADOS-MEMBROS DA UNIÃO EUROPEIA (COREPER) 89

2.4.6. POLÍTICA DIGITAL PÓS-2020 90

2.5. CONSIDERAÇÕES GERAIS SOBRE INICIATIVAS DIGITAIS: EXPERIÊNCIAS DOS PAÍSES 91

2.5.1. LEI DE PROTEÇÃO DE DADOS 93

2.5.2. LEGISLAÇÃO E-COMMERCE 97

2.6. A INDÚSTRIA 4.0 NO BRASIL 98

2.6.1. CONCEITO E FUTURO DA INDÚSTRIA 4.0 102

2.6.2. DESAFIOS E OPORTUNIDADES 104

2.7. ALGUMAS QUESTÕES JURÍDICAS DA QUARTA REVOLUÇÃO INDUSTRIAL 105

CAPÍTULO 3: CONSUMIDOR 4.0 113

3.1. GERAÇÕES DE CONSUMIDORES E ESPÉCIES DE VULNERABILIDADE: DO CONSUMIDOR CLÁSSICO AO PROSUMER 113

3.1.1. ESPÉCIES DE VULNERABILIDADE 119

3.2. CONSUMIDORES DA ERA DIGITAL 122

3.2.1. VULNERABILIDADE PSICOLÓGICA EM AMBIENTE DIGITAL: TÉCNICAS DE PERSUASÃO E GATILHOS MENTAIS 124

3.2.2. VULNERABILIDADE PSICOLÓGICA DOS MENORES EM AMBIENTE DIGITAL: OS YOUTUBERS E A PRÁTICA ABUSIVA DO UNPACKING 127

3.2.3. VULNERABILIDADE INFORMACIONAL EM AMBIENTE DIGITAL: RECONHECIMENTO FACIAL E TRANSFERÊNCIA DESAUTORIZADA DE DADOS 128

3.2.4. VULNERABILIDADE TÉCNICA EM AMBIENTE DIGITAL: OBSOLESCÊNCIA PROGRAMADA EM RAZÃO DE UPDATE 136

3.3. CARACTERÍSTICAS DO CONSUMIDOR NA ERA DIGITAL 138

3.3.1. AUTONOMIA, INDIVIDUALIZAÇÃO E ALGORITMIZAÇÃO DO CONSUMIDOR 4.0 140

3.3.2. PROTAGONISMO DO CONSUMIDOR 4.0: INTERAÇÃO E ENGAJAMENTO 141

3.3.3. IMEDIATISMO E CONVENIÊNCIA DO CONSUMIDOR 4.0 147

3.4. CONTRATOS DE ADESÃO, ALGORITMIZAÇÃO, CONFIANÇA E VULNERABILIDADE NA ERA DIGITAL 152

CONCLUSÃO 157
REFERÊNCIAS 161

INTRODUÇÃO

O ato de consumir se estende desde a Antiguidade até os nossos dias, permeando a existência humana e girando o grande motor evolucionário que trouxe a civilização até aqui.

Esta pesquisa parte de uma perspectiva histórica, embora bem objetiva: visa entender o cenário evolutivo que se convencionou denominar de Quarta Revolução Industrial ou Indústria 4.0 (era digital), bem como sua repercussão econômica e jurídica, especialmente na União Europeia e no Brasil. Tal proposta se mostrou viável e proveitosa, uma vez que o sistema jurídico brasileiro usufrui das experiências normativas propostas pela Europa em diversas áreas do Direito, e com o Direito Digital não é diferente. Para isso, breves considerações conceituais e caracterizadoras da Indústria 4.0 serão desenvolvidas na pesquisa.

A breve perspectiva histórica percorre a Primeira, a Segunda e a Terceira Revoluções Industriais, suas descobertas e seus impactos até chegar à narrativa dos dias atuais. Tais referências atuam no contexto da presente pesquisa como forma de criar um vínculo temporal e evolutivo. A proposta parte de diretiva metodológica clássica em que se privilegia a busca de contextos históricos para a construção de alicerces e melhor enfrentamento de temas contemporâneos.

A Quarta Revolução Industrial altera significativamente a forma como as pessoas se relacionam em sociedade, as maneiras de interagir com o próximo e os hábitos de consumo. Nesse cenário, devem ser investigadas as tecnologias, sua disruptividade e as novas práticas adotadas por fornecedores e consumidores neste "novo mundo" globalizado, onde interagem os ambientes virtual e físico.

A obra visa trazer uma reflexão sobre as novas diretrizes do Direito do Consumidor no Brasil, observando as transformações propostas pela Indústria 4.0, como a personalização de produtos, lojas autônomas, sistemas de manufatura avançada e fábricas inteligentes. Trata-se de mudanças que certamente impactam no fornecimento de produtos e serviços, em novas estratégias de *marketing*, no posicionamento legal e ético para oferta deles, no posicionamento mercadológico em relação à utilização massiva da tecnologia, bem como no novo ator que emerge desse cenário: o consumidor 4.0.

Justifica-se este trabalho pela necessidade de um estudo sobre o impacto das novas tecnologias nas relações de consumo, que observe o consumidor tanto em seu protagonismo, como em sua vulnerabilidade. Assim, a proposta é enfocar as repercussões da era digital no mercado de consumo e apresentar estratégias capazes de promover reflexões, diálogos e enfrentamentos.

A Indústria 4.0 resulta no crescimento exponencial do Direito Digital e, por consequência, apresenta novas relações entre fornecedores e consumidores. Tecnologia, direito e ética se misturam cotidianamente nos mais diversos segmentos da sociedade, o que torna necessário o estudo aprofundado dessas relações entre fornecedores e consumidores neste "novo mundo" globalizado. Esta obra visa demonstrar que o consumidor no Brasil não é um protagonista prostrado no tempo, pelo contrário, o Direito do Consumidor sempre esteve em rápida e constante evolução. Novos conceitos se apresentaram no cotidiano para dar ênfase ao novo modelo de consumo criado a partir da evolução dos meios de produção, técnicas de *marketing* e venda, decorrentes das imposições de um mercado altamente veloz e competitivo.

O chamado consumidor 4.0 é o sujeito objeto desta proposta de estudo, e sua presença traz novas implicações jurídicas para conceitos clássicos construídos durante anos de estudos e pesquisas, modelados pela legislação e doutrina consumerista, como confiança, boa-fé objetiva e vulnerabilidade. O consumidor 4.0 é exigente, proativo e busca uma experiência de compra mais completa e satisfatória do que as demais gerações de consumidores no Brasil.

O livro se desenvolve em três capítulos. O primeiro se constitui de um breve panorama histórico cujo pano de fundo se dá nas transformações da humanidade no curso das Revoluções Industriais, identificando algumas descobertas essenciais para o aperfeiçoamento dos instrumentos de produção e dos processos tecnológicos, a mecanização e a automatização dos processos de trabalho.

O segundo capítulo é destinado aos impactos da Quarta Revolução Industrial, suas características, sua evolução na Europa, as estratégias brasileiras e diretivas para adesão aos novos padrões de produção e trabalho.

Introdução

Cuida, ainda, da análise dos aspectos positivos da Indústria 4.0, bem como do seu prognóstico negativo.

Na terceira parte, o consumidor é conduzido para o centro do debate, observando-se sua evolução histórico-legislativa no Brasil e suas características gerais. Nesse capítulo, a atenção é voltada, ainda, para desvendar a figura do consumidor 4.0, apresentando-se seu perfil diferenciado no mercado de consumo, destacando-se características como autonomia, interação e conveniência.

CAPÍTULO 1:
TRANSFORMAÇÕES DA HUMANIDADE E DESCOBERTAS RELEVANTES

1. PANORAMA DA EVOLUÇÃO ECONÔMICA

Compreender a evolução econômica na atualidade requer uma abordagem sucessiva e progressiva de acontecimentos que se iniciam séculos atrás.

Bernstein[1] informa que, até o ano 1000, todo trabalho agrícola, industrial, militar e de engenharia era executado com trabalho braçal, mas, como é pouca a energia que o homem é capaz de produzir[2], muitos desafios precisavam ser superados. Na Antiguidade, os gregos buscaram explorar ao máximo essa pouca energia: daí surgiram aparelhos inteligentes com roldanas, polias, alavancas, entre outros. Porém, tais aparatos não eram suficientes, pois qualquer crescimento na produção agrícola esbarrava na limitação humana. Para suplementar, usava-se a força dos animais; contudo, também era insuficiente e de alto custo.

Já no fim do século XI, ápice da Idade Média e período de grande vigor econômico, registraram-se a Revolução Agrícola, a Revolução Comercial, o renascimento de cidades e o progresso da classe de mercadores e artesãos[3], embora, segundo Le Goff, o comércio fosse pouco desenvolvido à época.

---

1 BERNSTEIN, William J. *Uma breve história da riqueza: como foi criada a prosperidade no mundo moderno.* São Paulo: Fundamento, 2015, pp. 186 a 188.

2 "As pessoas eram menores e menos saudáveis no mundo antigo e não tinham grande motivação. Escravos ou camponeses desprovidos de direitos de propriedade executavam a maior parte do trabalho. Os historiadores econômicos estimam que os escravos produzissem o equivalente à metade do que faziam homens livres encarregados da mesma tarefa". BERNSTEIN, ibidem, p. 187.

3 OLIVEIRA, Odete Maria de. Relações comerciais globais e o império dos mercados mundiais. In. *Direito Internacional Econômico em Expansão: desafios e dilemas.* Org. RI JUNIOR, Arno Dal; OLIVEIRA, Odete Maria (orgs). 2 ed. Unijuí: Ijuí, 2005, p. 850.

No século XII, desenvolveu-se a prática da mercancia, inclusive com a atividade de troca de moeda, dando-se início à atividade bancária. A cotação de moeda surgiu com a invenção da letra de câmbio, que intensificou as atividades comerciais, pois evitava o transporte de numerário e ainda possibilitava o empréstimo e o reembolso em outro lugar[4]. O tráfego de mercadorias era complicado, caro (com cobrança de taxas e pedágio por senhores, cidades e comunidades para a travessia de uma ponte ou o simples tráfego em suas terras) e demorado pela falta de pavimentação nos caminhos.

Segundo Le Goff, a partir do século XIII, senhores, mosteiros e burgueses construíram pontes "que facilitam e aumentam um tráfego do qual eles retiram direta e indiretamente recursos consideráveis", mas às vezes é "à custa dos usuários", dos próprios mercadores, que se constroem obras de arte como a ponte suspensa, a primeira do gênero, que abriu pelo Gothard, em 1237, o caminho mais curto entre a Alemanha e a Itália[5].

Observam-se dois elementos diferenciais para o desenvolvimento: a água e o solo. O homem foi rápido em observar o primeiro como elemento capital da vida econômica[6]. Os moinhos, os diques e as represas, por isso foram essenciais na Idade Média. Outro elemento é a madeira, vista como material universal[7].

Os séculos XIV e XV foram marcados por morte, doença e guerra, que levaram a um período de profunda depressão econômica, revolta e mudança social. Brotton informa fatos importantes que suscitaram a crise desse tempo na Europa[8]:

---

4 LE GOFF, Jacques. *Em busca da Idade Média*. Rio de Janeiro: Civilização Brasileira, 2005a, p. 96.

5 LE GOFF, Jacques. *Mercadores e banqueiros da Idade Média*. Universidade hoje. São Paulo: Martins Fontes, 1991, pp. 9-10.

6 FOSSIER, Robert. *O trabalho na Idade Média*. Petrópolis, RJ: Vozes, 2018, p. 67.

7 Le Goff (op. cit, p. 199), afirma que a Idade Média é o "mundo da madeira" e que "muitas vezes uma madeira de qualidade medíocre, e ainda assim em peças de pequeno tamanho e mal trabalhadas. As grandes peças inteiriças empregadas na construção de edifícios ou como mastro de navios – a madeira de carvalho –, difíceis de cortar e de trabalhar, são caras, senão de luxo. Procurando em meados do século 12 árvores de grande diâmetro e suficientemente altas para o vigamento da abadia de Saint-Denis".

8 BROTTON, Jerry. *O bazar do Renascimento: da rota da seda a Michelangelo*. São Paulo: Grua, 2009, p. 45.

Capítulo 1

Além da doença, o estado de guerra ceifou a região. As guerras civis flamengas (1293-1328), o conflito muçulmano-cristão na Espanha e no norte da África (1291-1341), as guerras entre Gênova e Veneza (1291-9; 1350-5, 1378-81) e a Guerra dos Cem Anos no norte da Europa (1336-1453) interromperam o comércio e a agricultura, criando um padrão cíclico de inflação e deflação repentina. Uma das consequências desse estado de morte, doença e guerra foi a concentração da vida urbana e a acumulação de recursos nas mãos de uma elite pequena, porém rica, cujo consumo conspícuo começou a definir a extravagância cultural que chamamos de Renascimento.

Mesmo com todas as citadas dificuldades do período, vem à tona uma das maiores inovações, capaz de influenciar o cenário em âmbito mundial: o aperfeiçoamento do uso da prensa móvel (tipos móveis) na metade do século XV, na Alemanha, por Johannes Gutenberg. A técnica inovadora, embora não tenha sido pioneira, foi denominada de revolucionária por Roger Chartier[9], pois influenciou o desenvolvimento da leitura e a transmissão de ideias em escala global, uma vez que, por meio de um molde com caracteres resistentes[10], se tornou possível a impressão mais ligeira de cópias, não sendo mais necessário copiar à mão palavra por palavra, técnica de reprodução mais comum antes do feito de Gutenberg.

1.1. A IDADE MODERNA E SUAS RUPTURAS

A formação da Idade Moderna pode ser compreendida por meio de determinados pensadores: Aristóteles, Hobbes e Locke, expoentes que, em razão do consenso filosófico, social, político e, por que não, econômico que se expandiu nos meios científicos, marcaram suas épocas. Esses marcos te-

---

9 CHARTIER, Roger. *Do código ao monitor:* a trajetória do escrito. Disponível em: https://edisciplinas.usp.br/pluginfile.php/1868338/mod_resource/content/1/CHARTIER_DoCodiceAoMonitor.pdf. Acesso em: 01 maio 2019.

10 O letrólogo e jornalista literário Fred Linardi explica que "desde o século 7" calendários e livros sagrados já eram impressos pelos chineses – que utilizavam cerca de 400 mil ideogramas talhados em madeira. Mas Gutenberg criou tipos móveis mais resistentes, que podiam ser reutilizados em outros trabalhos impressos". LINARDI, Fred. *Como funcionava a prensa de Gutenberg?:* Gutenberg evoluiu uma técnica muito mais antiga que ele. Disponível em: https://super.abril.com.br/mundo-estranho/como-funcionava-a-prensa-de-gutenberg/. Acesso em: 01 jan. 2020.

óricos estabelecidos são relevantes para o entendimento do que vem a ser a Quarta Revolução Industrial, hoje em plena expansão mundial, altamente discutida no Fórum Econômico Mundial 2019, realizado em Davos, contando com a participação de inúmeros chefes de Estado.

Entender a transição das formas estatais, assim como suas revoluções, é de suma importância para a compreensão do impacto da Quarta Revolução Industrial e suas consequências. Como ponto inicial, têm-se os pensamentos a respeito da formação do Estado e da sociedade por intermédio das teorias naturalista e contratualista.

Quais são os impactos da Quarta Revolução Industrial? São exatamente os efeitos que se pretende discutir, sem o anseio de esgotar o assunto e, mais especificamente, analisar algumas mudanças econômicas relacionadas à produção e ao consumo atualmente.

Para que se inicie um marco temporal, deve-se estabelecer um ponto de partida, sob pena de retornarmos à ancestralidade. A formação do Estado moderno parece ser o melhor momento, pois se trata de uma época em que as sociedades sentiram a necessidade de entender melhor os próprios conceitos e de se redescobrir em razão do crescimento populacional[11]. As revoluções traziam em seu bojo os mesmos anseios populacionais, alinhados a cada época, evidentemente.

As ideias sobre Estado-nação, dentro da estrutura do Estado de direito, são concepções baseadas no pensamento político, consolidadas entre os séculos XVII e XVIII. As escolas naturalista[12] e contratualista[13]

---

11 HIRST, John. *A mais breve história da Europa*: uma visão original e fascinante das forças que moldaram nosso mundo. Rio de Janeiro: Sextante, 2018, p. 31.

12 A escola naturalista sustenta que o Estado foi formado naturalmente a partir de determinadas instituições, como a família, a economia e o cristianismo. Aristóteles é um exemplo de autor com visão naturalista, pois procurou uma base estável na cidade grega [15], partindo da ideia de natureza para explicar a própria comunidade política existente na época (cerca de 343 a.C.) (DALLARI, Dalmo de Abreu. *Elementos da Teoria Geral do Estado*. 20. ed. São Paulo: Saraiva, 1998, p. 10-12). O Direito natural, em qualquer lugar, possui igual força, independentemente do fato de ser reconhecido ou não pela lei positiva (REALE, Miguel. *A nova fase do direito moderno*. 2. ed. São Paulo: Saraiva, 2001, p. 9). A escola naturalista parte do princípio de que decorre de um fato natural os homens viverem necessariamente em sociedade e aspirarem naturalmente o bem geral e para isso se organizam em Estado, porém sem a necessidade de transferir a um soberano parte de sua liberdade (AZAMBUJA, Darcy. *Teoria Geral do Estado*. 39. ed. São Paulo: Globo, 1998, p. 3).

13 As concepções da escola contratualista, por sua vez, sustentam que o Estado é formado de maneira consciente da vontade das pessoas em determinadas condições. E por ato de vontade, o Estado é criado. Como exemplo, na Antiguidade clássica, cita-se Platão, em *A República*, que

Capítulo 1

se basearam na vontade dos indivíduos, o que significou uma forte presença da vontade humana. Seria a vontade humana do passado a mesma vontade humana de hoje, entendida como empoderamento moderno?[14] Nesse sentido, as revoluções parecem acontecer com a finalidade de romper barreiras que balizavam a sociedade de alguma forma, interrompendo seu crescimento. Esta foi a razão pela qual vários pensadores desenvolveram ideias para impulsionar não só o Estado, como a sociedade rumo ao desconhecido, mas desejado: o futuro[15].

Um dos primeiros movimentos a proporcionar novos rumos foi o Renascimento, nos séculos XV e XVI, com as buscas por novas especiarias. Assim, qualquer artigo que ressurgisse era comercializado em feiras medievais, fossem tapetes, porcelanas, artigos de vidro ou a própria seda. Esse período impulsionou, além do comércio, a medicina, a astronomia e a filosofia[16].

O transcurso do século XVI para o XVII é decisivo no sentido econômico, político e social, pois se refere à época que antecede a Revolução Inglesa, margeada por crises sociais, em particular na Europa, mas que de-

---

defende a ideia de criação do Estado a partir da racionalidade da vontade humana e observando que cada governo estabelece leis de acordo "com sua conveniência: a democracia, leis democráticas; a monarquia, monárquicas; e os outros da mesma maneira". Para Platão, diante das regras, os governos podem reprimir os transgressores que violarem ou cometerem injustiças. "Há um só modelo de justiça em todos os Estados – o que convém aos poderes constituídos. Ora, estes é que detêm a força", sendo que a justiça é a mesma em qualquer lugar: "a conveniência do mais forte" (PLATÃO. *A República*. Trad. Maria Helena da Rocha Pereira. 9.ed. Lisboa: Fundação Calouste Gulbenkian, 2001, p. 24). A partir desse entendimento de Platão, é possível afirmar, independente de toda complexidade que o mundo nos oferece, que ainda se vive sob um contrato, em que um poder central se estabelece para o bem comum.

14 SCHWAB, Klaus. *A quarta revolução industrial*. São Paulo: Edipro, 2016, p. 34.

15 Na época moderna, o primeiro grande autor contratualista no século XVII é Thomas Hobbes, um dos precursores do Iluminismo, filósofo político, que, em 1651, discorreu a respeito do estado de natureza, na época da monarquia absolutista. Em sua concepção contratualista, afirma que antes da formação do Estado, os homens viviam em estado da natureza e, depois da criação do Estado, os homens passaram a viver no estado cívico ou estado de cidadania, pois as leis de natureza podem ser respeitadas conquanto os indivíduos tenham vontade ou segurança para tal, portanto "cada um confiará e, poderá legitimamente confiar, apenas em sua própria força e capacidade, como proteção contra todos os outros". HOBBES, Thomas. *Leviatã*: matéria, forma e poder de um estado eclesiástico e civil, pp. 81 e 107. E-book. Le Livros. Disponível em: http://livros.love/book/baixar-livro--leviata-thomas-hobbes-em-pdf-epub-e-mobi-ou-ler-online/. Acesso em: 20 mai. 2019.

16 Brotton Jerry. *O bazar do Renascimento*: da Rota da Seda a Michelangelo. São Paulo, Grua. 2009, p. 9.

semboca no capitalismo. No século XVI, ficam em evidência a expansão da produção agrícola, das atividades industriais e artesanais; o crescimento demográfico e o início da expansão mercantil (marítima e colonial); as mudanças culturais (pelo Humanismo e Renascentismo) e religiosa (reformas), que "marcam a ruptura com diversos aspectos do universo medieval abrindo caminho para a Revolução Científica e para o advento da modernidade"[17].

Convém dizer que Humanismo[18] e Renascimento não são sinônimos. O primeiro deve ser visto como um dos principais mecanismos para a concepção do segundo em seu mais importante aspecto: o reconhecimento do homem e do mundo[19]. O Humanismo renascentista se relaciona com "um dos desenvolvimentos tecnológicos mais importantes do mundo pré-moderno: o livro". Segundo Brotton, no início do século XVI, os livros eram restritos a uma pequena elite, mas, ao final do mesmo século, o Humanismo e a imprensa causaram uma revolução no *status* do conhecimento por meio da difusão do livro impresso[20].

---

17 O século XVI conheceu três épocas. "A primeira, entre 1500 e 1530, é a do triunfo dos portugueses no mercado das especiarias. O Mediterrâneo, esmagado pelos turcos, cede lugar ao Atlântico. É o tempo dos Fugger. A segunda vai de 1530 a 1560. É o tempo da primeira prata da América. Carlos V pratica a sua grande política. Tenta salvar a unidade da cristandade. Vêm enfim as crises, com a abdicação do imperador, a catástrofe financeira de 1559 e a paz de Cateau-Cambrésis, o desmoronar de Lyon, de Toulouse, de Antuérpia, enfim as guerras de religião. Mas é também a época da pré-revolução Industrial na Inglaterra. É o período em que o afluxo da prata recomeçou, de Potosí e do México, mantendo a Espanha na liderança do mundo, a Espanha, cujo soberano é rei de Portugal, onde chega, em péssimas naus, o açúcar do Brasil". FALCON, Francisco; RODRIGUES, Antônio Edmilson. *A formação do Mundo Moderno*: a construção do Ocidente dos séculos XIV ao XVIII. São Paulo: Elsevier, 2005, p. 7.

18 Burckhardt retrata o declínio dos humanistas, decorrente da difusão e compreensão de obras por parte de diversos grupos da sociedade. A cultura era reservada aos humanistas. Com o tempo, foram "desalojados de sua posição de comando", perdendo a direção das academias. BURCKHARDT, Jacob. *A cultura do renascimento na Itália*: um ensaio. São Paulo: Companhia das Letras, 2009, pp. 253-263.

19 FALCON; RODRIGUES, op. cit., p. 69. Os autores explicam que o período da Idade Média foi de contemplação e de suma importância para o Renascimento (p. 74): "manteve-se a preocupação em estudar e copiar os textos identificados como clássicos. O Renascimento introduz uma leitura crítica desses textos por meio da atenção que é dada à crítica de autoria e ao conteúdo original, na busca da pureza do escrito. Entretanto, isso só foi possível porque houve na Idade Média a manutenção dos estudos sobre os textos da Antiguidade" (p.70).

20 BROTTON, Jerry. *O bazar do Renascimento*: da rota da seda a Michelangelo. São Paulo: Grua, 2009, p. 65.

Capítulo 1

Assim, o século XVI merece destaque mesmo perante o distanciamento das pessoas e culturas, pois compreendeu eventos que marcaram decisivamente a história da humanidade[21]. Engana-se, no entanto, quem acredita numa ruptura radical com a Idade Média, uma vez que "o classicismo não apareceu por súbita revelação; cresceu entre a vegetação luxuriante do pensamento medieval"[22].

O século XVII, por sua vez, é a gênese da ciência na Idade Moderna[23], com notáveis avanços no campo das matemáticas e com o trabalho bem-sucedido do método empírico, que deu impulso às ciências da natureza e à física de modo especial. O período foi marcado pela sucessiva inquietação com questões de ordem científica existente a partir da conscientização e de profunda crise no entendimento científico e filosófico, que se estendeu até o início do século XX. Chamada por Wehling de "crise do paradigma clássico", ela consiste no "questionamento mais ou menos extenso das categorias e extrapolações elaboradas a partir da física newtoniana e da arquitetura filosófica do idealismo, produziu um efeito devastador sobre a fundamentação teórica das ciências"[24].

Nesse período, o liberalismo e o individualismo imperavam no Direito como um todo. Nascido na Inglaterra com a Revolução Gloriosa, em 1688, o liberalismo logo se difundiu pela Europa e, conforme Carpena[25], colocou a realização dos direitos do homem como fim absoluto. Assim, as

---

[21] MICELI, Paulo. *História moderna*. São Paulo: Contexto, 2013, p. 11.

[22] HUIZINGA, Johan. *The Waning Of The Middle Ages*: a study of the forms of life thought and art in France and the netherlands in the fourteenth and fifteenth centuries. Canadá: Penguin Books, 1955, p. 322. *"Classicism did not come as a sudden revelation, it grew up among the luxuriant vegetation of medieval thought. Humanism was a form before it was an inspiration. On the other hand, the characteristic modes of thought of the Middle Ages did not die out till long after the Renaissance".*

[23] Brotton adverte que diversos autores preferiram usar a expressão "Idade Moderna" para definir o Renascimento, tratando-o não como um "espírito cultural" e, sim, como um período histórico. Além disso: "o termo detém uma crença política progressiva de que a compreensão do passado pode ajudar a compreender e transformar o presente. Em vez de focar em como o Renascimento tinha voltado o olhar para o mundo clássico, "Idade Moderna" sugere que aquele período envolveu uma atitude de olhar para frente que prefigurou nosso mundo moderno. BROTTON, Jerry. *O bazar do Renascimento*: da rota da seda a Michelangelo. São Paulo: Grua, 2009, p. 35.

[24] WEHLING, Arno. *Fundamentos e virtualidades da epistemologia da história*: algumas questões. Estudos Históricos. Rio de Janeiro, vol. 5, n. 10, 1992, pp. 147-169.

[25] CARPENA, Heloisa. *O consumidor no direito da concorrência*. Rio de Janeiro: Renovar, 2005. p. 14.

partes eram de fato livres para contratar em todos os aspectos. O cidadão tinha liberdade de escolher como, de que forma e por que contratar.

Já no denominado Século das Luzes, o filósofo contratualista Rousseau, em sua destacada obra *O contrato social* (1762), declara que os súditos devem obedecer ao Estado, pois, apesar de perderem algumas de suas liberdades, em troca ganham a proteção do ordenamento jurídico[26]. No estado de natureza, o ser humano goza de todas as liberdades, porém os conflitos são mais recorrentes, solucionados pela violência, não havendo espaço para a confiança, para o altruísmo, pois não há como se estabelecer e cumprir um pacto.

Rousseau assinala que a passagem do estado de natureza para o estado civil gera consideráveis mudanças, "substituindo em sua conduta o instinto pela justiça e conferindo às suas ações a moralidade que antes lhes faltava", o que leva o homem a agir com base em princípios. O valor da promessa, do cumprimento e da exigibilidade dos pactos é importante e cria nos indivíduos o desejo de se associar e cooperar uns com os outros, o que se torna uma base sólida para o desenvolvimento social, técnico e científico da humanidade[27].

Ao se lançar um olhar para os dias atuais, fica fácil perceber que, embora os séculos tenham passado, os anseios e os movimentos pela busca do inovador continuam, embora de forma cada vez mais sofisticada. A humanidade está diante de uma nova Revolução, mais desafiante, com contextos novos, como a Internet das Coisas, a Robótica, a *blockchain*, a impressão 3D, entre outros.

Assim como no passado, todo esse cenário possibilita novas descobertas ou aprimora as já realizadas. Nesse momento de troca de ideias, conhecimentos e criações, as ideologias, sejam políticas ou religiosas, também se mostram presentes. Essa é a razão pela qual a formação do Estado moderno possui importância. Ele passa a ser visto como a união das liberdades humanas criadoras da entidade necessária para garantir a paz e a segurança com o dever de respeitar a propriedade, os direitos individuais e a dignidade humana[28].

---

[26] "O que o homem perde pelo contrato social é a liberdade natural e um direito ilimitado a tudo quanto deseja e pode alcançar; o que com ele ganha é a liberdade civil e a propriedade de tudo o que possui". ROUSSEAU, Jean-Jacques. *O contrato social*. 3.ed. São Paulo: Martins Fontes, 1996, p. 26.

[27] ROUSSEAU, Jean-Jacques. *O contrato social*. São Paulo: Martins Fontes, 2003, pp. 25 e 26.

[28] Visto como princípio que decorre da natureza, Mirandola, em 1480, fala do homem diante do seu livre-arbítrio de obter aquilo que deseja e ser aquilo que quiser. MIRANDOLA, Giovanni Pico Della. *Discurso sobre a dignidade do homem*. Lisboa: Edições 70, 2011, p. 57.

Capítulo 1

A Quarta Revolução inicialmente possibilita novas formas de relações humanas, seja nos trabalhos, nas escolas, na produção ou até mesmo nos relacionamentos. No passado, na obra *Leviatã*, escrita durante a Guerra Civil Inglesa (1642-1649), Hobbes fala de um contrato social e de um governo soberano absoluto, denominando a guerra e o caos de "estado de natureza", identificando uma "luta de todos contra todos" (*bellum omnium contra omnes*), a qual poderia ser controlada por um governo soberano, presente e centralizador[29].

Entender o gigantismo estatal, o que coube aos pensadores clássicos, a partir do crescimento da população, é complexo, até porque é o elemento humano de qualquer Estado que representa a causa de todas as revoluções industriais que o mundo já conheceu. É em razão da necessidade de comunhão, de união e de sobrevivência que a própria sociedade moderna se reinventa, e parece não ser diferente na Quarta Revolução Industrial. Para Klaus Schwab[30], é preciso entender a velocidade com que os movimentos de transformação vêm acontecendo para que possam ser aplicados. Nos séculos anteriores, esse movimento talvez fosse mais fácil, já que não havia uma relação pessoal intensa, como ocorre hoje com as redes sociais.

1.1.1. O ELEMENTO CIENTÍFICO

O mundo vem presenciando inúmeras transformações em quase todos os setores. Um exemplo é a forma como nos relacionamos hoje: via WhatsApp, Instagram e outros aplicativos que facilitam a interação social. Independentemente da forma de comunicação, transformações surgem todos os dias: a robótica, a nanotecnologia, a IoT (Internet das Coisas), os novos procedimentos cirúrgicos, o uso de energia limpa etc.

Ocorrido no século XV e XVI, o Renascimento se iniciou com mudanças na sociedade em razão das várias descobertas que o Ocidente realizou. Ian Mortimer[31] destacou o crescimento demográfico como um dos

---

29 HOBBES, Thomas. *Leviatã*: matéria, forma e poder de um estado eclesiástico e civil, p. 81. E-book. Le Livros. Disponível em: http://lelivros.love/book/baixar-livro-leviata-thomas-hobbes--em-pdf-epub-e-mobi-ou-ler-online/. Acesso em: 20 mai. 2019.

30 SCHWAB, Klaus. *A quarta revolução industrial*. São Paulo: Edipro, 2016, p. 11.

31 MORTIMER, Ian. *Séculos de transformações:* em mil anos de história, qual século passou por mais mudanças e qual a importância disso. Rio de Janeiro: Difel, 2018, p. 51.

principais motivos[32], afirmando que, em determinado período da história, gigantescas áreas pantanosas da Europa tiveram que ser devastadas para dar lugar a terras cultiváveis com a finalidade de alimentar a população. O autor estabelece, ainda, que a expansão dos mosteiros[33], o avanço da medicina[34], o desenvolvimento cultural[35] e um novo sistema de leis[36] foram importantes para a evolução da sociedade. Essas causas estão diretamente relacionadas ao desenvolvimento da sociedade, pois os povos se relacionavam, trocavam informações, objetos e ideias sem qualquer pudor político ou ideológico para a época[37].

A arte dos grandes pintores fez surgir a discussão do ser humano e seu papel na sociedade[38], a exemplo de outras descobertas, como o compasso, o astrolábio – que muito auxiliou as Grandes Navegações – e o próprio conceito de papel-moeda[39].

Em relação às leis, somente com a redescoberta do *Digesto*, parte do *Corpus Juris Civilis*, no século XII[40], é que se inicia um período legislativo, já que foi bem desenvolvido na época greco-romana. Para entender e se aprimorar, os romanos não destruíam as compilações de leis de seus conquistados, mas buscavam pontos em comum em todas as leis, dando origem a ideias de uma lei natural que regia a todos[41].

Esse entendimento influenciou inúmeros pensadores. O inglês John Locke, em *Segundo tratado sobre o governo*, afirmou que, por força do estado de natureza, um homem consegue poder sobre outro, no sentido tanto de revidar proporcionalmente a uma transgressão desferida quanto de servir de reparação e restrição. Esses seriam os dois únicos direitos que

---

32 Ibidem, p. 53.
33 Ibidem, p. 57.
34 Ibidem, p. 67.
35 Ibidem, p. 61.
36 Ibidem, p. 73.
37 BROTTON, Jerry, op. cit, p. 12.
38 BROTTON, Jerry, op. cit., p. 14.
39 BROTTON, Jerry, op. cit., p. 25.
40 MORTIMER, Ian, op. cit., p. 73.
41 HIRST, John, op. cit., p. 5.

Capítulo 1

legitimariam um homem a fazer mal a outro[42] por meio do castigo, com a finalidade de preservar a humanidade em geral; assim, "todos têm o direito de castigar o ofensor, tornando-se executores da lei da natureza"[43].

Locke expôs que o estado de natureza pode também ocorrer quando uma comunidade perde suas instituições e não se liga mais às suas autoridades superiores, não havendo mais uma relação de submissão entre súditos e o governo[44]. Quando as instituições perdem o respeito e se desorganizam, há a dissolução da sociedade, e é certo que "o governo dessa sociedade não pode continuar"[45], o que pode acontecer em qualquer tempo, especialmente após a alteração do Poder Legislativo, instituído mediante consentimento e designação por parte do povo, para um poder arbitrário e que modifica as regras sem consentimento e contra o interesse comum do povo[46]. Em outras palavras, quando a segurança jurídica se esvai, a sociedade tende a se desestruturar.

Locke também discorreu sobre direitos inatos do ser humano, pois é da escola jusnaturalista. Considera como valores maiores a vida, a liberdade e a propriedade, que devem ser protegidas pelo Estado de Estados estrangeiros e dos próprios cidadãos. Ele indaga que, se o homem, no estado de natureza, é tão livre, senhor de sua pessoa e suas posses, não se sujeitando a ninguém, por que abriria mão da liberdade para se sujeitar ao controle do governo? Responde Locke que tal sujeição se justifica porque a fruição dos seus direitos é incerta e constantemente exposta à invasão de terceiros, ou seja, sendo insegura e arriscada, faz com que abandone sua condição de liberdade em razão dos temores constantes e para conservação da vida, da liberdade e dos bens (propriedade)[47].

---

42 LOCKE, John. Segundo tratado sobre o governo. In. *Os pensadores*. São Paulo: Abril Cultural, 1978, pp. 37-38.

43 Ibidem, pp. 36-37.

44 "Se um homem ou mais de um chamarem a si a elaboração de leis, sem que o povo os tenha nomeado para assim o fazerem, elaboram leis sem autoridade, a que o povo, em consequência, não está obrigado a obedecer; e, nessas condições, o povo ficará desobrigado de sujeição, podendo constituir novo legislativo conforme julgar melhor, tendo inteira liberdade de resistir à força aos que, sem autoridade, quiserem impor-lhe seja lá o que for". Ibidem, p. 119.

45 Ibidem, p. 118.

46 Idem.

47 Locke, op. cit, p. 82.

Ao que parece, a visão filosófica do mundo clássico vem modernamente se deteriorando e perdendo espaços para meios de expressão tanto da liberdade do bem-viver, quanto do conceito de propriedade. É difícil afirmar ainda se há de fato uma ruptura ou não, até porque o mundo está no "olho de um furacão", com grandes novidades, pensamentos e formas de viver com os meios tecnológicos, a exemplo do *machine learning* – trata-se de *softwares* que desenvolvem métodos e aprendizados a partir de estudos de padrões, com o objetivo de melhor servir ao homem. É a máquina aprendendo por si própria.

Mas o que, afinal, a atualidade tem a ver com a visão lockiana clássica, que buscava reconhecer, pelo estado de natureza, o poder que o ser humano possuía em sua vida?

Na visão clássica, até o fim do período iluminista, o homem foi considerado o centro do universo. A ideia antropocêntrica de que os humanos figuravam no centro do universo somente começou a perder espaço com as afirmações de que o planeta Terra não estava no centro, e sim orbitava no Sistema Solar[48].

Porém, uma nova forma de percepção passou a detectar tudo ao redor do homem, transferindo o olhar para novos fenômenos e coisas. É o pós-humanismo, que nasce como uma nova visão no final do século XX, buscando superar os conceitos humanistas clássicos iniciados com o Renascimento, levando em consideração o ambiente tecnológico e a diversidade disposta no mundo e indo além do ser humano. Para Caronia, Pireddu e Tursi, o uso do termo "pós-humanismo" indica a presença de novas características do desenvolvimento da humanidade, que nunca deixou de evoluir e se transformar desde a ancestralidade. O pós-humanismo decorre "do reconhecimento comum do caráter de um novo limiar tecnológico e cultural que os processos em andamento envolvem"[49]. Fato é que a humanidade ainda está em busca de conceitos mais complexos e desafiadores para que os seres humanos interajam e se integrem às máquinas[50].

---

48 RUSSEL, Bertrand. *História do pensamento ocidental:* a aventura dos pré-socráticos a Wittgenstein. Rio de Janeiro: Nova Fronteira, 2016, p. 161.

49 CARONIA, Antonio; PIREDDU, Mario; TURSI, Antonio. *La filosofia del post-umano:* nuova frontiera del soggetto. Disponível em: http://un-ambigua-utopia.blogspot.com/2017/12/la-filosofia-del-post-umano-nuova.html. Acesso em: 17 out. 2019.

50 "Nesse sentido, pós-humano significa o reconhecimento de que o equilíbrio entre componentes culturais e componentes biológicos no ser humano está mudando mais radicalmente do

Capítulo 1

Com o objetivo de melhorar a condição humana por meio da ciência e da tecnologia, superando as limitações físicas e psicológicas, surge o "transumanismo". Trata-se de humanos ciborgues ou cibernéticos, que utilizam órgãos transplantados produzidos a partir de materiais sintéticos, graças à medicina regenerativa e à bioengenharia. Com isso, modifica-se a perspectiva de vida, e muda-se o conceito de ser humano[51].

Nesse sentido, como caso concreto, pode-se citar a criação do exoesqueleto ou endoesqueleto, tecnologia usada por pessoas com pouco ou nenhum movimento corporal. Montadoras de veículos no Brasil, como a Fiat em Betim, perceberam o potencial do ciborgues e equiparam alguns de seus trabalhadores com exoesqueleto para atividades que exigem mais do corpo humano[52]. A finalidade é diminuir o impacto neste e possibilitar maior desempenho nas atividades do usuário, o que justificaria a união entre a máquina e o ser humano, na busca de aperfeiçoar e acelerar os resultados, a produção e o lucro.

Desse modo, o verdadeiro elemento científico para a evolução não seria somente a "espécie humana" em si, mas como a inovação está ligada ao que o homem é capaz de desenvolver frente às necessidades que se apresentam. Isso fica claro quando se observam as revoluções industriais passadas: a necessidade humana sempre esteve presente. Assim foi com

---

que jamais mudou na história das espécies, mas que essa descontinuidade é, contudo, o efeito de uma história evolutiva que não é negada. Se os processos de hibridação estão passando por uma extensão e aceleração sem precedentes, isso não deve nos esquecer que a hibridação sempre esteve presente na história da humanidade e que todo processo cultural foi baseado nela. O que há de novo hoje é que o ritmo da transformação cultural e tecnológica está questionando o papel que a biologia do ser humano teve até agora, a saber, o de marcar o limite da evolução cultural. Isso é uma consequência do salto que as culturas estão dando de uma escala local para uma escala global, de uma dimensão de adaptação a uma dimensão de expansão, de uma esfera de intervenção limitada à materialidade do mundo externo à possibilidade de influenciar diretamente a dimensão genética e biológica do próprio ser humano" (tradução livre). Idem.

51 PORTAL AGÊNCIA BRASIL. *SUS poderá incorporar pele de tilápia para tratamento de queimados.* Disponível em: http://agenciabrasil.ebc.com.br/saude/noticia/2019-05/sus-podera-incorporar-pele-de-tilapia-para-tratamento-de-queimados; PORTAL GTT HEALTHCARE. *Tecidos humanos na medicina regenerativa!* Disponível em: http://gtthealthcare.com.br/blog/index.php/avanco-tecnologico-novos-tecidos-humanos/. Acessos em: 20 out. 2019.

52 REVISTA EXAME. *On-line. Fiat indica futuro do trabalho com uso de exoesqueleto. Montadora usa exoesqueleto para maior conforto e ergonomia na montagem de carros na fábrica de Betim* (MG). Disponível em: https://exame.abril.com.br/tecnologia/fiat-indica-futuro-do-trabalho-com-uso-de-exoesqueletos/. Acesso em: 10 jul. 2019.

a criação do arado inglês, para melhor trabalhar a terra, com o desenvolvimento da máquina a vapor, da energia eólica e tantos outros inventos que foram desenvolvidos ao longo do tempo.

O bilionário japonês Masayoshi Son vem demonstrando como a inteligência artificial pode modificar o mundo para sempre, afirmando que, em pouco tempo, as empresas valerão mais do que atualmente e que a tecnologia tornará os computadores mais inteligentes que os seres humanos. Fundador do *Soft Bank Group Corp*. (corporação multinacional japonesa de telecomunicações e internet), Son é considerado um visionário e o homem mais poderoso do Vale do Silício. Em sua projeção para o futuro daqui a 300 anos[53], calcula que a inteligência artificial terá avançado a ponto de as transmissões de dados serem realizadas por meios telepáticos, ou seja, projeta no futuro suas expectativas transumanistas, acreditando que haverá um movimento disruptivo sem precedentes e que estamos vivendo a revolução da inteligência artificial. No futuro, segundo Son, inúmeras empresas buscarão maior integração, seja no planeta Terra ou em outros[54]. Além de Son, Bill Gates, Mark Zuckerberg e Steve Jobs são citados também como impulsionadores e criadores de impérios, por buscarem no meio social o lugar do ser humano em um transumanismo.

No Brasil, a Rede D'Or realiza cirurgias robóticas desde 2008, elencando vantagens como facilidade de acesso a diversas estruturas do corpo, maior amplitude de movimento, maior visão da área a ser tratada, redução da perda de sangue, do tempo de cirurgia, do desconforto no pós-operatório e do risco de infecção, bem como rapidez no tempo de recuperação do paciente.[55]

---

[53] REVISTA ÉPOCA NEGÓCIOS. *On-line*. *Conheça o homem mais poderoso do Vale do Silício*. Masayoshi Son, fundador do Soft Bank, acredita que a inteligência artificial é a tecnologia que vai moldar o futuro Disponível em: https://epocanegocios.globo.com/Empresa/noticia/2019/08/conheca-o-homem-mais-poderoso-do-vale-do-silicio.html. Acesso em: 10 ago. 2019.

[54] Inúmeros são os grupos que já buscam caminhos para passeios astronáuticos rumo a outros planetas na esperança de não somente criarem um nicho empreendedor, mas, sobretudo, incentivarem a evolução.

[55] Segundo o *site* da Rede D'or, a cirurgia robótica é um tipo de procedimento realizado por uma equipe médica com o auxílio de um robô, o Da Vinci, que possui quatro braços mecânicos equipados com diferentes instrumentos médicos. Na cirurgia robótica, o Da Vinci é controlado por um médico, que faz os procedimentos com o auxílio da imagem de uma câmera 3D, que existe em um dos braços mecânicos. A câmera 3D permite que o médico veja a área da cirurgia

Capítulo 1

Nunes, Peralta e Botija advertem que os avanços tecnológicos na medicina devem estar em consonância com a bioética, uma vez que esta orienta a "investigação e a responsabilidade moral dos profissionais da saúde em relação à vida e à dignidade das pessoas, oferecendo segurança à população e garantindo a proteção dos direitos fundamentais".

Na Quarta Revolução Industrial, os estudos sobre bioética se destacam, por ser, segundo os autores, "a ponte do futuro, considerando que as sociedades pós-modernas se tornaram muito complexas em suas relações sociais, econômicas e políticas". A preocupação deve estar centralizada na moralidade e na dignidade da pessoa, "especialmente após a experiência da Primeira e da Segunda Guerra Mundial"[56].

1.2. REVOLUÇÕES INDUSTRIAIS: DA PRODUÇÃO

É fato que os antepassados garantiram aos seres humanos sobrevivência até os dias atuais. Suas descobertas básicas foram aperfeiçoadas e, num salto no tempo, chegou-se à Primeira Revolução Industrial (aproximadamente 1760-1840), notadamente marcada pelo início da produção mecânica, pela construção das ferrovias e pela invenção da máquina a vapor.

Ashton critica o termo "Revolução Industrial", pois implica o entendimento de uma mudança repentina, característica de processos econômicos, observando que o capitalismo se originou muito antes de

---

com maior definição e profundidade, o que facilita a realização das ações do robô, controladas pelo médico por meio de um console estilo *joystick*, similar ao de um videogame. (...) Os braços mecânicos do robô são capazes de dar mais estabilidade ao movimento da mão do médico, removendo, por exemplo, possíveis tremores que a mão humana pode ter. (...) A cirurgia robótica possui muitas vantagens em comparação à cirurgia tradicional. Por ser feita com um robô, ela é a garantia de precisão e é bem menos invasiva do que o procedimento tradicional. A cirurgia robótica pode ser feita para tratar diversas doenças. Tratamentos como a Prostatectomia, que é a retirada total ou parcial da próstata, e a cistectomia, que é a retirada total ou parcial da bexiga, podem, por exemplo, ser realizados utilizando o robô. Entre as especialidades médicas que mais fazem uso da cirurgia robótica estão a urologia, a ginecologia e a cirurgia bariátrica. Disponível em: http://www.roboticarededor.com.br/. Acesso em: 10 nov. 2019.

56 NUNES, Cláudia Ribeiro Pereira; BOTIJA, Fernando González; PERALTA, Pedro Días. *Tratado de Órganos Humanos: Desafios del alineamiento de la legislación de Brasil con los principios del Convenio de Santiago de Compostela - Consejo de Europa (CoE)*, p. 210. *Cadernos de Dereito Actual*, nº 8, num. ordinario (2017), pp. 205-219.

1760, alcançando seu pleno desenvolvimento depois de 1830. Mas porque o termo foi amplamente adotado, tornando-se de uso comum entre os historiadores, não haveria razão para sua substituição[57].

Segundo Ashton, em 1760, Joseph Elkington, na região de Warwickshire, começou a aplicar novas técnicas de drenagem; na mesma época, Robert Bakewell, em Dishley, por meio de métodos empíricos, conseguiu produzir gados com maior quantidade de carne, cavalos mais fortes e carneiros maiores. Os avanços eram divulgados e recebiam o apoio da aristocracia e de Jorge III, rei da Grã-Bretanha e da Irlanda, entusiastas do melhoramento da atividade agrícola, difundindo os benefícios alcançados em reuniões, clubes e jantares de agricultores. Em 1776, foi lançada a *Farmers' Magazine*, com informes sobre métodos e experimentos agrícolas[58].

Afirma-se que a Revolução Industrial teve origem na Inglaterra, por meio da invenção de máquinas agrícolas como a semeadeira, apresentada em 1733 no livro *Horse-Hoeing Husbandry*, de autoria do seu inventor, Jethro Tull. Outra descoberta importante foi a do "sistema de rotação de culturas Norfolk", com ciclo quadrienal de plantação de nabo, trevo, trigo e cevada, além da criação e reprodução seletiva de animais de criação. O contexto da chamada "Revolução Agrícola" foi favorável em razão da propagação da prática entre as classes proprietárias de terra e os arrendatários agrícolas, fazendo com que enxergassem que a agricultura podia ser uma atividade muito lucrativa[59]. Mortimer avalia algumas consequências dessa fase[60]:

> Houve reformadores no setor em toda a Europa e um crescimento demográfico numa escala jamais vista. Isso não se deveu unicamente ao fato de que mais alimentos ajudaram as pessoas a sobreviver aos invernos mais rigorosos. Muitas meninas se beneficiaram de uma alimentação mais rica e, consequentemente, passaram a menstruar mais cedo, o que

---

57 ASHTON, T.S. *La revolución industrial:* 1760-1830. 2. ed. México: Fundo de cultura económica, 1950, p. 9.

58 Ibidem, pp. 76-77.

59 MORTIMER, Ian. *Séculos de transformações:* em mil anos de história, qual século passou por mais mudanças e qual a importância disso. 1. ed. Rio de Janeiro: Difel, 2018, p. 238.

60 Ibidem, p. 242.

Capítulo 1

permitiu que tivessem mais filhos. O tamanho da população do continente aumentou mais de cinquenta por cento, de cento e vinte e cinco milhões para cento e noventa e cinco milhões de pessoas – um total muito mais que qualquer outro de ideias e valores que acabaram fazendo com que proprietários de terras e arrendatários passassem a trilhar um caminho comum – em direção à conquista de riquezas para os primeiros e segurança contra as crises de fome dos últimos.

A Inglaterra foi o berço da Revolução Agrícola, pois, do aspecto geográfico, detinha três vantagens: a localização do território, que permitiu o isolamento da Inglaterra das guerras continentais; a grande riqueza do subsolo, com minerais de alta qualidade e estrategicamente situados, como carvão, ferro, estanho, cobre, hulha e sal; e a ampla rede fluvial navegável, com bons portos naturais e que favoreceram os transportes e o fluxo da produção de várias regiões[61]. Apesar disso, a revolução não ficou restrita à região britânica.

O vapor só começou a ser utilizado no final do século XVII, a partir da experiência do cientista alemão Otto von Guericke, em 1654, que observou o potencial da energia atmosférica pela junção de dois hemisférios metálicos de 50 centímetros de diâmetro, expulsando o ar contido no receptáculo. "O vácuo criado era tão poderoso que duas parelhas de cavalos, puxando em direções opostas, não foram capazes de separar os hemisférios"[62], relata Bernstein, que continua dizendo que os "cientistas rapidamente compreenderam que domar a força do vácuo poderia gerar imensa energia. Christiaan Huygens fez as primeiras tentativas criando um vácuo parcial ao detonar pólvora dentro de um cilindro".

Em 1712, no paiol de carvão do castelo Dudley, em Worcestershire:

> o primeiro motor a vapor atmosférico começou a funcionar, bombeando água das profundezas da mina de carvão subterrânea. Esse motor, denominado com o nome de seu inventor, o cientista Newcomen, foi considerado "o epicentro de uma revolução na indústria e nos transportes.[63]

---

61 PAZZINATO, Alceu Luiz; SENISE, Maria Helena Valente. *História Moderna e Contemporânea.* 9.ed. São Paulo: Ática, 1995, p. 89.

62 BERNSTEIN, op. cit, p. 191.

63 Ibidem, p. 193.

O motor de Newcomen se manteve como ícone da Primeira Revolução Industrial, pois a humanidade "passou a poder usar a energia como preferisse, sem depender dos caprichos da natureza". Mais tarde, o engenheiro James Watt aperfeiçoou o projeto, garantindo-lhe maior eficiência[64].

No final do século XVII, os inventores viviam fascinados pela perspectiva de um lucrativo monopólio comercial, o que promovia um ritmo acelerado de avanço tecnológico. Ainda que os mestres da Revolução Científica tivessem educação sofisticada e que muitos proviessem de famílias ricas e aristocráticas, os grandes engenheiros e inventores da Revolução Industrial foram quase todos artesões sem educação formal cuja principal motivação era a perspectiva de ganho comercial[65].

Na década de 1750, embora a maioria dos cidadãos da América do Norte ainda vivesse de agricultura, houve mudança em seus gostos e hábitos de consumo: passaram a projetar investimentos na manufatura, inicialmente de tecidos e sapatos. O sistema de transporte e comunicações, bem como a construção de novas estradas, aperfeiçoou o serviço postal, sob o comando de Benjamin Franklin, um dos líderes da Revolução Americana, reduzindo o tempo de entrega postal pela metade, o que contribuiu para a confiabilidade das informações e a expansão das manufaturas americanas, antes importadas da Inglaterra, proporcionando um salto econômico na América do Norte[66].

Gordon afirma que o século XVIII foi chamado pelos historiadores de "Revolução do Consumo", relatando que a boa fase de exportação de produtos agrícolas melhorou consideravelmente a vida do povo americano, que pôde adquirir artigos que antes eram acessíveis apenas à aristocracia abastada[67].

---

64 Ibidem, pp. 195-196: Watt se tornou um dos maiores cientistas escoceses, familiarizado com a física do vapor. "Em 1764, o destino fez com que ele fosse encarregado de reparar um dos motores de Newcomen, que a universidade utilizava como modelo. Watt percebeu, imediatamente, que a ineficiência do aparelho era resultado da alternância entre o aquecimento e o resfriamento do cilindro – se o motor pudesse funcionar em alta temperatura continuamente, consumiria menos carvão". Watt teve dificuldade de encontrar trabalhadores capacitados para produzir seu motor em larga escala. Uma década mais tarde, em Londres, conheceu o industrial Matthew Boulton, que se interessou por seu trabalho e, em poucos meses, passaram a produzir motores em escala industrial.

65 BERNSTEIN, op. cit, p. 192.

66 GORDON, S. Wood. *A revolução americana*. Rio de Janeiro: Objetiva, 2013, pp. 36 e 37.

67 Idem.

Capítulo 1

Um exemplo é o relato de Benjamin Franklin em sua biografia sobre sua mulher, Deborah, que, na época de dificuldades, lhe servia mingau todas as manhãs em uma tigela barata. Após a melhoria de seu *status*, o gosto pela elegância foi aflorado, o que explica "como o luxo entra nas famílias e faz progressos, apesar dos princípios". Franklin conta que certo dia seu café da manhã foi servido por Deborah em utensílios nobres, pelos quais pagou alta quantia, justificada pelo fato de que achava que seu marido merecia "uma colher de prata e uma tigela de porcelana, como qualquer um de seus vizinhos". Ao longo dos anos, "à medida que sua riqueza crescia, eles acabaram adquirindo porcelanas e mobiliário que valiam várias centenas de libras"[68].

1.2.1. ELETRÔNICOS E PRODUÇÃO EM MASSA

O século XIX marcou a humanidade pelo desenvolvimento técnico e científico. São exemplos os novos processos de fabricação do aço para utilização em lugar do ferro; as novas fontes de energia, como a eletricidade e o petróleo, em substituição ao carvão; os novos meios de transporte, com expansão das ferrovias; o surgimento do automóvel e dos meios de comunicação, como telefone e telégrafo; entre outros.

A Segunda Revolução Industrial foi declarada entre 1870 e 1914. Nesse período, vários foram os avanços tecnológicos, tornando a produção nas fábricas mais fácil e acelerada. Os maiores propulsores da Segunda Revolução foram os recursos naturais, as grandes invenções, os melhores custos de fabricação e a utilização de ferrovias para transporte, o que aqueceu a economia, a produtividade, mas levou diversas pessoas ao desemprego, substituídas pelas máquinas. O papel dos inventores foi fundamental para facilitar a realização de negócios, ampliando o leque para fabricação de novos produtos.

O transporte avançou com as ferrovias em papel destacado nessa fase, interligando as cidades e abrindo mercados para os agricultores. O transporte de carga permitiu a comercialização de produtos não apenas no município do produtor, mas avançando para vários destinos distantes.

Para Pereira, "na substituição do carvão mineral pelo petróleo no século XIX, destacam-se o querosene para iluminação, a gasolina nos

---

[68] ISAACSON, Walter. *Benjamin Franklin*: uma vida americana. São Paulo: Companhia das Letras, 2003, p. 75.

motores dos automóveis de Henry Ford (1863-1947), os óleos combustível e diesel, como substitutos das caldeiras a vapor dos navios", ou seja, a ascensão da petroquímica foi expressiva a ponto de os setores de petróleo e gás natural se tornarem os mais lucrativos do século XX[69].

No campo das comunicações, um invento marcante foi o telefone, por Alexander Graham Bell em 1876, pois, sem dúvida, possibilitou que os indivíduos se comunicassem em todo o mundo sem a espera por dias, como na comunicação via postal.

Em 1878, Thomas Edison deu continuidade às pesquisas que tornaram a lâmpada elétrica uma invenção acessível e confiável, o que proporcionou o trabalho em períodos noturnos e, consequentemente, a fabricação em massa. A lâmpada elétrica e o sistema de distribuição de corrente[70] fazem parte das invenções que mais influenciaram a humanidade[71].

As condições de trabalho, no entanto, pioraram nesse período. Imigrantes estrangeiros e famílias de áreas rurais migraram para os

---

69 PEREIRA, João Eduardo de Alves. Superação de assimetrias no acesso à energia. In: *Revista da Faculdade de Direito de Campos*, Ano VIII, n.º 10, junho de 2007, 91-110, p. 102.

70 Em dezembro de 1908, em Berlim, no discurso de celebração de seu septuagésimo aniversário, Emil Rathenau, engenheiro fundador da *Allgemein Elektricitaets Gesellschaft* (AEG), ao falar dos seus serviços para a electrotécnica e para a Alemanha, revelou a amplitude com a qual toda a arte da iluminação foi elaborada e aperfeiçoada: "O sistema de iluminação de Edison foi tão bem concebido até os detalhes, e foi elaborado como se tivesse sido testado por décadas em várias cidades. Nem soquetes, interruptores, fusíveis, porta-lâmpadas, nem qualquer outro acessório necessário completar a instalação estava querendo, e a geração da corrente, a regulação, a fiação com distribuição de caixas, conexões de casas, medidores etc., todos mostraram sinais de habilidade surpreendente e um gênio incomparável". DYER, Frank Lewis; MARTIN, Thomas Commerford. *Edison his life and inventions*. Disponível em: http://drugfreereading.com/interest_novels/Edison%20and%20His%20InventionsINV.pdf. Acesso em: 14 jul. 2019. Tradução livre.

71 Steven Johnson conta que a lâmpada elétrica não foi produto de inovação em rede: "é justo que a realidade da luz elétrica, em última instância, tenha se revelado mais como rede ou sistema que como entidade única. A verdadeira vitória de Edison não veio com o filamento de bambu incandescente no vácuo, chegou com a iluminação do distrito de Pearl Street, dois anos depois. Para que isso acontecesse, era necessário inventar a lâmpada, sim, mas também era preciso uma fonte de corrente elétrica confiável, um sistema de distribuição de corrente que abrangesse uma localidade, um mecanismo para conectar as lâmpadas individuais à rede e um medidor para auferir a quantidade de eletricidade utilizada em cada casa. Uma lâmpada por si só é uma curiosidade, algo para deslumbrar os repórteres. O que Edison e seus aventureiros criaram era muito maior que isso: uma rede de múltiplas inovações, todas ligadas entre si para tornar a magia da luz elétrica segura e acessível". *Como chegamos até aqui. A história das inovações que fizeram a vida moderna possível*. Livro digital. São Paulo: Zahar, p. 120.

Capítulo 1

polos industriais no intuito de obter emprego e bens, mas se depararam com condições de trabalho perigosas. Conforme relato do portal *Industrial Development*, entre 1880 e 1900 morreram uma média de 35 mil trabalhadores por ano em acidentes de fábricas e minas, chegando ao trabalho de mais de 12 horas por dia, com períodos mínimos de descanso[72]. O tratamento e as condições dos trabalhadores eram indignos. Em 1905, nos Estados Unidos, foi criado o sindicato dos trabalhadores industriais, com o objetivo de lutar por melhores condições.

As cidades se tornaram superpovoadas, não havendo postos de trabalho para todos os interessados, o que levou os empregados a trabalharem por períodos maiores e se submeterem a contrapartidas ínfimas. Além disso, o progresso industrial introduziu máquinas e dispositivos mecânicos para substituir o trabalho manual.

Foram considerados como "barões industriais" Andrew Carnegie (indústria siderúrgica), John D. Rockefeller[73] (companhia de petróleo) e Cornelius Vanderbilt (indústria ferroviária e naval), por serem as figuras mais notáveis para a construção da noção de globalização industrial. Os "barões" eram os homens mais poderosos do mundo dos serviços, que aproveitaram os avanços científicos para aumentar a fabricação em massa e o ganho, e, ainda, possibilitar a criação de técnicas novas e eficientes para a preservação das indústrias[74].

---

72 O local de trabalho ficou mais quente com o uso dos motores a vapor. Longas horas misturadas com o calor faziam com que os trabalhadores se tornassem lentos, o que os colocava também mais em ameaça. As fábricas não eram bem iluminadas, somente deixando a luz natural e um local empoeirado e encarvoado. As máquinas nem sempre eram cercadas e os trabalhadores ficavam expostos a partes móveis das máquinas enquanto trabalhavam. As crianças eram constantemente empregadas para se movimentar entre essas máquinas perigosas visto que eram pequenas e cabiam entre máquinas compactas. Na Segunda Revolução, ocorreram duas depressões (em 1870 e em 1890), colocando milhares de desempregados e trabalhadores com salários reduzidos (para funções não qualificadas de cerca de um dólar e vinte e cinco centavos por dia e, para agentes especializados, cerca de 3 dólares por dia). Mulheres e crianças recebiam um terço do que era pago. INDUSTRIAL DEVELOPEMENT. The Second Industrial Revolution. Disponível em https://industrialdevelopement.weebly.com/. Acesso em: 18 out. 2019.

73 Muita polêmica surgiu em torno de Rockefeller a respeito de suas práticas de truste desmascaradas pelo trabalho da jornalista Ida Tarbell, intitulado *The History of the Standard Oil Company*, publicado em 1904. Disponível em: http://www.clovis-schools.org/chs-freshman/Resources/e-books/historyofstandar00tarbuoft.pdf. Acesso em: 23 dez. 2019.

74 Idem.

O progresso industrial acelerado modificou todas as condições que seriam vivenciadas no futuro. É inegável que a Segunda Revolução Industrial foi marcante especialmente no início de um embate entre os empresários industriais e os operários, que despontaram na luta por melhores condições de trabalho e de vida.

O dilema da substituição da mão de obra humana pelas máquinas foi bem mais sentido, já que o desenvolvimento tecnológico possibilitou a produção em massa, o que, de certa forma, facilitou as condições dos trabalhadores que antes laboravam em condições de extrema precariedade. As inovações não foram facilmente aceitas, os trabalhadores percebiam que estavam sendo substituídos pelas máquinas ou por profissionais mais qualificados para o manejo das máquinas. Essa mesma percepção será observada nas revoluções subsequentes, especialmente na quarta.

Grandes mudanças geopolíticas cruzaram esse período, com amplas disputas coloniais. No final do século XIX, Alemanha e Itália se insurgiram por terem sido preteridas no processo de partilha de territórios asiáticos e africanos, ao passo que França e Inglaterra exploravam colônias ricas em matéria-prima e com potencial mercado consumidor. A colisão de interesses entre as potências estabelecidas, entre outras rivalidades, deu abertura para a Primeira Guerra Mundial, em 1914, que perdurou até 1918[75][76].

Em 1917, na Rússia, surgiu a primeira revolução proletária do mundo, com a implantação do regime socialista, que alterou significativamente as relações internacionais. No mesmo ano, os Estados Unidos romperam a neutralidade e entraram na guerra, especialmente após ataques alemães, participação que foi decisiva para o fim do conflito, com

---

75 A Europa se dividiu em dois blocos: a Tríplice Aliança, envolvendo a Alemanha, o Império Austro-Húngaro e a Itália e a Tríplice Entente, envolvendo a Inglaterra, a França e a Rússia e, em 1917, os Estados Unidos.

76 "Os planos alemães previam uma guerra em duas frentes, com uma ação de conter a Rússia, o inimigo a leste, e uma rápida invasão e derrota da França a oeste. Esperavam que a Bélgica, país neutro, aquiescesse quietamente à travessia de seu território pelas tropas alemãs rumo ao sul. Como tantas vezes aconteceu mais tarde na Grande Guerra, essa suposição se revelou totalmente equivocada. O governo belga decidiu resistir, o que inutilizou de imediato o plano alemão, e os ingleses, após alguma hesitação, entraram na guerra contra a Alemanha", explica MACMILLAN, Margaret. *A Primeira Guerra Mundial*. São Paulo: Globo Livros, 2014, p. 18.

Capítulo 1

uma proposta de paz, sem vencedores, aceita pela Alemanha no final de 1918. O saldo da guerra foi devastador para o desenvolvimento da humanidade: 10 milhões de mortos, 3 milhões de mutilados, destruição de cidades, fábricas, pontes, ferrovias, campos de cultivo[77]. No início do século XX, as metas de produtividade precisam ser alavancadas, como observa José Eduardo de Alves Pereira[78]:

> para atender à incorporação de milhões de pessoas ao mundo do consumo, era preciso criar uma base produtiva cujas escalas não tinham precedentes no mundo industrial. Isso seria viabilizado com o correlato desenvolvimento do taylorismo-fordismo e sua concepção de produção seriada em gigantescas linhas de montagem. Produzir com custos médios declinantes (a longo prazo) era a meta das empresas que buscavam economias de escalas, e, com isso, vender automóveis e eletrodomésticos, entre outros bens de consumo industriais, a preços acessíveis aos mais pobres. As taxas de retorno por unidade vendida seriam baixas, mas compensadas pelo grande volume comercializado.

As crises econômicas e políticas agravaram-se com a Depressão de 1929, desencadeada nos Estados Unidos, mas com repercussão mundial[79]. Evidencia-se a mundialização do espaço geográfico pe-

---

[77] Margaret Macmillan observa que "a paz, ou algo parecido, foi alcançada em 1918, mas por uma Europa e um mundo muito diferentes. Quatro grandes impérios tinham se desmantelado: a Rússia, que dominara diversos povos, desde os poloneses a oeste, aos georgianos, no leste; a Alemanha com seus territórios na Polônia e além-mar; a Áustria-Hungria, o grande Império multinacional do centro da Europa; e o Império Otomano, que ainda englobava pedaços de território europeu, além da Turquia de hoje e da maior parte do Oriente Médio árabe. Os bolcheviques tinham assumido o poder na Rússia, sonhando com a criação de um novo mundo comunista e que a revolução desencadearia uma sucessão de outras na Hungria, na Alemanha ou, mais tarde, na China. A velha ordem internacional se fora para sempre. Fraca e empobrecida, a Europa já não era a senhora inquestionável do mundo. Em suas colônias, movimentos nacionalistas se multiplicavam e novas potências surgiam em sua periferia, a leste no Japão, e a oeste da Europa, nos Estados Unidos. A Grande Guerra não foi o catalisador do aparecimento da superpotência ocidental – isso já estava acontecendo – mas acelerou a chegada do século da América". Idem, ibidem.

[78] PEREIRA, João Eduardo de Alves. Superação de assimetrias no acesso à energia. In: *Revista da Faculdade de Direito de Campos*, Ano VIII, n° 10, junho de 2007, 91-110, pp. 103-104.

[79] Em 29 de agosto de 1929, ocorreu a Quinta-feira Negra, quando as ações norte-americanas sofre-

los impactos da integração internacional econômica, social, cultural e política.

A Depressão de 1929 gerou o caos econômico. Entre os mecanismos utilizados para evitar o agravamento da crise está o aquecimento do mercado consumidor, surgindo a obsolescência programada, financiada por diversos empresários por reduzir a vida útil de seus produtos e, consequentemente, aumentar seus ganhos. O documentário *The Light Bulb Conspiracy: a história secreta da obsolescência programada* informa que o primeiro produto atingido foi a lâmpada elétrica, em 1924, com a criação da Phoebus S.A., um cartel formado especialmente pelos principais fabricantes de lâmpadas da Europa e dos Estados Unidos. Seu objetivo, alcançado em 1940, era reduzir a vida útil da lâmpada de 2.500 horas de duração para, no máximo, 1.000 horas, tornando o produto pouco durável e fazendo com que os consumidores adquirissem novas lâmpadas em menor espaço de tempo[80]. A partir daí, a obsolescência programada ou planejada foi colocada em prática na concepção dos mais diversos produtos para aumentar a produção, o consumo e a empregabilidade.

A concorrência global pela hegemonia imperial, os efeitos da crise financeira de caráter global – decorrente, em parte, da Primeira Guerra, culminando na Grande Depressão de 1929 – e o avanço da Alemanha para o Ocidente marcaram o início do movimento que dizimaria milhões de seres humanos no mundo.

1.2.2. INOVAÇÕES DO CENÁRIO CAÓTICO

Após a Grande Depressão, regimes autoritários se estabeleceram em diversos pontos do mundo, como Japão, Itália, Alemanha, Espanha e até mesmo Brasil.

---

ram desvalorização, resultando na Quebra da Bolsa de Nova Iorque, em que as pessoas retiram seus depósitos dos bancos causando a falência de 4.000 bancos e 14 milhões de pessoas desempregadas, suspensão de empréstimos a outros países e de importações de produtos estrangeiros, desencadeando uma crise mundial. O denominado *New Deal* colocado em prática no governo de Franklin Roosevelt realinhou a economia norte-americana, o que foi sentido em meados da década de 1930.

80 THE LIGHT BULB CONSPIRACY: *A história secreta da obsolescência programada*. Direção: Cosima Dannoritzer. Produção: Arte France, Televisión Española e Televisió de Catalunya. Espanha: 2010. Documentário. 52 min. Disponível em: https://www.youtube.com/watch?v=H7EUyuNNa-CU&list=PLc7p9R78x71onBuFE6-ai2aUOp5241GP6&index=8&t=0s. Acesso em: 13 jul. 2019.

Capítulo 1

De 1939 a 1945, ocorreu a guerra que envolveu a maior parte das nações do mundo: a Segunda Guerra Mundial. Maior conflito militar da história, envolveu ataques nucleares e ataques contra civis, calculando-se, no período, entre 60 e 85 milhões de mortos[81].

Graças aos esforços de muitos cientistas para vencer a Segunda Guerra, muitos inventos foram desenvolvidos e aprimorados, culminando no desenvolvimento científico mundial. Vale ressaltar que um pouco antes do início da Segunda Grande Guerra, *sir* Alexander Fleming desenvolveu a penicilina, que, no decorrer do conflito, foi usada como o primeiro antibiótico. O telégrafo, criado por Samuel F. B. Morse em 1837, fundamental para o desenvolvimento do Oeste norte-americano, influenciou outros inventos.

Em 1942, os Estados Unidos entraram na guerra, chegando a produzir um navio por dia e um avião a cada cinco minutos, entre 1943 e 1944, assegurando o fornecimento de armas e suprimentos aos países aliados. Assim, a indústria bélica estava em franca expansão[82].

Em 26 de junho de 1945, no encerramento da Conferência das Nações Unidas sobre Organização Internacional, foi assinada a Carta das Nações Unidas, que entrou em vigor em 24 de outubro. No preâmbulo da Carta da ONU, é nítida a preocupação com o pós-guerra[83]:

> **NÓS, OS POVOS DAS NAÇÕES UNIDAS, RESOLVIDOS** a preservar as gerações vindouras do flagelo da guerra, que por duas vezes, no espaço da nossa vida, trouxe sofrimentos indizíveis à humanidade, e a reafirmar a fé nos direitos fundamentais do homem, na dignidade e no valor do ser humano, na igualdade de direito dos homens e das mulheres, assim como das nações grandes e pequenas, e a estabelecer condições sob as quais a justiça e o respeito às obrigações decorrentes de tratados e de outras fontes do direito internacional possam ser mantidos,

---

81 BRASIL. Poder Legislativo. Câmara dos Deputados. Notícias. *Especial 70 anos da Declaração Universal dos Direitos Humanos*. Disponível em: https://www2.camara.leg.br/camaranoticias/radio/materias/REPORTAGEM-ESPECIAL/563782-70-ANOS-DA-DECLARACAO-UNIVERSAL-DOS-DIREITOS-HUMANOS-ORIGEM-DA-DECLARACAO-BLOCO-1.html. Acesso em: 12 jul. 2019.

82 BARBOSA FILHO, Milton Benedicto; STOCKLER, Maria Luiza Santiago. *História Moderna e Contemporânea*. São Paulo: Scipione, 1988, p. 64.

83 BRASIL. ONU. *A Carta das Nações Unidas*. Disponível em: https://nacoesunidas.org/carta/. Acesso em: 13 jul. 2019.

e a promover o progresso social e melhores condições de vida dentro de uma liberdade ampla. **E PARA TAIS FINS,** praticar a tolerância e viver em paz, uns com os outros, como bons vizinhos, e unir as nossas forças para manter a paz e a segurança internacionais, e a garantir, pela aceitação de princípios e a instituição dos métodos, que a força armada não será usada a não ser no interesse comum, a empregar um mecanismo internacional para promover o progresso econômico e social de todos os povos.

Em relação ao desenvolvimento eletrônico, no decurso da Segunda Guerra, começou a ser desenvolvido o primeiro computador eletrônico do mundo, conhecido como Eniac, sigla para *Electronic Numerical Integrator and Computer*. A invenção norte-americana só foi completada em 1946, no período da Guerra Fria, e era utilizada para realizar cálculos balísticos; além disso, teve papel essencial no desenvolvimento da bomba de hidrogênio, testada em 1952[84] pela Universidade de Chicago. O aprimoramento do computador foi, sem dúvida, outro passo importante para a humanidade.

Esse avanço é sentido ao longo do tempo, até mesmo pelo uso do termo "interface homem/máquina", que substituiu os termos "entrada" e "saída" dos sistemas informáticos, como informa Pierre Lévy[85]:

> O teclado de um computador foi primeiro considerado como um "dispositivo de entrada", da mesma forma, por exemplo, que um leitor de cartões perfurados. As telas foram vistas por muito tempo como "dispositivos de saída", da mesma forma como as luzes que piscam, as perfuradoras de fitas ou as impressoras dos computadores dos anos sessenta. A digitadora ou operadora de entrada alimentava a máquina, outros operadores

---

[84] A bomba de hidrogênio, detonada no Atol de Eniwetok, nas Ilhas Marshall, Oceano Pacífico, teve uma explosão equivalente a 10 milhões de toneladas de TNT, 500 vezes mais poderosa que a bomba atômica que destruiu Hiroshima. Os 100 milhões de graus Celsius gerados em seu centro foram suficientes para varrer do mapa uma ilha inteira do atol e acabar com qualquer espécie de vida num raio de dezenas de quilômetros. O Globo. Acervo. *EUA detonam primeira bomba em 1952 e aceleram corrida armamentista.* Disponível em: https://acervo.oglobo.globo.com/fatos-historicos/eua-detonam-primeira-bomba-em-1952-aceleram-corrida-armamentista-10465634. Acesso em: 13 jul. 2019.

[85] LÉVY, Pierre. *As tecnologias da inteligência:* o futuro do pensamento na era da informática. São Paulo: Editora 34, 2010, p. 179.

Capítulo 1

recolhiam e processavam os resultados do cálculo. O vocabulário testemunhava sobre a posição que o autômato ocupava no centro do dispositivo sociotécnico. A "entrada" e a "saída" estavam situadas em lados opostos de uma máquina central. Essa época terminou. Por meio de uma verdadeira dobradura lógica, as duas extremidades juntaram-se e, viradas para o mesmo lado, compõem hoje a "interface". No momento em que a maioria dos usuários definitivamente não são mais informatas profissionais, quando os problemas sutis da comunicação e da significação suplantam os da administração pesada e do cálculo bruto que forma os da primeira informática, a interface torna-se o ponto nodal do agenciamento sociotécnico.

  A Guerra Fria (1946-1991), por sua vez, foi caracterizada pelo embate ideológico entre a extinta União Soviética e os EUA. No decurso desse período, surgiu a Arpanet[86], em 1965, financiada pelo governo estadunidense e criada pela agência militar Arpa em razão da necessidade observada pelo país de ter uma forma de comunicação e armazenamento de dados que funcionasse mesmo que o ponto de controle fosse bombardeado, pois temiam um ataque soviético ao Pentágono. A rede, denominada internet, era restrita aos militares, mas foi liberada para uso acadêmico no início da década de 1970[87], vindo a se popularizar no decorrer dos anos.

  Mesmo atravessando período turbulento, a humanidade conquistou, em 10 de dezembro de 1948, a proclamação da Declaração Universal dos Direitos Humanos (DUDH) pela Assembleia Geral das Nações Unidas em Paris, como "norma comum a ser alcançada por todos os povos e nações". A declaração estabeleceu a proteção universal dos direitos humanos, uma vez que o "desprezo e o desrespeito pelos direitos humanos resultaram em atos bárbaros que ultrajaram a consciência da Humanidade", propôs um mundo em que

---

86 ARPANET (*Advanced Research Projects Agency Network*): rede de longa distância criada a partir de 1965 pela *Advanced Research Agency* (Agência de Pesquisas Avançadas - ARPA, atualmente *Defense Advanced Projects Research Agency*, ou DARPA) em consórcio com as principais universidades e centros de pesquisa dos EUA, com o objetivo de investigar a utilidade da comunicação de dados em alta velocidade para fins militares. Conhecida como a rede-mãe da internet de hoje foi colocada fora de operação em 1990, posto que estruturas alternativas de rede passaram a desempenhar seu papel nos EUA. SITES RECORD. Internet. *O que é Arpanet?* Disponível em: https://sites.google.com/site/sitesrecord/o-que-e-arpanet. Acesso em: 12 jul. 2019.

87 Em 1975, existiam aproximadamente 100 *sites*.

"todos gozem de liberdade de palavra, de crença e da liberdade de viverem a salvo do temor" e considerou "ser essencial que os direitos humanos sejam protegidos pelo império da lei, para que o ser humano não seja compelido, como último recurso, à rebelião contra a tirania e a opressão"[88]. A DUDH é um documento referencial para diversos Estados e democracias[89].

1.2.3. SOCIEDADE INFORMACIONAL

Vários estudos afirmam que a Terceira Revolução Industrial se iniciou no ano de 1950, no momento de calmaria após a Segunda Guerra, em que vários países, como França, Itália e outros da Europa se reergueram rumo ao novo crescimento humano e econômico. O marco inicial da Terceira Revolução Industrial não se apresenta com a mesma facilidade da Primeira e da Segunda Revolução; além disso, não há elementos que demonstrem um marco final.

A rigor, a Terceira Revolução se destaca pela inovação, que, em verdade, decorre da Segunda Revolução. Assim, a Terceira Revolução se apresenta por questões enfatizadas no caráter geopolítico bem mais do que no caráter científico. E serão exatamente esses aspectos que passarão a ser vistos, sem a pretensão de expandir totalmente todos os fenômenos sociais que se sucederam.

Como ponto de partida, tem-se uma Europa invadida pela Alemanha nazista aliada ao Eixo Itália-Japão, que, juntos, dispensavam diversas investidas em outros países em busca de um posicionamento mais imperialista. Os Estados Unidos, por se localizarem fora da zona de guerra, acabaram por receber inúmeros refugiados cientistas. Esse fenômeno possibilitou uma maior integração científica social, na medida em que se almejava produzir invenções que possibilitassem ganhar a guerra com maior rapidez[90].

---

[88] BRASIL. ONU. DUDH. Disponível em: https://nacoesunidas.org/wp-content/uploads/2018/10/DUDH.pdf. Acesso em: 13 jul. 2019.

[89] A DUDH, em conjunto com o Pacto Internacional dos Direitos Civis e Políticos e seus dois Protocolos Opcionais (sobre procedimento de queixa e sobre pena de morte) e com o Pacto Internacional dos Direitos Econômicos, Sociais e Culturais e seu Protocolo Opcional, formam a chamada Carta Internacional dos Direitos Humanos. Documento proclamado em 1989, em vigor desde 1991. BRASIL. Procuradoria-Geral da República (PGR). *Carta Internacional dos Direitos Humanos*. Segundo Protocolo Adicional ao Pacto Internacional sobre os Direitos Civis e Políticos com vista à Abolição da Pena de Morte. Documento proclamado em 1989, em vigor desde 1991. Disponível em: http://pfdc.pgr.mpf.mp.br/atuacao-e-conteudos-de-apoio/legislacao/direitos-humanos/prot_dir_civis_politicos.pdf. Acesso em: 20 out. 2019.

[90] BARBOSA FILHO, Milton Benedicto; STOCKLER, Maria Luiza Santiago. *História Moderna e Contemporânea*. São Paulo: Scipione, 1988, p. 133.

Capítulo 1

No aspecto econômico, não foi diferente. Na Inglaterra, por exemplo, o governo assumiu o controle, ordenando que as fábricas produzissem mais armas e aeronaves para os soldados e menos produtos comuns, como roupas e calçados. O consumidor tinha acesso a uma quantidade fixa de produtos básicos, tais como ovo, leite, manteiga, açúcar, não podendo comprar tudo que desejasse[91].

Dreifuss explica que, no final do milênio, as perplexidades são observadas pela globalização econômica e modos de produzir; da mundialização social e de modos de viver; e da planetarização política e institucional, dos modos de dominar[92]:

Vivemos as suas contraposições, antinomias e contradições: na afirmação e preservação de particularidades, localismos e singularidades claramente identificáveis na implosão de "ordens mecânicas e orgânicas" – dos sindicatos aos partidos políticos, das famílias às organizações estatais, das classes ao Estado. E na preservação de heterogeneidades culturais, emergência de *global commons* e nas reafirmações civilizatórias. Vivemos uma variedade de "modernidade" (e pós-modernidades) cuja variação depende de quais as instituições existentes e das suas práticas, de qual o "ponto zero" de partida, de qual o tempo absoluto (da própria sociedade ou nação), de qual o tempo relativo (em comparação a outras sociedades e nações) e de quem dirige a modernização.

A Terceira Revolução Industrial trouxe diversas complexidades – como o desaparecimento de atividades e formas de produção, as transformações socioculturais, econômicas e políticas, o redimensionamento do ambiente físico –, dando entrada ao ambiente virtual em coexistência com o analógico, levantando questões relacionadas à globalização e à transnacionalização, como a delimitação de fronteiras no ciberespaço.

---

91 KISHTAINY, Niall. *Uma breve história da economia*. 1. ed. Porto Alegre: L&PM, 2018, p. 142.

92 DREIFUSS, René Armand. *Época das perplexidades:* mundialização, globalização e planetarização: novos desafios. Petrópolis, RJ: Vozes, 3. ed. 1996, pp. 325 e 326.

CAPÍTULO 2:
A QUARTA REVOLUÇÃO INDUSTRIAL E SEUS IMPACTOS SOCIAIS

Ao se observar a trajetória histórica, é cristalina a intervenção social proporcionada pelas revoluções industriais. Nessa era, vivencia-se o momento em que a tecnologia, a industrialização e a sociedade convergem em um só contexto. Neste capítulo, são estudadas características e tendências da Indústria 4.0, subdividida pela experiência dos países que já se encontram adiantados nesse processo transacional, frente àqueles que, por motivos socioeconômicos ou políticos, ainda não adentraram essa importante seara evolutiva.

Em se tratando de um momento ímpar na sociedade mundial, não há o que se dizer sobre regras ou ditames sobre os passos seguintes. Dessa forma, os pioneiros no processo de transição serão os líderes que articularão formas acessíveis aos demais, destacando-se as experiências oriundas da União Europeia, mais especificamente por adotar o sistema *civil law*, também praticado no sistema jurídico brasileiro. Cabe destaque ao fato de que, no Brasil, há a tradição de utilizar os preceitos europeus como fonte de inspiração para a elaboração das regras sociais vigentes no país, além de se destacarem experiências norte-americanas como contraponto de relevante importância, demonstrando a evolução nos países de sistema *common law*.

Em todo processo evolutivo, é natural o aparecimento de obstáculos, riscos tecnológicos e suas respectivas soluções. Assim, ao final deste capítulo, apresentam-se os atuais empecilhos, resistências e vicissitudes que acabam por atrapalhar o desenvolvimento da Quarta Revolução Industrial.

2.1. A QUARTA REVOLUÇÃO INDUSTRIAL A FAVOR DA SOCIEDADE

O momento histórico vivenciado pela humanidade é crucial para a adequação dos processos industriais. Há a necessidade de conter o consumismo desenfreado com a primordialidade de criação e utilização de processos sustentáveis, ambientes promotores da inovação e mecanismos de geração de empreendimentos, coeficientes com relevância nessa intrínseca equação que é a Quarta Revolução Industrial.

As pessoas não se dão conta das premências relevantes à sua perpetuação. A Indústria 4.0 propõe uma mudança drástica no modo como a sociedade está acostumada a viver. São introduzidos no cotidiano novos conceitos, ampliando-se e convergindo a tecnologia disponível em favor da redução dos custos de produção, da economia de matéria-prima, da redução de resíduos, da personalização de produtos, entre outros exemplos. Até mesmo conceitos existentes vêm ganhando novas roupagens, pela inovação advinda dessas tendências globalizadas.

Corroborando esse pensamento, destaca-se Klaus Schwab, fundador e presidente executivo do Fórum Econômico Mundial, um dos precursores da conceituação e da estruturação teórica da Indústria 4.0, ao asseverar que estamos diante da transformação da humanidade, uma profunda revolução que mudará radicalmente a maneira de viver, trabalhar e se relacionar[93]. Essa revolução se configura na adaptação à grande quantidade de tecnologia e inovação que vem dominando o dia a dia.

A velocidade do crescimento tecnológico acaba por superar a capacidade de adaptação das pessoas expostas às tecnologias e, dentro dessa avalanche de inovação, as facilidades advindas são mais verificáveis. É comum que grande parte dos usuários dessas facilidades não se dê conta de todo o movimento social, cultural e tecnológico por trás de tão grandes mudanças.

No Brasil, a Indústria 4.0 deve ter a visão tridimensional conhecida como *triple bottomline* (TBL)[94], na qual a sustentabilidade deve compreender pessoas (que compõem uma empresa ou sociedade), planeta (capital natural) e lucro (resultado econômico positivo de uma empresa). Essa visão consiste num modelo em que as questões sustentáveis se tornam praticamente obrigatórias, previstas até mesmo em leis e regulamentos, para que

---

93 SCHWAB, Klaus. *A quarta revolução industrial*. São Paulo: Edipro, 2016, p. 11.

94 Conhecido como o tripé 3 Ps (*People, Planet and Profit*), em português a sigla seria PPL - Pessoas, Planeta e Lucro.

Capítulo 2

as organizações de grande porte possam observá-las não apenas como uma opção, mas como uma questão de cumprimento de políticas públicas, estratégia e sobrevivência no mercado[95] cujo maior objetivo é minimizar o impacto das atividades econômicas para com o meio ambiente, especialmente ligadas à produção, à distribuição e ao consumo de bens e serviços.

2.1.1. PESSOAS: QUALIDADE DE VIDA E EMPREGABILIDADE

De acordo com Melo Neto e Froes[96], em se tratando da esfera interna das empresas, o desenvolvimento de ações sociais tem por objetivo a melhoria da qualidade de vida do ambiente de trabalho, alcançando maior produtividade e satisfação dos funcionários.

Para Alves, não existem dúvidas de que as atividades relacionadas à responsabilidade social das empresas evidenciam "maior proeminência" no que tange ao público interno, às práticas trabalhistas e socioambientais adotadas por terceiros (fornecedores, por exemplo)[97].

A quebra de paradigmas introduzida se apresenta em diversas áreas. No mercado de trabalho, por exemplo, há a ruptura na estrutura hierárquica consolidada durante anos, pela renovação de conceitos logísticos, de estoque, movimentação de capital de giro e gestão. Da mesma forma, muitas outras cadeias produtivas tiveram que ser reinventadas, e muitas redes de varejo que adotaram a utilização de recursos *on-line*, como *e-commerce*, viram sua força de mão de obra (vendedores) saírem da porta das lojas e irem para o ambiente virtual.

Pode-se usar, como exemplo, o filme *Tempos modernos*, que critica a vida de operários com a Revolução Industrial, em que houve a passagem da fabricação artesanal para a fabricação em série. Os operários se submetiam a

---

[95] Neste sentido: Oliveira, L. R. et al. *Sustentabilidade:* da evolução dos conceitos à implementação como estratégia nas organizações. Produção, v. 22, n. 1, pp. 70-82, jan./fev. 2012.

[96] MELO NETO, Francisco Paulo de; FROES, César. *Gestão da responsabilidade social corporativa:* o caso brasileiro. Rio de Janeiro: Qualitymark, 2001, passim.

[97] ALVES, Marcos César Amador. *Responsabilidade social empresarial e a afirmação dos direitos fundamentais no trabalho:* o paradigma da relação de trabalho responsável, 2009. 280 f. Dissertação (Mestrado em Direito das Relações Sociais). PONTIFÍCIA UNIVERSIDADE CATÓLICA DE SÃO PAULO PUC-SP, 2009, p. 37. Disponível em: https://tede2.pucsp.br/bitstream/handle/8768/1/Marcos%20Cesar%20Amador%20Alves.pdf. Acesso em: 20 set. 2019.

um método de produção em desacordo com as condições físicas e psicológicas, em que os empreendedores visavam ao maior lucro independentemente das condições dos trabalhadores. O personagem Carlitos era operário de uma grande indústria, fazendo sempre o mesmo esforço repetitivo, razão pela qual teve problemas psicológicos ao não conseguir mais parar de realizar os movimentos reproduzidos na sua atividade laboral, sendo levado ao hospital. O filme alertava para a questão dos trabalhadores e seus processos de aprendizagem e habilidades, afinal Carlitos não se projetava em novo emprego, pois a única tarefa que sabia era a de apertar parafusos.

A visão do filme é diametralmente oposta à da Indústria 4.0, que requer um mercado de trabalho com profissionais polivalentes; ainda que realizem sempre as mesmas atividades, necessitam conhecer o produto e os diversos outros fazeres dentro da indústria. É um cenário bem diferente do retratado no filme, em que o trabalho repetitivo era realizado pelos operários. Na Indústria 4.0, as tarefas repetitivas passam a ser realizadas por máquinas, e essa automação exige diversas habilidades[98].

Uma das inquietações contemporâneas é a diminuição da necessidade de mão de obra: muitas pessoas acreditam que perderão o emprego para robôs. Tal previsão não se confirma segundo dados do Serviço Social da Indústria (Sesi), apontando que, no período de quatro anos, entre 2019-2023, mais de 10,5 milhões de trabalhadores (em nível tanto técnico como superior) terão que se qualificar para o novo mercado[99].

---

98 Segundo pesquisa do Senai, "as ocupações que têm a tecnologia como base são as que crescem rapidamente, entre elas a atividade de condutor de processos robotizados, pesquisadores de engenharia e tecnologia, engenheiros de automação e mecatrônicos. "As áreas que mais vão demandar formação profissional são transversais (1,7 milhão), metalmecânica (1,6 milhão), construção (1,3 milhão), logística e transporte (1,2 milhão), alimentos (754 mil), informática (528 mil), eletroeletrônica (405 mil), energia e telecomunicações (359 mil). Profissionais com qualificação transversal trabalham em qualquer segmento, como profissionais de pesquisa e desenvolvimento, técnicos de controle da produção e desenhistas industriais, que atuam em várias áreas. A demanda por qualificação prevista pelo Mapa inclui, em sua maioria, o aperfeiçoamento de trabalhadores que já estão empregados e, em parcela menor (22%), aqueles que precisam de capacitação para ingressar no mercado de trabalho. Essa formação inicial inclui a reposição em vagas já existentes e que se tornam disponíveis devido à aposentadoria, entre outras razões". Agência CNI de Notícias. Profissões ligadas à tecnologia terão alto crescimento até 2023, aponta Senai. Disponível em: https://noticias.portaldaindustria.com.br/noticias/educacao/profissoes-ligadas-a-tecnologia-terao-alto-crescimento-ate-2023-aponta-senai/. Acesso em: 13 ago. 2019.

99 CONFEDERAÇÃO NACIONAL DA INDÚSTRIA. Pesquisa "Mapa do trabalho industrial 2019/2023". Sesi. Disponível em: https://noticias.portaldaindustria.com.br/especiais/conheca-o--mapa-do-trabalho-industrial-nos-estados/. Acesso em: 17 ago. 2019.

Capítulo 2

O que se espera é que não haja queda de empregabilidade, e sim uma modificação resultante da tecnologia.

Visando ao fortalecimento do mercado digital, o relatório de 2019 da Organização para a Cooperação e Desenvolvimento Econômico (OECD)[100], *Shaping the Digital Transformation in Latin America*, que orienta os países da América Latina e o Caribe, caracteriza a abertura do mercado por um ambiente regulatório em que fornecedores estrangeiros de bens e serviços tenham a capacidade de "competir em um mercado nacional sem encontrar condições discriminatórias, excessivamente onerosas ou restritivas", eliminando barreiras ao comércio, incentivando investimentos e adotando medidas que favoreçam a formulação de políticas comerciais internacionais. Para possibilitar essa abertura, a OECD propõe a observação de seis princípios: transparência, não discriminação, prevenção do comércio restritivo, harmonização de medidas internacionais, reconhecimento mútuo e concorrência[101].

Assim, algumas profissões terão suas necessidades minimizadas, outras serão criadas, havendo a necessidade de conhecimentos interdisciplinares impulsionados pelas tendências futuras, com maior especificação nas funções.

Além da tecnologia, que ganhou uma roupagem mais expressiva, os novos conceitos fazem parte desse novo passo da humanidade, destacando-se a sustentabilidade, a inovação, a disrupção e a flexibilidade.

As empresas precisam adotar um programa efetivo de Responsabilidade Socioambiental (RSA) e trazer novas formas de os empregados e colaboradores encararem suas atividades, com utilização das boas práticas no ambiente laboral e na vida pessoal[102]. O impacto é gradual e

---

[100] A Organização para a Cooperação e Desenvolvimento Econômico ou simplesmente OECD é uma organização internacional que, por meio de pesquisas, objetiva o fornecimento de soluções e sugestões para o aprimoramento das políticas públicas, desenvolvimento e inovação. Com todas as transformações que vêm atingindo o mercado globalizado, a OECD se posiciona como uma fonte relevante de conhecimento, apresentando análises comparativas e sugestões. A atuação da OECD facilita a cooperação da disseminação de conhecimento e inovação entre diversas nações.

[101] OECD (2019). *Shaping the Digital Transformation in Latin America:* Strengthening Productivity, Improving Lives, OECD Publishing, Paris, p. 93. Disponível em: https://doi.org/10.1787/8bb-3c9f1-en. Acesso em: 25 dez. 2019.

[102] Na lição de Fiorillo: "Com a promulgação da Constituição Federal de 1988, o poder constituinte originário elevou à categoria de direito fundamental, e, portanto, de cláusula pétrea, a

acontece à medida que a sociedade em que a empresa está inserida verifica o que está sendo realizado. Porém, é preciso que a empresa divulgue suas evoluções, visando estimular os processos, engajar e inspirar outras pessoas, líderes e organizações, utilizando-se das "tecnologias sociais" e da "teoria do valor compartilhado".

As estratégias de *marketing* que divulgam programas e atividades socioambientais das empresas também atraem consumidores, fazendo diferença em seus processos de escolha e identificação com as estratégias de proteção ao meio ambiente. Um exemplo é o da TOMS Shoes, que, a cada par de sapatos vendido, doa outro a comunidades carentes (*one for one*). Esse movimento faz com que consumidores se identifiquem, confiem e queiram comprar seus produtos.

Em 2006, Blake Mycoskie, fundador da TOMS, visitou uma vila na Argentina e viu que as crianças não tinham sapatos adequados para proteger seus pés. Criou a TOMS Shoes, então, com o propósito de combinar cada par de sapatos comprados com um par de sapatos novos para uma criança necessitada, modelo registrado como *one for one*. Em 2011, o modelo foi ampliado, e foi lançada a linha TOMS Eyewear: a cada par de óculos comprados, a organização ajuda a restaurar a visão de uma pessoa necessitada.

Segundo o *site* da empresa, "o que começou como uma ideia simples evoluiu para um poderoso modelo de negócios, ajudando a atender às necessidades e a promover a saúde, a educação e as oportunidades econômicas para as crianças e suas comunidades em todo o mundo". A empresa está investindo na TOMS Roasting Co., na qual cada pacote de café comprado fornecerá uma semana de água limpa a uma pessoa necessitada. "A TOMS forneceu mais de 35 milhões de pares de sapatos novos para crianças carentes e ajudou a restaurar a visão de mais de

---

proteção à saúde do trabalhador bem como de todo e qualquer destinatário das normas constitucionais. Na verdade, a regulamentação é feita em dois patamares: a proteção imediata (art. 200, VII) e a mediata (art. 225, *caput*, IV, VI e § 3º). Não há de se perder de vista que os arts. 5º e 7º, em diversas passagens, indicam a proteção ao meio ambiente. Por derradeiro, esse direito encontra grande respaldo dentre os princípios fundamentais da República Federativa do Brasil, conforme preceitua o art. 1º, III, da Constituição Federal, o princípio fundamental da dignidade da pessoa humana". FIORILLO, Celso Antônio Pacheco. Meio ambiente do trabalho em face do direito ambiental brasileiro. In: *8º Congresso Brasileiro do Magistério Superior de Direito Ambiental*, 2010. Disponível em: http://www.nima.puc-rio.br/aprodab/artigos/celso_antonio_pacheco_fiorillo.pdf. Acesso em: 20 maio 2018, s/p.

250.000 pessoas", mantendo o propósito da empresa e acreditando que a "evolução contínua da doação pode impactar positivamente as comunidades carentes em todo o mundo"[103].

No pilar "pessoas", a preocupação especial se volta aos cidadãos de modo geral, especialmente empregados e consumidores. Estes últimos serão analisados com mais profundidade em capítulo próprio.

2.1.2. PLANETA: ATUAÇÃO ECOEFICIENTE NO MERCADO

O dinheiro que financia a produção e o consumo fica atrelado à moralidade e à legalidade dessa produção e desse consumo; sua destinação deve ser ética, não podendo financiar a poluição e a degradação da natureza[104]. Dessa forma, as empresas devem atuar com eficiência e sustentabilidade em todos os setores do mercado, ou melhor, buscar uma atuação ecoeficiente – a ecoeficiência é um conceito mais amplo que o de eficiência, pois está diretamente ligada ao meio ambiente.

O Conselho Empresarial Brasileiro para o Desenvolvimento Sustentável (CEBDS)[105] informa que, se uma instituição está alinhada com a ecoeficiência, significa que possui uma filosofia de gerenciamento que leva à sustentabilidade. São elementos de ecoeficiência[106]:

---

103 Blake Mycoskie é o fundador da TOMS, pessoa por trás da ideia do One for One, um modelo de negócios que ajuda uma pessoa necessitada com todos os produtos adquiridos. TOMS. *Blake Mycoskie*. Disponível em: https://www.toms.com/blakes-bio. Acesso em: 17 dez. 2019 (tradução livre).

104 MACHADO, Paulo Affonso Leme. *Direito Ambiental Brasileiro*. 15. ed. São Paulo: Malheiros, 2007, p. 332.

105 Associação civil sem fins lucrativos que promove o desenvolvimento sustentável e congrega grandes corporações, com a missão de promover o desenvolvimento sustentável no setor empresarial, por meio do conceito de ecoeficiência. CONSELHO EMPRESARIAL BRASILEIRO PARA O DESENVOLVIMENTO SUSTENTÁVEL (CEBDS). *CEBDS participa da primeira reunião do Conselho Superior de Meio Ambiente da Fiesp*. Disponível em: http://cebds.org/noticias/cebds-participa-da-primeira-reuniao-do-conselho-superior-de-meio-ambiente-da-fiesp/#.WrbzTZdv9PY. Acesso em: 24 mar. 2018.

106 Segundo o portal Ecoeficientes, o termo ecoeficiência foi introduzido em 1992 pelo World Business Council for Sustainable Development (WBCSD) – Conselho Mundial de Negócios para o Desenvolvimento Sustentável, por meio da publicação do livro *Changing Course*, sendo endossado pela Conferência Rio-92, como uma forma das organizações implementarem a Agenda 21 no setor privado. De acordo com o WBCSD, a ecoeficiência é obtida pela "entrega de bens e serviços com preços competitivos que satisfaçam as necessidades humanas e tragam qualidade de vida, reduzindo progressivamente impactos ambientais dos bens e serviços, por meio de todo o ciclo de

1. Reduzir o consumo de materiais com bens e serviços;
2. Reduzir o consumo de energia com bens e serviços;
3. Reduzir a dispersão de substâncias tóxicas;
4. Intensificar a reciclagem de materiais;
5. Maximizar o uso sustentável dos recursos naturais;
6. Prolongar a durabilidade dos produtos;
7. Agregar valor aos bens e serviços.

Em primeiro plano, pode-se observar a ecoeficiência ligada à gestão empresarial e às ciências ambientais. No entanto, trata-se também de um conceito jurídico a nortear as diretrizes de atuação das pessoas jurídicas de direito público e as de direito privado prestadoras de serviços públicos. Esse conceito recebe uma conotação mais ampla do que a eficiência expressamente prevista no *caput* do artigo 37 da Constituição Federal de 1988, buscando, nesse artigo, sua base legal, pela interpretação extensiva.

A Declaração do Rio sobre Meio Ambiente e Desenvolvimento de 1992, em seu princípio 1, estabelece: "Os seres humanos estão no centro das preocupações com o desenvolvimento sustentável. Têm direito a uma vida saudável e produtiva, em harmonia com a natureza"[107]. Dessa forma, o termo "ecoeficiência" significa a adoção de medidas eficientes e sustentáveis visando à redução do consumo de água, energia elétrica, papel, plástico, bem como estratégias para evitar que gases poluentes sejam emitidos no meio ambiente. Não se trata de conceito mais estrito ou de uma espécie de eficiência. É justamente o contrário: a premissa é que as instituições em geral devem primar por uma atuação eficiente voltada à proteção do meio ambiente, e este, por sua vez, é o bem conceitualmente mais amplo[108]

---

vida, em linha com a capacidade estimada da Terra em suportar". ECOEFICIENTES. *A história do termo Ecoeficiência*. Disponível em: http://www.ecoeficientes.com.br/a-historia-do-termo-ecoeficiencia/. Acesso em: 20 mar. 2019.

107 ORGANIZAÇÃO DAS NAÇÕES UNIDAS - ONU. *Declaração do Rio de Janeiro sobre Meio Ambiente e Desenvolvimento de 1992*. Disponível em: http://www.onu.org.br/rio20/img/2012/01/rio92.pdf. Acesso em: 25 mar. 2018.

108 Existem vários conceitos de meio ambiente, como meio ambiente artificial, meio ambiente

Capítulo 2

que todos devem preservar. Em outras palavras, uma instituição pública ou privada que não possua programas de responsabilidade socioambiental jamais poderá se declarar eficiente[109].

Melo Neto e Froes[110] aduzem que a responsabilidade socioambiental das empresas engloba projetos sociais externos e ações sociais, inclusive com a participação da comunidade. Segundo os autores, essas atividades estão relacionadas diretamente à imagem da empresa, sendo os projetos socioambientais valorizados nas tomadas de decisão.

Contando com o fomento de diversos órgãos, a Comissão Europeia adotou, em 2015, um plano de ação denominado de "economia circular" para "impulsionar a competitividade a nível mundial, promover o crescimento econômico sustentável e criar postos de trabalho", o que fez com que a produção leve em conta o ciclo de vida dos produtos, sua utilização e gestão de resíduos[111]:

> O plano de ação estabelece 54 medidas para "fechar" o ciclo de vida dos produtos, do fabrico e consumo à gestão dos resíduos e ao mercado das matérias-primas secundá-

---

cultural, meio ambiente do trabalho e meio ambiente natural. A simples utilização do termo *meio ambiente* é considerada por alguns doutrinadores como um pleonasmo redundante, visto que na palavra ambiente já está incluso o meio, segundo Celso Antônio Pacheco Fiorillo (*Curso de Direito Ambiental Brasileiro*. 9. ed. São Paulo: Saraiva, 2008, p. 19). Porém, tanto a legislação quando a doutrina utiliza o termo meio ambiente. Nesse contexto, o Brasil editou a Política Nacional do Meio Ambiente (PNMA) – Lei nº 6.938/1981 – que estabelece o conceito de meio ambiente no art. 3º, I como: O conjunto de condições, leis, influências e interações de ordem física, química e biológica, que permite, abriga e rege a vida em todas as suas formas.

109 Observar a Ecoeficiência é obrigatório, como se depreende da Declaração do Rio de Janeiro sobre Meio Ambiente e Desenvolvimento de 1992 (op. cit). Princípio 16: "As autoridades nacionais devem procurar promover a internacionalização dos custos ambientais e o uso de instrumentos econômicos, tendo em vista a abordagem segundo a qual o poluidor deve, em princípio, arcar com o custo da poluição, com a devida atenção ao interesse público e sem provocar distorções no comércio e nos investimentos internacionais". Princípio 17: "A avaliação do impacto ambiental, como instrumento nacional, será efetuada para as atividades planejadas que possam vir a ter um impacto adverso significativo sobre o meio ambiente e estejam sujeitas à decisão de uma autoridade nacional competente".

110 MELO NETO, Francisco Paulo de; FROES, César. *Gestão da responsabilidade social corporativa: o caso brasileiro*. Rio de Janeiro: Qualitymark, 2001.

111 EUR-LEX. Comissão Europeia. *Rumo a uma economia circular*. Disponível em: https://ec.europa.eu/commission/priorities/jobs-growth-and-investment/towards-circular-economy_pt. Acesso em: 30 dez. 2019.

rias, e identifica cinco setores prioritários para acelerar a transição ao longo das respectivas cadeias de valor (plásticos, resíduos alimentares, matérias-primas essenciais, construção e demolição, biomassa e materiais de base biológica). É atribuída grande importância ao estabelecimento de fundamentos sólidos sobre os quais possam prosperar os investimentos e a inovação. Esta transição é apoiada financeiramente pelos Fundos Europeus Estruturais e de Investimento, o programa Horizonte 2020, o Fundo Europeu para Investimentos Estratégicos (FEIE) e o programa LIFE. O plano de ação promove igualmente uma estreita cooperação entre os países da UE, as regiões e os municípios, as empresas, os organismos de investigação, os cidadãos e outras partes interessadas na economia circular.

No Brasil, a responsabilidade socioambiental atinge todas as esferas, seja pública ou privada, tendo por intuito respeitar os princípios disciplinados na Constituição da República de 1988, principalmente questões relacionadas aos direitos fundamentais e ao desenvolvimento social. Além disso, pode-se afirmar que, pelo princípio da ecoeficiência, do ponto de vista econômico, as instituições públicas e privadas devem zelar pela melhor gestão de recursos e insumos, adotando métodos que otimizem a qualidade, reduzam custos, previnam e minimizem impactos ambientais em razão de suas atividades.

A Comissão Mundial sobre Meio Ambiente e Desenvolvimento (CMMAD) define sustentabilidade como "a capacidade de satisfazer as necessidades do presente sem comprometer a capacidade das gerações futuras de satisfazerem as próprias necessidades"[112].

Em 1972, a Organização das Nações Unidas (ONU), durante a Conferência das Nações Unidas sobre o Meio Ambiente, realizada em Estocolmo, começou a tratar a questão ambiental de forma especial, demonstrando a necessidade de um critério e de princípios comuns que ofereçam

---

112 Trecho do *Relatório Brundtland*, documento intitulado Nosso Futuro Comum (*Our Common Future*), publicado em 1987: "Believing that sustainable development, which implies meeting the needs of the present without compromising the ability of future generations to meet their own needs (…). UNITED NATIONS. *Report of the World Commission on Environment and Development: Our Common Future*. Disponível em: https://sustainabledevelopment.un.org/content/documents/5987our-common-future.pdf. Acesso em: 04 jan. 2020.

Capítulo 2

aos povos do mundo a inspiração, um verdadeiro guia para preservar e melhorar o meio ambiente humano, como se observa a seguir:

1. O homem é ao mesmo tempo obra e construtor do meio ambiente que o cerca, o qual lhe dá sustento material e lhe oferece oportunidade para desenvolver-se intelectual, moral, social e espiritualmente. Em larga e tortuosa evolução da raça humana neste planeta, chegou-se a uma etapa em que, graças à rápida aceleração da ciência e da tecnologia, o homem adquiriu o poder de transformar, de inúmeras maneiras e em uma escala sem precedentes, tudo que o cerca. Os dois aspectos do meio ambiente humano, o natural e o artificial, são essenciais para o bem-estar do homem e para o gozo dos direitos humanos fundamentais, inclusive o direito à vida.

2. A proteção e o melhoramento do meio ambiente humano é uma questão fundamental que afeta o bem-estar dos povos e o desenvolvimento econômico do mundo inteiro, um desejo urgente dos povos de todo o mundo e um dever de todos os governos.

A Conferência das Nações Unidas sobre o Meio Ambiente de Estocolmo ainda estabelece, entre outros, os seguintes princípios:

Princípio 1 - O homem tem o direito fundamental à liberdade, à igualdade e ao desfrute de condições de vida adequadas em um meio ambiente de qualidade tal que lhe permita levar uma vida digna e gozar de bem-estar, tendo a solene obrigação de proteger e melhorar o meio ambiente para as gerações presentes e futuras. A este respeito, as políticas que promovem ou perpetuam o *apartheid*, a segregação racial, a discriminação, a opressão colonial e outras formas de opressão e de dominação estrangeira são condenadas e devem ser eliminadas.

Princípio 2 - Os recursos naturais da terra, incluídos o ar, a água, a terra, a flora e a fauna e especialmente amostras representativas dos ecossistemas naturais, devem ser preservados em benefício das gerações presentes e futuras, mediante uma cuidadosa planificação ou ordenamento.

Nesse contexto, o Brasil editou a Política Nacional do Meio Ambiente (PNMA) – lei nº 6.938/1981 –, que conceituou o meio ambiente como "O conjunto de condições, leis, influências e interações de ordem física, química e biológica, que permite, abriga e rege a vida em todas as suas formas" (artigo 3º, I).

O conceito de meio ambiente estabelecido na Política Nacional do Meio Ambiente foi recepcionado pela Constituição Federal de 1988[113] de maneira mais ampla, estabelecendo o legislador a tutela do bem jurídico ambiental, que tem como objetivo a "sadia qualidade de vida", trazendo ainda o termo "ecologicamente equilibrado" e consagrando a proteção a todos.

Para garantir a efetividade desse direito, a Constituição Federal incumbe, no artigo 225, §1º, o Poder Público de "VI - promover a educação ambiental em todos os níveis de ensino e a conscientização pública para a preservação do meio ambiente". Dessa forma, a educação ambiental é um instrumento constitucionalmente previsto para a efetivação da preservação ambiental da presente e das futuras gerações.

2.1.3. LUCRO

O Brasil, como Estado democrático de direito, de um lado, elenca a proteção ao meio ambiente como uma de suas diretrizes da ordem econômica (artigo 170, VI, da CF/1988); de outro, se caracteriza em um estado de bem-estar social, que visa a uma existência digna, em que cada cidadão deve almejar uma qualidade de vida própria sem que prejudique o outro. Dessa forma, o desenvolvimento econômico e a proteção ao meio ambiente[114] são como engrenagens que precisam girar harmonicamente para que o todo funcione perfeitamente, ou seja, no sentido do cumprimento dos direitos constitucionalmente assegurados.

---

113 Nessa linha, a Constituição de 1988 tutelou o meio ambiente no art. 225 estabelecendo: Todos têm direito ao meio ambiente ecologicamente equilibrado, bem de uso comum do povo e essencial à sadia qualidade de vida, impondo-se ao Poder Público e à coletividade o dever de defendê-lo e preservá-lo para as presentes e futuras gerações. BRASIL. Presidência da República. *Constituição da República Federativa do Brasil de 1988.* Disponível em: http://www.planalto.gov.br/ccivil_03/constituicao/constituicao.htm. Acesso em: 25 abr. 2019.

114 A Constituição afirma, em seu artigo 225, que "todos têm direito ao meio ambiente ecologicamente equilibrado, bem de uso comum do povo e essencial à sadia qualidade de vida, impondo-se ao Poder Público e à coletividade o dever de defendê-lo e preservá-lo para as presentes e futuras gerações".

Capítulo 2

As organizações com excelentes *benchmarks* são apontadas como modelo de respeito às normas de RSA e compõem o Dow Jones Sustainability Index (DJSI) – ou Índice Down Jones de Sustentabilidade –[115] por estarem mais alinhadas aos melhores conceitos e práticas mundiais em sustentabilidade. Sete empresas brasileiras integram o DJSI[116].

A responsabilidade socioambiental das empresas engloba a preservação do meio ambiente e a conscientização dos empregados e colaboradores com atividades e adoção de práticas sociorresponsáveis. Nessa engrenagem, as empresas ecoeficientes são aquelas que maximizam lucros sem deixar de observar as diretrizes de sustentabilidade, pois, quando uma empresa se torna "verde", não significa que deve escolher entre os negócios e o meio ambiente; pelo contrário, deve apenas equalizar o *triple bottomline*, pois todas as organizações devem ter diretrizes em prol do bem comum.

Bertoncini e Tonetti[117] trazem a não atuação sustentável das empresas como forma de ofender direitos, especialmente os princípios fundamentais. Justificam os autores que as atividades empresariais precisam sofrer limitações, caso sejam necessárias, a fim de atender às responsabilidades sociais.

Embora a natureza das atividades empresariais seja a obtenção de lucros, é preciso que exerçam a também a função socioambiental[118]. A implantação e a execução de programas têm que beneficiar a sociedade presente e futura, não apenas como *marketing* aos seus consumidores,

---

115 *Dow Jones Sustainability Index World* é um indicador integral de desempenho financeiro, lançado em 1999, evidencia os líderes em sustentabilidade a nível integral, classificando a capacidade de agregar valor aos acionistas, a partir de uma gestão dos riscos associados, cruzando fatores econômicos, ambientais e sociais. DOW JONES SUSTAINABILITY INDEX. Disponível em: www.sustainability-indices.com. Acesso em: 20 mar. 2019.

116 S&P DOW JONES INDICES. *Dow Jones Sustainability World Index*. Disponível em: https://eu.spindices.com/indices/equity/dow-jones-sustainability-world-index. Acesso em: 20 mar. 2019.

117 BERTONCINI, Mateus Eduardo Siqueira Nunes; TONETTI, Felipe Laurini. Convenção Internacional sobre a eliminação de todas as formas de discriminação racial, constituição e responsabilidade social das empresas. *Revista de Direito Brasileira*, CONPEDI, Florianópolis, ano 3, v. 5, maio-ago./2013.

118 Conforme artigo 192 da Constituição Federal de 1988: o sistema financeiro nacional, estruturado de forma a promover o desenvolvimento equilibrado do país e a servir aos interesses da coletividade, em todas as partes que o compõem, abrangendo as cooperativas de crédito, será regulado por leis complementares que disporão, inclusive, sobre a participação do capital estrangeiro nas instituições que o integram.

mas também pela busca incessante pela redução dos impactos sociais de suas atividades e no diálogo com a sociedade sobre estratégias que importam em sustentabilidade[119].

O jurista e professor Maurício Motta analisa que a função socioambiental consiste em uma obrigação econômica:

> A compensação ambiental, na realidade, tem natureza jurídica de obrigação econômica de reparação pelo uso do meio ambiente, entendido esse como um direito intangível de todos a determinada qualidade de vida, à preservação do meio ambiente ecologicamente equilibrado.[120]

Piketty afirma que o debate sobre o "estímulo ecológico" intenso na Europa é um dos principais para o futuro e que desperta a consciência de que é necessário "sair do marasmo econômico atual". O autor adverte que, mais do que se inquietar com a dívida pública, há urgência em se preocupar com o aumento do "capital educacional e evitar que nosso capital natural se degrade. Essa questão é muito séria e complexa, pois não basta uma canetada (ou um imposto sobre o capital, o que dá no mesmo) para fazer desaparecer o efeito estufa"[121].

Christensen conta que, para administrar uma mudança tecnológica de ruptura, é necessário passar pelos mesmos processos reconhecidos para uma boa administração em qualquer época, pois empresas bem-sucedidas se concentram em atividades que satisfaçam as necessidades dos clientes. A fórmula é "ouvir atentamente os clientes, rastrear cuidadosamente as ações dos concorrentes e investir recursos para projetar

---

119 FISCILETTI, Rossana Marina De Seta; MATOS, Erika Tavares Amaral Rabelo de. Responsabilidade socioambiental das instituições financeiras: estudo de casos. In: *Direito, economia e desenvolvimento econômico sustentável*. Organização CONPEDI/Universidade do Minho. Coordenadores: José Barroso Filho; Sébastien Kiwonghi Bizawu; Serafim Pedro Madeira Froufe. Florianópolis: CONPEDI, 2017, p. 112 a 135. Disponível em: http://conpedi.danilolr.info/publicacoes/pi88duoz/x907t3bq/rDk2GNm284Fao57w.pdf. Acesso em: 25 set. 2019.

120 MOTA, Mauricio. Função socioambiental da propriedade: o princípio do usuário pagador na nova interpretação da compensação ambiental pelo Supremo Tribunal Federal. In: *Função social do direito ambiental*. Rio de Janeiro: Elsevier, 2009, p. 56.

121 PIKETTY, Thomas. *O capital no século XXI* (edição digital). Rio de Janeiro: Intrínseca, 2014, p. 689.

e construir produtos de alto desempenho e alta qualidade, que renderão maiores lucros". Os lucros altos, segundo o autor, são considerados como "tecnologicamente praticáveis e que os ajudem a representar seus papéis em mercados substanciais"[122].

O desafio é engajar pessoas e organizações para a construção de uma sociedade mais justa, equilibrada e inclusiva, pois a natureza humana deve ser o centro de todas as atenções e atitudes, o que é a diretriz mais importante da Indústria 4.0.

2.2. DESIGUALDADE SOCIAL, EMPREGABILIDADE E ADAPTAÇÃO

Em um primeiro momento, a nova revolução se apresenta como um verdadeiro "salto para o futuro", com um ambiente absolutamente favorável à humanidade, mas o cenário também apresenta uma "zona cinzenta"[123], por não haver delimitação concreta das suas consequências e ameaças. Por exemplo, os mesmos consumidores, de um lado, promovem a tecnologia e se beneficiam, mas, de outro, vão se tornando vítimas da escassez de recursos pela falta de ocupação no mercado.

Neste tópico, abordam-se algumas questões relacionadas à realidade do avanço tecnológico, tendo-se como referenciais teóricos as obras de Thomas Piketty, Alvin Toffler, Yuval Harari, Alves Pereira e Lobo Torres. Apresentam-se situações que os futuristas não chamam de "previsões", e sim de "possibilidades". É que, na Quarta Revolução Industrial, não há soluções concretas, mas alternativas de caminhos a serem trilhados.

O debate sobre a *desigualdade social* no curso da Quarta Revolução não só continuará, como será intensificado. Piketty observa um salto considerável no crescimento das sociedades do passado para a atual, em que o crescimento era quase nulo, chegando a 0,1% ao ano no século

---

[122] CHRISTENSEN, Clayton M. *O dilema da inovação:* quando as novas tecnologias levam empresas ao fracasso. São Paulo: M. Books, 2012, p. 148.

[123] LEVI, Primo. *Os que sucumbem e os que se salvam* (edição digital). Portugal: Publicações Dom Quixote, 2018. Expressão "zona cinzenta" foi utilizada por Primo Levi, em 1986, para descrever a situação "de contornos mal definidos, em que nos campos de concentração nazistas, ao mesmo tempo separa e associa os dois campos dos senhores e dos servos. Possui uma estrutura incrivelmente complicada, e aloja dentro de si o suficiente para confundir a nossa necessidade de julgar (p. 474)". Em outras palavras, vítimas e algozes por vezes pertenciam ao mesmo grupo, o dos prisioneiros, não havendo qualquer delimitação. O autor lança o questionamento: "Que pode fazer cada um de nós para que, neste mundo prenhe de ameaças, pelo menos esta ameaça seja eliminada? (p. 185)".

XVIII. "Um país com um crescimento de 0,1% ou 0,2% ao ano se reproduz quase de forma idêntica de uma geração para a outra: a estrutura das carreiras é a mesma, assim como a da propriedade". Desde o início do século XIX, em que um país com economia avançada cresce 1% ano, o que resulta em consequências importantes na "estrutura da desigualdade social e para a dinâmica da distribuição de riqueza"[124]:

> O crescimento pode criar formas de desigualdade — por exemplo, fortunas podem ser construídas rapidamente nos novos setores de atividade — e, ao mesmo tempo, fazer com que a desigualdade do passado seja menos relevante, de modo que a herança seja menos determinante. Por certo, as transformações engendradas por um crescimento de 1% ao ano são bem menos consideráveis do que aquelas que resultam de um crescimento de 3% ou 4% ao ano. Isso significa que o risco de frustração e desilusão é grande, uma vez que as esperanças estão depositadas em uma ordem social mais justa, em especial desde o Iluminismo. Sem dúvida, o crescimento econômico é incapaz de satisfazer essas esperanças democráticas e meritocráticas, que devem se apoiar na existência de instituições específicas, e não apenas nas forças do progresso tecnológico e do mercado.

Piketty avalia que, a partir do final da década de 1960, quando os Estados Unidos ingressaram na fase de "desindustrialização", avançando em novos setores, como os de serviços, informática e comunicação, passaram a valorizar qualificações cada vez mais altas. Porém, parte significativa da população foi "repelida para setores de baixa produtividade" ou para subemprego ou desemprego, uma vez que não teve acesso ao sistema educacional ou experiência pessoal que pudessem capacitar e proporcionar melhores qualificações. Além de que o "progresso tecnológico agora leva à valorização de características individuais que sempre foram repartidas de maneira desigual e que as funções mais rotineiras das tecnologias tradicionais os deixavam na sombra"[125].

---

124 PIKETTY, Thomas. *O capital no século XXI* (edição digital). Rio de Janeiro: Intrínseca, 2014, pp. 119-120.

125 PIKETTY, Thomas. *Economia da desigualdade* (edição digital). Rio de Janeiro: Intrínseca, 2015, p. 70.

Capítulo 2

Essa mesma hipótese foi defendida por Juhn, Murphy e Pierce, observando que a diferença salarial em razão da educação e experiência "permaneceu estável ou caiu ao longo dos anos 1960 e depois subiu de forma constante", apontando o aumento da demanda por habilidades[126].

A questão da adaptação humana ao ritmo acelerado das inovações foi avaliada pelo escritor futurista Alvin Toffler em 1970. Toffler observou que uma estratégia para melhorar a adaptabilidade humana é "instruir os alunos como aprender, desaprender e reaprender, uma nova e poderosa dimensão pode ser adicionada à educação", explicando que o psicólogo Herbert Gerjuoy afirmou que:

> A nova educação deve ensinar ao indivíduo como classificar e reclassificar informações, como avaliar sua veracidade, como alterar categorias quando necessário, como mover do concreto para o abstrato e voltar, como analisar os problemas de uma nova direção – como ensinar a si mesmo. O analfabeto de amanhã não será o homem que não sabe ler; ele será o homem que não aprendeu a aprender.

Nesse sentido, Antônio Celso Alves Pereira, presidente da Sociedade Brasileira de Direito Internacional, observa as fases da educação no decurso de períodos históricos. A Educação 1.0 (modelo excludente criado na Idade Média), a Educação 2.0 (modelo pedagógico que evoluiu a partir da Primeira Revolução Industrial), a Educação 3.0 (democratizante por ser estruturada a partir da internet e da realidade do mundo corporativo) e a nova fase, a Educação 4.0 (considerando os novos paradigmas da Quarta Revolução Industrial).

O autor explica que Educação 3.0, observada no final do século XX e ainda aplicada no século XXI, caracteriza-se pelo fato de que o "aluno não é totalmente dependente do professor para aprender, e as exigências do atual mercado de trabalho estão voltadas para o recrutamento de profissionais capazes de aprender de forma autônoma e permanente". Já a Educação 4.0, designada "nova escola", se desenvolve especialmente com o uso da inteligência artificial e da

---

126 JUHN, Chinhui; MURPHY, Kevin M.; PIERCE, Brooks. Wage Inequality and the Rise in Returns to Skill. *Journal of Political Economy*, The University of Chicago, 1993, vol. 101, n. 3, 1993, p. 412. Disponível em: https://uh.edu/~cjuhn/Papers/docs/2138770.pdf. Acesso em: 15 dez. 2019.

Internet das Coisas[127]. Para o autor, o desafio é incorporar as novas tecnologias ao ensino, adequando os métodos de ensino/aprendizagem e a capacitação docente:

> Uma das razões alegadas pelos alunos que evadem do ensino médio aqui no Brasil é a falta de motivação decorrente da pedagogia diretiva, que torna a aula, para o discente do século XXI, um exercício, em muitos cenários, verdadeiramente insuportável. Em nosso país, apenas 60% dos alunos que ingressam no curso médio chegam ao final do mesmo[128].

No contexto industrial do passado, Alves Pereira observa que fazia sentido o modelo de escola tradicional, com a pedagogia diretiva (modelo em que o professor explica a matéria de forma unidirecional e o aluno é apenas coadjuvante que memoriza e se submete a avaliações), também chamada de "educação bancária", pois o "professor tenta depositar o conhecimento na cabeça do aluno". Tratou-se de modelo relevante para os "progressos científicos e tecnológicos que hoje norteiam a sociedade humana. Entretanto, tal modelo não atende mais às novas gerações de estudantes que necessitam de formação adequada para entrar na economia global do conhecimento" [129].

Uma das ações propostas pela OECD, no documento *Medir a transformação digital: um roteiro para o futuro*, é definir e medir as necessidades em matéria de competências para a transformação digital[130]:

> O desenvolvimento da economia digital e das suas aplicações, como a análise dos grandes volumes de dados ("*big data analytics*"), computação na nuvem e aplicações móveis, aumenta a procura de certas competências cuja oferta é frequentemente escassa. No trabalho, a escassez de especialistas de TIC pode

---

127 PEREIRA, Antônio Celso Alves. A Nova Escola. In: *Democracia e Direitos Fundamentais:* estudos em homenagem ao professor Leonardo Rabelo. Rio de Janeiro: Processo, pp. 44 e 45.

128 Ibidem, pp. 42 e 43.

129 Ibidem, p. 41.

130 ORGANISATION FOR ECONOMIC CO-OPERATION AND DEVELOPMENT - OECD (2019). Um roteiro de medição para o futuro. In: *Medir a transformação digital:* um roteiro para o futuro, OECD Publishing, Paris, p. 9. Disponível em: http://www.oecd.org/going-digital/mdt-roadmap-portuguese.pdf. Acesso em: 25 dez. 2019.

Capítulo 2

ser agravada por obstáculos por parte da gestão, ao desenvolvimento de novos modelos de negócio, novas estruturas organizacionais e novos métodos de trabalho. Ao mesmo tempo, a procura de competências complementares está a aumentar. Estas competências complementares incluem, por exemplo, a capacidade de compilar e analisar informações, comunicar nas redes sociais, atribuir marcas a produtos nas plataformas de comércio eletrônico etc. Esta tendência também faz aumentar a necessidade de os utilizadores aprenderem a pesquisar e escolher entre uma miríade de aplicações móveis e saber proteger-se contra os riscos de segurança digital ("higiene digital").

A dinâmica da modernidade desafia também os relacionamentos. Toffler antecipou que o ritmo de vida acelerado traz "dificuldades crescentes em criar e manter recompensadores os laços humanos".

Na chamada era da informação, as pessoas têm acesso instantâneo e imediato. As mudanças são tão rápidas que há a necessidade de desenvolver permanentemente novos aprendizados, o que Toffler chamou, em 1965, de choque do futuro (*future shock*)[131], conceituando-o como "angústia, física e psicológica, que surge da sobrecarga dos sistemas físicos adaptativos do organismo humano e seus processos de tomada de decisão. Em termos mais simples, o choque do futuro é a resposta humana à superestimulação"[132].

2.2.1. RENDA BÁSICA UNIVERSAL (RENDA BÁSICA DE CIDADANIA OU RENDIMENTO DE CIDADANIA)

O impacto da era digital remete a outra indagação tormentosa de âmbito global: partindo do ponto de vista de que a massa de

---

131 TOFFLER, Alvin. *Future shock*. United States: A Bantam Book, 1970, p. 99. "*Transience, then, the forcible abbreviation of man's relationships, is not merely a condition of the external world. It has its shadow within us as well. New discoveries, new technologies, new social arrangements in the external world erupt into our lives in the form of increased turnover rates—shorter and shorter relational durations. They force a faster and faster pace of daily life. They demand a new level of adaptability. And they set the stage for that potentially devastating social illness — future shock*".

132 Ibidem, p. 168. "*We may define future shock as the distress, both physical and psychological, that arises from an overload of the human organism's physical adaptive systems and its decision-making processes. Put more simply, future shock is the human response to overstimulation*".

trabalhadores da Revolução Agrícola foi alocada nas indústrias na Terceira Revolução e considerando o fato de que, na Indústria 4.0, não haverá demanda para tarefas mais básicas e repetitivas, porque substituídas pela IA, onde esses trabalhadores serão alocados e encontrarão meios de subsistência?

Essa questão vem sendo debatida em diversos países, discutindo-se o pagamento de uma renda básica universal (RBU) para pessoas que perderam a *empregabilidade*, que ficaram sem ocupação laboral na Quarta Revolução.

O debate sobre a RBU não é novo, mas certamente foi aquecido pela ascensão da automação e da robotização, que vêm afetando os postos de trabalho. Ela consiste em um direito básico a uma renda mensal que assegure a subsistência de todos os indivíduos, pois se trata de uma proteção social, sem que as pessoas dependam da renda do trabalho para terem garantido o mínimo existencial[133], ou seja, um mecanismo que surge da necessidade da redução de desigualdade.

Na lição de Torres, para se configurar em mínimo existencial, é requisito que o direito esteja relacionado às "situações existenciais dignas" e, quando não há o mínimo necessário à existência, também "cessa a possibilidade de sobrevivência do homem e desaparecem as condições iniciais de liberdade". Adverte, ainda, que a "dignidade humana e as condições materiais da existência não podem retroceder aquém de um mínimo, do qual nem prisioneiros, os doentes mentais e os indigentes podem ser privados"[134].

Diversas regiões, como Finlândia, Ontário (Canadá), Stockton (Califórnia), Barcelona, Quênia, Escócia, Utrecht (Holanda), Reino Unido,

---

133 Excelente é a lição de Lobo Torres: "Há um direito às condições mínimas de existência humana digna que não pode ser objeto de intervenção do Estado e que ainda exige prestações estatais positivas (...). O problema do mínimo existencial confunde-se com a própria questão da pobreza. Aqui também há que se distinguir entre a pobreza absoluta, que deve ser obrigatoriamente combatida pelo Estado, e a pobreza relativa, ligada a causas de produção econômica ou de redistribuição de bens, que será minorada de acordo com as possibilidades sociais e orçamentárias. De assinalar, todavia, que inexiste definição apriorística de pobreza absoluta, por ser variável no tempo e no espaço e, não raro, paradoxal, surgindo tanto nos países ricos como nos pobres". TORRES, Ricardo Lobo. O mínimo existencial e os direitos fundamentais. *Revista de Direito Administrativo*. Rio de Janeiro, n. 177, p. 29-49, jul/set.1989. Disponível em: http://bibliotecadigital.fgv.br/ojs/index.php/rda/article/view/46113/44271. Acesso em: 22 dez. 2019.

134 TORRES, Ricardo Lobo. *O direito ao mínimo existencial.* Rio de Janeiro: Renovar, 2009, p. 36.

Capítulo 2

Itália e Índia vêm fazendo experiências ou preparando programas-piloto de renda básica universal[135]. No Brasil, a Lei nº 10.835/2004 visa assegurar a chamada renda básica de cidadania para todos os brasileiros residentes no país e para estrangeiros residentes há pelo menos cinco anos no Brasil, não importando sua condição socioeconômica. Ela garante, anualmente, um benefício monetário de igual valor para todos, em parcelas iguais e mensais, com valor suficiente para atender às despesas mínimas de cada pessoa com alimentação, educação e saúde, considerando, para isso, o grau de desenvolvimento do país e as possibilidades orçamentárias, não sendo considerado como renda tributável para fins de Imposto de Renda. Mesmo sendo antiga, a lei ainda carece de implantação, uma vez que os benefícios assistenciais e o programa Bolsa Família não podem ser caracterizados como expressão de sua aplicação, uma vez que possuem leis específicas[136].

A questão da simulação da renda básica universal perpassa por fórmulas de aumento e instituição de impostos sobre a renda, impostos sobre os robôs e utilização de algoritmos, soluções interessantes, mas que não serão abordadas no presente trabalho.

O que se quer demonstrar é que a crise de empregabilidade será acentuada na era digital. Na visão de Reinhart e Rogoff, existe previsibilidade nos ciclos econômicos, e estes deveriam auxiliar na percepção dos primeiros sintomas de uma crise financeira antes que a gravidade seja instalada[137].

---

135 EL PAÍS. Economia. *Renda básica universal:* a última fronteira do Estado de bem-estar social. Os testes com salário garantido para todos os cidadãos independentemente de estar trabalhando se multiplicam pelo mundo. Disponível em: https://brasil.elpais.com/brasil/2018/06/15/economia/1529054985_121637.html. Acesso em: 22 dez. 2019.

136 O Benefício assistencial ao idoso e à pessoa com deficiência (BPC) e os Benefícios Eventuais (prestados aos cidadãos e às famílias em casos de nascimento, morte, situações de vulnerabilidade provisória e calamidade pública) são previstos na Lei nº 8.742/1993. O Programa Bolsa Família está previsto na Lei Federal nº 10.836, de 9 de janeiro de 2004, sendo regulamentado pelo Decreto nº 5.209, de 17 de setembro de 2004.

137 *"The signals approach (or most alternative methods) will not pinpoint the exact date on which a bubble will burst or provide an obvious indication of the severity of the looming crisis. What this systematic exercise can deliver is valuable information as to whether an economy is showing one or more of the classic symptoms that emerge before a severe financial illness develops. The most significant hurdle in establishing an effective and credible early warning system, however, is not the design of a systematic*

Para Oliveira, Moita e Aquino, o discurso de empreendedorismo com o estímulo das novas tecnologias, que traz a ideia de um mercado de trabalho mais produtivo e flexível, vem tornando as pessoas mais receptivas às perdas dos seus direitos sociais, gerando uma era de precarização laboral, respaldada em novas formas de exploração[138]:

> Dentro da ampliação da informalidade do trabalho, estão enquadradas novas modalidades de trabalho que surgiram como resposta ou tentativa de sobrevivência do trabalhador, dos quais citamos os subcontratos, trabalho em tempo parcial, trabalhos temporários, dentre outros. Constituindo um quadro de trabalhos precarizados e/ou informal, caracterizados pela instabilidade e baixos salários, fatores que obrigam os trabalhadores à submissão de duplas, ou mesmo triplas jornadas, em prol do aumento da capacidade de renda para suprirem as necessidades de sobrevivência.

Os autores alertam que essa nova "ética empresarial" divulga a imagem do empreendedor "como herói provedor de desenvolvimento, e delega ao sujeito um poder autônomo e a responsabilidade de assumir individualmente a percepção de novos negócios"[139].

A dinâmica desta abordagem, a esta altura, deve ter levado o leitor à seguinte indagação: afinal, a Quarta Revolução Industrial proporcionará novos empregos (conforme observado no item 2.1.1.) ou a empregabilidade está em risco? Não há exatamente uma resposta, apenas previsões que se colocam de acordo com o cenário econômico e o desenvolvimento

---

framework that is capable of producing relatively reliable signals of distress from the various indicators in a timely manner. The greatest barrier to success is the well-entrenched tendency of policy makers and market participants to treat the signals as irrelevant archaic residuals of an out dated framework, assuming that old rules of valuation no longer apply. If the past we have studied in this book is any guide, these signals will be dismissed more often than not. That is why we also need to think about improving institutions." REINHART, Carmen M; ROGOFF, Kenneth S. *This time is different:* eight centuries of financial folly. United States of America: Princeton University Press, 2009, p. 281.

138 OLIVEIRA, Eveline Nogueira Pinheiro de; MOITA, Dimitre Sampaio; AQUINO, Cassio Adriano Braz de. O Empreendedor na Era do Trabalho Precário: relações entre empreendedorismo e precarização laboral. Rev. *Psicologia Política*, São Paulo, v. 16, n. 36, p. 207-226, ago. 2016. Disponível em: http://pepsic.bvsalud.org/scielo.php?script=sci_arttext&pid=S1519-549X2016000200006&lng=pt&nrm=iso. Acesso: 20 mar. 2021.

139 Idem.

Capítulo 2

tecnológico de cada país. Nesta senda, o documento *Shaping the Digital Transformation in Latin America*, contendo diretrizes para América Latina e região do Caribe (LAC), publicado em 2019 pela OECD, contribui para esse entendimento, quando expõe que a transformação digital gera oportunidades e desafios para essa mesma questão e que é essencial uma "abordagem inclusiva e centrada nas pessoas"[140].

A estimativa da OECD sugere que, em média, "14% dos empregos nos países da OECD correm alto risco de automação nos próximos 15 a 20 anos. Outros 31% dos trabalhos estão em risco de mudanças significativas como resultado da automação", advertindo que, entre os países da ALC, existe a probabilidade de que mais empregos possam estar em risco de automação e a preocupação deve ser ampliada, sendo responsáveis por isso a "estrutura das Economias da ALC – com maior prevalência de tarefas rotineiras – e o nível relativamente baixo de habilidades em grande parte da força de trabalho". A organização ainda sugere que, nesses casos, haja uma transição justa e adequada pelas políticas sociais, com vistas a facilitar e redistribuir os trabalhadores, investindo em educação, habilidades, criando ecossistemas de inovação, mecanismos de geração de empreendimentos, proporcionando proteção social e ao emprego e outras formas de trabalho, bem como a "regulamentação prospectiva do mercado de trabalho, promoção do diálogo social, e priorizar recursos que possam apoiar o processo de transição"[141].

O documento informa que esse movimento digital deve contribuir para a criação de empregos e que "não há evidências de que, até o momento, mudanças tecnológicas tenham sido associadas às perdas líquidas de empregos em geral". O dilema, segundo a OECD, é que esses novos empregos geralmente requerem habilidades diferentes daquelas dos postos que deixarão de ser ocupados[142]:

> Até agora, trabalhadores altamente qualificados tendem a se beneficiar relativamente da mudança tecnológica, enquanto

---

140 ORGANISATION FOR ECONOMIC CO-OPERATION AND DEVELOPMENT - OECD (2019). *Shaping the Digital Transformation in Latin America:* Strengthening Productivity, Improving Lives, OECD Publishing, Paris, p. 33. Disponível em: https://doi.org/10.1787/8bb3c-9f1-en. Acesso em: 25 dez. 2019.

141 Idem. Tradução livre.

142 Idem. Tradução livre.

a proporção de empregos em empregos de qualificação média diminuiu em muitos países. No futuro, os trabalhadores pouco qualificados correm maior risco de perder o emprego ficando para trás, arriscando uma polarização no mercado de trabalho e possivelmente aumentando desigualdade, que já é alta na região da ALC.

Garantir uma transição suave e justa para todos os trabalhadores exige um amplo conjunto de políticas coordenadas, inclusive para facilitar a redistribuição de trabalhadores. Com isso, é preciso investir em educação e habilidades, fornecer proteção social e alguma forma de proteção ao emprego a todas as formas de trabalho, regulamentação prospectiva do mercado de trabalho, promover o diálogo social e priorizar recursos que possam apoiar o processo de transição[143].

A problemática sobre o que fazer para alocar trabalhadores ou possibilitar-lhes a subsistência sempre esteve presente nas revoluções anteriores e, nesse sentido, o período denominado de Quarta Revolução Industrial traz, por si só, um cenário de alerta, que vem sendo anunciado por diversas nações. O dilema se torna ainda mais complicado nessa fase, uma vez que a disputa pela liderança tecnológica faz com que não seja uma opção a desaceleração em prol da acomodação dos seres humanos, mesmo que, para isso, os níveis de desigualdade sejam acentuados. A renda básica universal é uma medida que, em âmbito global, pode diminuir a desigualdade social, como pode desestimular a produtividade e o mercado de consumo, resultados que só o tempo poderá demonstrar.

2.2.2. HACKERS DE SERES HUMANOS: DISCURSO DE HARARI

O prognóstico negativo trazido ao longo de todo este tópico foi abordado pelo historiador e escritor Yuval Noah Harari durante a HSM Expo 2019, evento sediado no Brasil. Harari elencou três desafios existenciais do século XXI: o retorno da guerra, o colapso ecológico e a disrupção tecnológica[144]. Segundo ele, o primeiro desafio poderá ser contornado se

---

143 Tradução livre.

144 HSM EXPO 2019. Disponível em: https://experience.hsm.com.br/posts/hsm-expo19-o--futuro-da-humanidade-e-os-novos-desafios-do-seculo-21-com-yuval-noah-harari-2. Acesso em: 15 dez. 2019.

Capítulo 2

a estupidez humana não triunfar, uma vez considerada como uma das forças mais poderosas da história[145]. O colapso ecológico não é uma possibilidade futura, como a guerra, e sim uma realidade presente; embora ninguém a queira, é subproduto do crescimento econômico. Por fim, o autor destaca que a disrupção tecnológica é o último e mais complicado desafio a enfrentar, pois, "infelizmente, as fantasias tecnológicas de algumas pessoas podem ser os pesadelos de bilhões de outras. Teremos uma revolução de IA até 2025, uma maior até 2035 e ainda maior em 2045". Aponta o cenário dos empregos que desaparecerão, dos que serão sazonais e da necessidade de se reinventar em cada década.

    Harari adverte que a IA pode criar uma desigualdade sem precedentes entre as classes sociais e entre responsáveis pelas IAs que tornarão as pessoas inúteis; a desigualdade entre os países ficará ainda mais evidente. Na Revolução Industrial do século XIX, países que se industrializaram primeiro, como Japão e Inglaterra, "conquistaram e exploraram a maior parte do mundo", o que poderá ocorrer novamente no século XXI com a IA. A grande disputa nesta época é liderada pelos EUA e a China, e Harari chama atenção para o fato de que todos os países, até mesmo os menos desenvolvidos, devem se preocupar com essa "corrida pela IA", pois ela provavelmente impactará seus futuros econômico e político, que sentirão seus piores efeitos.

    A nível político, outro perigo, ainda maior, assinala Harari, é a ascensão de "ditaduras digitais", em que vários governantes ao redor do mundo utilizarão as novas tecnologias para implantar regimes totalitários, capazes de controlar e monitorar a população o tempo todo. Eis a equação que define o século XXI: "conhecimento biológico × capacidade computacional × dados = a capacidade de *hackear* seres humanos", ou seja, criar algoritmos que entendam o ser humano melhor do que ele próprio, que podem prever "sentimentos e decisões", manipular e tomar decisões pelo humano e até mesmo substituí-lo por completo. Não se

---

145 Harari observa que, no século XXI, homens e mulheres perdem seu valor militar e econômico, pois os exércitos mais avançados estarão alicerçados em tecnologia, "um número reduzido de soldados altamente treinados, um número ainda menor de forças especiais de supercombatentes e um punhado de especialistas que saibam como produzir e utilizar tecnologia de ponta. Forças *high-tech* 'tripuladas' por *drones* sem piloto e vermes cibernéticos estão substituindo os exércitos de massas do século XX, e os generais delegam cada vez mais suas decisões críticas a algoritmos". HARARI, Yuval Noah. *Homo Deus*: uma breve história do amanhã. São Paulo: Companhia das Letras, 2016, p. 311.

trata de conhecer cada pessoa perfeitamente, mas apenas "entender as pessoas um pouco melhor do que elas entendem a si mesmas. O que não é impossível, afinal a maioria das pessoas não entende a si mesma".

É necessário, portanto, cuidado com a tecnologia de vigilância, para não levantarmos um dos "piores regimes totalitários da história da humanidade. Para evitar, não basta proteger cidadãos dos seus governantes, é preciso protegê-los de governos estrangeiros e de corporações poderosas". Ainda que o governo brasileiro não crie um regime de vigilância total, "os cidadãos brasileiros podem ser vítimas de vigilância constante dos governos chinês ou norte-americano, ou por empresas gigantes com a Amazon, o Facebook ou o Baidu".

Não será necessário invadir com exércitos, basta coletar dados. Algumas possibilidades são apontadas:

> Na medida em que os seres humanos confiam na IA para tomar mais decisões por nós, a autoridade vai sendo alterada de humanos para algoritmos. Essa mudança já está em curso, como quando as pessoas confiam no algoritmo do Facebook para dizer o que há de novo, no algoritmo do Google para dizer o que é verdade, a Netflix para dizer ao que devemos assistir e os algoritmos da Amazon ou Alibaba para dizerem o que comprar. No futuro, algoritmos mais avançados dirão onde devemos trabalhar, com quem se casar, se seremos ou não contratados no emprego, se concederão ou não um empréstimo, se o banco central deve aumentar ou diminuir as taxas de juros.

Para essas possibilidades em nível individual, o conselho é o mais antigo de todos, segundo Harari: "Conheça a si mesmo". Na Antiguidade, não havia competição; mesmo para quem negligenciasse o autoconhecimento, seria difícil manipular. Mas, atualmente, governos e empresas estão empenhados na missão de *hackear* seres humanos e entenderem uma pessoa melhor do que ela mesma e, antes que ela mesma se decifre, poderão vender o que quiserem, "seja um produto ou um político". Poderão controlar as pessoas completamente, sem que percebam. O dilema não é apenas agir em nível individual, é necessário agir em nível coletivo, com pessoas trabalhando juntas, e não isoladas. Nessa esfera, o conselho é "fortalecer a cooperação global", pois os desafios apontados só podem ser resolvidos por meio da cooperação global eficaz para solucionar tais questões: "Será que os seres humanos realmente conseguirão criar uma cooperação global eficaz para questões como a IA e as mudanças climáticas? Eu não sei. Como já disse, nunca devemos subestimar a estupidez humana, uma força muito poderosa...".

Na obra *Homo Deus*, Harari prevê que, no século XXI, as ideias de livre mercado e de eleições democráticas tendo o humano como indivíduo e única fonte de autoridade passarão a ser obsoletas, pois, neste século, "os humanos perderão sua utilidade econômica e militar", "o sistema dará valor aos humanos coletivamente, mas não a indivíduos únicos" e, quando der valor a alguns indivíduos únicos, será pelo fato de estes integrarem "uma nova elite de super-humanos avançados e não a massa da população"[146].

2.3. CARACTERÍSTICAS DA QUARTA REVOLUÇÃO INDUSTRIAL

A expansão no uso das tecnologias envolvendo inteligência artificial (IA) é a mais importante característica na Quarta Revolução Industrial, seguida por vários de seus subgrupos, destacando-se o *machine learning*, o *deep learning* e as tecnologias que enriquecem o desenvolvimento da IA.

Outras características que merecem significativo destaque são a interdisciplinaridade, a flexibilidade, a disrupção, a constante quebra de paradigmas, o uso da inovação em todos os aspectos do nosso dia a dia, o crescimento de tecnologias – IoT, nanotecnologia, biotecnologia, formas ecologicamente corretas de produção de energia, Big Data, carros autônomos, robótica, novas formas colaborativas de parcerias, ciência de dados, estatística, matemática, programação etc.

A constante mutabilidade das cadeias de produção e consumo talvez seja a maior característica presente nessa revolução, pois os consumidores estão cada vez mais especificistas, com isso demandam manufaturas excentricamente projetadas para si, modelo adotado na Indústria 4.0, atendendo à demanda de mercado de acordo com suas inovadoras regras.

---

146 HARARI, Yuval Noah. *Homo Deus*: uma breve história do amanhã. São Paulo: Companhia das Letras, 2016, p.309.

Destaca-se também a demanda por sustentabilidade como outra indispensável característica, observada a partir de acordos internacionais e da influência direta da globalização, em que cada vez mais empresas investem em pesquisa para soluções sustentáveis, agregando um diferencial ao seu produto, atraindo clientes e consolidando sua marca nesse mercado competitivo.

Nesse cenário, tanto seus *stakeholders* (pessoa, área ou organização que possui interesse ou, de alguma maneira, afeta o projeto direta ou indiretamente, positiva ou negativamente) como os consumidores vêm apresentando uma nova mentalidade (*mindset*) em simetria às relações de trabalho, consumo e produção. Muitas possibilidades existentes na contemporaneidade eram inimagináveis há 20 anos, havendo numerosos debates de especialistas e consumidores visionários que vêm apostando nas inovações tecnológicas e robóticas, ainda mais revolucionárias para os próximos dez anos.

Uma das promessas para o futuro é que os cidadãos e consumidores terão mais tempo para se dedicar às atividades intelectuais. Com isso, deixarão de lado serviços repetitivos e pouco produtivos, ganharão tempo para se dedicar à família e a *hobbies*, melhorarão a qualidade de vida, auxiliarão na sustentabilidade social e repensarão seus conceitos sobre produção e tecnologia.

As quebras de paradigmas têm forçado as empresas a não somente mudarem seus modelos e linhas de produção, mas principalmente repensarem seu padrão operacional a fim de se tornarem mais eficientes e competentes, de forma que se adaptem às constantes mudanças e complexidades exigidas pela concorrência.

O jurista e professor Aurélio Wander Bastos, secretário de Direito Econômico do Ministério da Justiça em 1997, expõe que a concorrência muda o patamar de competição, sobrepondo a questão dos mercados relevantes e do avanço tecnológico com vantagens competitivas para o consumidor[147]:

> Por essa razão, a regra de funcionamento do mercado não é a da concentração, mas a da concorrência: a participação concorrencial leva as empresas a buscarem padrões cada vez mais

---

147 BASTOS, Aurélio Wander. *Cartéis e Concorrência:* Estudo da Evolução Conceitual da Legislação Brasileira sobre Abuso do Poder Econômico. In: _____ (Org.) Estudos Introdutórios de Direito Econômico. Brasília: Brasília Jurídica, 1997. p. 18.

Capítulo 2

qualificados para os bens ou serviços que oferecem aos consumidores. Todavia, à medida que buscam oferecer produtos e serviços de melhor qualidade no mercado, tendem a restringir as possibilidades de negociação da concorrente que, ou melhora o seu padrão de oferta, ou sucumbe diante da pressão concorrencial, falindo ou buscando novos aliados.

Os consumidores atuais não têm expectativas apenas no produto que recebem: eles anseiam por uma experiência composta de vários fatores relevantes ao produto – embalagem, entrega, atendimento, qualidade, serviço pós-venda e interação com outros consumidores.

2.4. A INDÚSTRIA 4.0 NA EUROPA

Como dito anteriormente, o Brasil, em diversos momentos, inspira-se nas tendências presentes na Europa e, dessa forma, apresenta exemplos europeus, bem como sua visão empresarial, sua legislação e seus avanços tecnológicos para traçar um modelo robusto, que, nesse momento, é uma propensão e poderá ser seguido pelo Brasil.

Nos últimos anos, muitas propostas foram formuladas por entidades participantes da União Europeia, porém somente em 2015 foi proposta pela Comissão Europeia a criação de uma estratégia para proporcionar formas de os países integrantes colherem todos os benefícios gerados pela Indústria 4.0 e tecnologias agregadas. Essa estratégia, conhecida como mercado único digital, visa unificar e regulamentar todas as iniciativas presentes nos diversos setores, com o intuito de criar uma Europa digital e, em no futuro, alargar ainda mais a economia digital e derrubar as barreiras regulamentares entre os Estados-membros[148].

Os dados disponibilizados pelo mercado único digital demonstram o quão avançadas se encontram a utilização, a pesquisa e a regulamentação da Indústria 4.0 com base nas pesquisas, que apontam que, em algumas categorias profissionais, 90% dos postos exigem competências digitais. Outra estimativa, buscada pela União Europeia, é a digitalização da indústria, que gerará uma renda de 1,25 bilhão de euros até 2025.

---

148 CONSELHO EUROPEU/ CONSELHO DA UNIÃO EUROPEIA. *Mercado único digital na Europa*. Disponível em: https://www.consilium.europa.eu/pt/policies/digital-single-market/. Acesso em: 01 out. 2019.

A linha de pensamento adotada pela União Europeia é delinear o futuro por meio de pilares embasados em confiança, segurança e administração pública, como forma de alcançar rapidamente o progresso desejado. A tecnologia já permite que 45% das tarefas sejam automatizadas, e seus prognósticos estimam que 65% das crianças que hoje entram no ensino exercerão profissões totalmente novas no futuro.

A visão europeia sobre a proteção de dados é mais remota do que muitos acreditam. A primeira lei que regulamenta o assunto foi criada em 1995, entrando em vigor três anos depois; já a diretiva 95/46/CE do Parlamento europeu, relativa à proteção das pessoas singulares no que diz respeito ao tratamento de dados pessoais e à livre circulação desses dados[149], abriu portas para outros países começarem a estudar formas de regulamentar o uso de dados em seus territórios, tendo também servido de base para a criação do atual Regulamento Geral sobre a Proteção de Dados, ou *General Data Protection Regulation* (GPDR)[150], que revogou a aludida diretiva.

A GDPR não pressiona a mudança da cultura de muitas empresas. A norma tem por objetivo, além de regulamentar, transmitir a mensagem de que, mesmo estando *on-line* e conectado virtualmente com milhares de empresas e pessoas, não se pode abrir mão da segurança e da privacidade. Entre as regulamentações presentes na GDPR estão as seguintes: as empresas poderão coletar apenas dados imprescindíveis para o funcionamento dos seus serviços; o usuário pode ver, corrigir e até mesmo deletar as informações que empresas guardam sobre ele; a coleta e a armazenagem de dados pessoais poderá ser efetuada somente com consentimento explícito; fortalecer o instituto do Direito ao Esquecimento; informações sobre crianças obtêm proteção especial; usuários devem ser notificados se seus dados forem *hackeados*; deve haver arquivo de manipulação de dados dos usuários.

---

[149] EUR-LEX. El acceso al Derecho de la Unión Europea. *Directiva 95/46/CE do Parlamento Europeu e do Conselho de 24 de outubro de 1995*. Relativa à proteção das pessoas singulares no que diz respeito ao tratamento de dados pessoais e à livre circulação desses dados. Disponível em: https://eur-lex.europa.eu/legal-content/PT/TXT/PDF/?uri=CELEX:31995L0046&from=PT. Acesso em: 01 ago. 2019.

[150] EUR-LEX. Regulamento (UE) 2016/679 do Parlamento Europeu e do Conselho de 27 de abril de 2016. *Relativo à proteção das pessoas singulares no que diz respeito ao tratamento de dados pessoais e à livre circulação desses dados e que revoga a Diretiva 95/46/CE* (Regulamento Geral sobre a Proteção de Dados). Disponível em: https://eur-lex.europa.eu/legal-content/PT/TXT/HTML/?uri=CELEX:32016R0679&qid=1563860130845&from=PT. Acesso em: 08 ago. 2019.

Tudo isso causou polêmica e inquietação em vários países, que, por sua vez, começaram a legislar sobre o tema, considerando principalmente as formas de negócio globalizado como um alicerce para desenvolverem as próprias regulamentações sobre a matéria.

2.4.1. LEGISLAÇÃO EUROPEIA E SUA ATUAÇÃO COMO PIONEIRA NA LEGISLAÇÃO DIGITAL MUNDIAL

A atuação europeia no que diz respeito ao Direito Digital e à Indústria 4.0 vem transmitindo reflexos mundiais sempre que uma nova legislação entra em vigor. A inovação regulatória, o entusiasmo do crescimento conjunto, estreitando fronteiras, rompendo barreiras e atualizando relações, são apenas alguns pontos que refletem o conteúdo das normas proferidas por ela.

A fim de ilustrar, citam-se algumas iniciativas pertinentes para o estímulo e a expansão da cultura digital europeia, sendo a primeira delas a criação de "uma agenda digital para a Europa"[151] em Bruxelas, maio de 2010, atendendo à estratégia Europa 2020, criada alguns meses antes. Nela, foi determinado como objetivo geral a extração de "benefícios econômicos e sociais sustentáveis de um mercado único digital, com base na Internet rápida e ultrarrápida e em aplicações interoperáveis"[152].

A citada iniciativa revela o comprometimento europeu em gerar um crescimento inteligente, sustentável e inclusivo, que maximiza o potencial social e econômico da tecnologia e das telecomunicações, gerando recursos para a atividade econômica social e conquistando ganhos substanciais em seus negócios, trabalho e qualidade de vida.

Como predecessores das iniciativas digitais, foram apontados os possíveis desafios para a expansão da Indústria 4.0[153]: mercados digitais

---

151 EUR-LEX. Comissão europeia. *Comunicação da comissão ao Parlamento Europeu, ao Conselho, ao Comitê Econômico e Social Europeu e ao Comitê das Regiões*. Uma Agenda Digital para a Europa. Bruxelas, 19.5.2010 COM (2010) 245 final. Disponível em: https://eur-lex.europa.eu/legal-content/PT/TXT/PDF/?uri=CELEX:52010DC0245&from=PT. Acesso em: 08 ago. 2019.

152 EUR-LEX. COMUNICAÇÃO DA COMISSÃO EUROPA 2020. *Estratégia para um crescimento inteligente, sustentável e inclusivo*. Bruxelas, 3.3.2010 COM (2010) 2020 final. Disponível em: https://eur-lex.europa.eu/LexUriServ/LexUriServ.do?uri=COM:2010:2020:FIN:PT:PDF. Acesso em: 09 ago. 2019.

153 EUR-LEX. Comissão europeia. *Comunicação da comissão ao Parlamento Europeu, ao Conselho, ao Comitê Econômico e Social Europeu e ao Comitê das Regiões*. Uma Agenda Digital para a Europa.

compartimentados; falta de interoperabilidade; cibercriminalidade crescente e risco de desconfiança nas redes; falta de investimento em redes; esforços insuficientes em nível de investigação e inovação; falta de qualificações em matéria digital; perda de oportunidades pela falta de respostas para as novas questões suscitadas pelo mercado.

Cabe destacar a importância de que, ainda que a legislação não seja recente, os desafios previstos continuem atuais e pertinentes. Em muitos mercados, inclusive o brasileiro, ainda persistem tais barreiras, sendo necessária a coesão de esforços tanto da administração pública quanto das empresas e consumidores, a fim de transpor esses desafios e experimentar um aperfeiçoamento digital que poderá alavancar o progresso esperado na economia brasileira, no mercado de trabalho, principalmente na qualidade de vida.

Continuando na análise sobre o Direito Digital europeu, deslinda-se a capacidade de efetivar uma regulamentação célere, promovendo-se a passos largos a adaptação de sua legislação às novas tendências e realidades. O Conselho da União Europeia já comunicou à imprensa diversas propostas acordadas, mas parte delas ainda aguarda aprovação para ter força de lei.

O arrojo e a firmeza europeia em se tornar um ícone na nova era digital são notáveis em seu dia a dia legislativo. Como exemplo das atuais propostas que estão sendo abordadas pelo conselho europeu pelo mercado único digital[154], está a aprovação do acordo sobre reutilização mais ampla dos dados publicamente financiados.

Com tal propositura, que já se encontra em vigor, a União Europeia amplia a disponibilidade dos dados oriundos do setor público, tais como dados meteorológicos e ambientais, criando melhor aglutinação e disponibilização, incentivando, dessa forma, a pesquisa e a adoção de tecnologias de ponta a fim de viabilizar a criação de novos produtos e serviços.

A reforma alarga o âmbito de aplicação das regras aplicáveis à reutilização de informações do setor público, a fim de incluir não apenas os organismos do setor público, mas também empresas públicas dos

---

Bruxelas, 19.5.2010 COM(2010)245 final. Disponível em: https://eur-lex.europa.eu/legal-content/PT/TXT/PDF/?uri=CELEX:52010DC0245&from=PT. Acesso em: 08 ago. 2019.

154 CONSELHO EUROPEU/ CONSELHO DA UNIÃO EUROPEIA. *Mercado único digital na Europa*. Disponível em: https://www.consilium.europa.eu/pt/policies/digital-single-market/. Acesso em: 01 out. 2019.

setores de transportes e de serviços. Introduz também o conceito de conjuntos de dados de elevado valor, que terão de ser disponibilizados gratuitamente em toda a UE[155].

A reforma pretende viabilizar a geração de empregos decorrente da inovação digital, por meio da disponibilização gratuita de seis categorias de dados: geoespaciais, ambientais; de observação da Terra; meteorológicos; estatísticos; de empresas e da propriedade das empresas; e de mobilidade. Além disso, há previsão de criação de uma norma secundária, na qual serão abordados quais tipos de dados farão parte de cada uma das seis categorias estipuladas – por exemplo, na categoria geoespacial, serão lançados registros referentes a mapas e códigos postais.

Segundo Alexandru Petrescu, ministro das Comunicações, da Sociedade da Informação da Romênia e presidente do Conselho da União Europeia, essa reforma constitui um grande passo no sentido de fornecer matéria-prima essencial para a inteligência artificial e outras aplicações que assentam a disponibilidade de grandes quantidades de dados. Cria ótimas oportunidades para todos os setores da economia, estimulando a criação de empregos e o crescimento[156].

2.4.2. ADEQUAÇÃO DAS REGRAS À ERA DIGITAL

Outro ponto é o direito das sociedades na UE adaptado à era digital, que discorre sobre a necessidade de adaptação da maioria das leis vigentes aos conceitos inerentes ao Direito Digital. Por meio dessa proposta, constata-se o quanto essa situação é labiríntica, até mesmo nos países com maiores índices de desenvolvimento em âmbito mundial. Algumas garantias elencadas na proposta de reforma são[157]:

---

155 CONSELHO EUROPEU/ CONSELHO DA UNIÃO EUROPEIA. *Ampla reutilização de informações do setor público: Presidência chega a acordo provisório com o Parlamento.* Disponível em: https://www.consilium.europa.eu/pt/press/press-releases/2019/01/22/wider-reuse-of-public[...] data-presidency-reaches-provisional-deal-with-parliament/ Acesso em: 01 out. 2019.

156 CONSELHO EUROPEU/ CONSELHO DA UNIÃO EUROPEIA.UE *estimula a sua economia dos dados:* Conselho aprova acordo sobre reutilização mais ampla dos dados publicamente financiados. Disponível em: https://www.consilium.europa.eu/pt/press/press-releases/2019/02/06/eu-boosts-its-data--economy-as-council-approves-deal-on-wider-reuse-of-publicly-funded-data/. Acesso em: 01 out. 2019.

157 CONSELHO EUROPEU/ CONSELHO DA UNIÃO EUROPEIA. *Direito das sociedades na UE adaptado à era digital.* Disponível em: https://www.consilium.europa.eu/pt/press/press-rele-

a. as sociedades podem registrar sociedades de responsabilidade limitada, estabelecer novas filiais e apresentar ao registro de empresas documentos relativos às sociedades e às suas filiais totalmente *on-line*;

b. os modelos nacionais e as informações sobre requisitos nacionais são disponibilizados *on-line* numa língua amplamente compreendida pela maioria dos utilizadores transnacionais;

c. as regras sobre as taxas relativas às formalidades *on-line* são transparentes e aplicadas de forma não discriminatória;

d. as taxas cobradas pelo registro *on-line* das sociedades não excedem os custos globais incorridos pelo Estado-Membro em causa;

e. vigora o princípio da "declaração única", segundo o qual uma sociedade só precisará apresentar uma vez a mesma informação às autoridades públicas;

f. os documentos apresentados pelas sociedades serão armazenados e intercambiados pelos registros nacionais em formatos de leitura ótica que permitam a pesquisa digital;

g. serão disponibilizadas no registro das empresas, a título gratuito, mais informações sobre as sociedades a todas as partes interessadas.

A intenção da proposta é adequar as regras existentes às novas tecnologias, garantindo, com isso, maior eficiência, transparência e segurança jurídica no cumprimento das leis com a utilização das ferramentas digitais mais recentes.

2.4.3. LEGISLAÇÃO DA UE SOBRE DIREITOS DE AUTOR ADAPTADA À ERA DIGITAL

Outro tema de importância e expressivo debate são os direitos autorais, sua adequação à era digital, suas adversidades e possibilidades. Nesse sentido, o Conselho da União Europeia, mais uma vez partindo na frente, propôs a diretiva PE-CONS 51/19 do Parlamen-

---

ases/2019/02/04/eu-company-law-adapted-to-the-digital-era/. Acesso em: 01 nov. 2019.

to europeu e do Conselho da União Europeia, relativa aos direitos de autor e direitos conexos no mercado único digital, alterando as diretivas 96/9/CE e 2001/29/CE. A nova diretiva foi aprovada em abril de 2019 e apresentada para adoção formal das duas instituições[158].

As propostas da PE-CONS 51/19 visam introduzir alterações às regras vigentes, apresentando um novo *mindset* aos consolidados preceitos existentes no direito autoral europeu, sendo a medida parte integrante dos esforços que pretendem tornar realidade um mercado único digital da União Europeia.[159]

A proposta interpela diversos temas, dentre os quais se destacam a introdução de exceções obrigatórias ao direito de autor para fins de prospecção de textos e dados, de atividades pedagógicas virtuais e de difusão *on-line* do patrimônio cultural; a harmonização das regras referentes à exploração de obras que deixaram de ser comercializadas; a emissão de licenças coletivas; a apuração dos direitos sobre filmes por parte de plataformas de vídeo sob demanda; criação de um mercado funcional dos direitos de autor[160].

Diante das novas regras aprovadas, é cabível a afirmação das principais mudanças que impactam diretamente os usuários de serviços de *streaming* de áudio e vídeo, além de conteúdos sob demanda, trazendo mais transparência e equilíbrio às relações existentes, fornecendo segurança jurídica às empresas, *stakeholders* e consumidores envolvidos nas transações digitais.

A diretiva PE-CONS 51/19 dá ênfase ao direito de autores, artistas

---

158 _____. *Diretiva do Parlamento Europeu e do Conselho relativa aos direitos de autor e direitos conexos no mercado único digital e que altera as Diretivas 96/9/CE e 2001/29/CE*. Disponível em: https://data.consilium.europa.eu/doc/document/PE-51-2019-INIT/pt/pdf. Acesso em: 01 nov. 2019.

159 _____. *Legislação da UE sobre direitos de autor adaptada à era digital*. Disponível em: https://www.consilium.europa.eu/pt/press/press-releases/2019/02/13/eu-copyright-rules-adjusted-to-the-digital-age/. Acesso em: 01 nov. 2019.

160 Após a provação, o ministro da Cultura e da Identidade Nacional da Romênia, Valer Daniel Breaz declarou seu entusiasmo ao expressar que: "Estou muito contente por termos conseguido um texto equilibrado, que cria múltiplas oportunidades, não só para os setores criativos europeus, que prosperarão e refletirão melhor a nossa diversidade cultural e outros valores europeus comuns, mas também para os utilizadores, cuja liberdade de expressão na Internet será consolidada. Este é um marco importante para o desenvolvimento de um mercado único digital robusto e funcional". CONSELHO EUROPEU/ CONSELHO DA UNIÃO EUROPEIA. *UE adapta legislação sobre direitos de autor à era digital*. Disponível em: https://www.consilium.europa.eu/pt/press/press-releases/2019/04/15/eu-adjusts-copyright-rules-to-the-digital-age/. Acesso em: 17 ago. 2019.

e intérpretes a uma remuneração adequada e proporcional, na licença ou transferência dos seus direitos autorais, com uma obrigação de transparência relativa à exploração de obras licenciadas. Também inclui um mecanismo de ajustamento das remunerações e outro específico para resolução alternativa de litígios[161] sobre questões inerentes à referida norma, indicando formas alternativas para solução das possíveis demandas, há muito difundidas no exterior, porém em fase inicial no Brasil.

O impacto dessas mudanças nas relações jurídicas e empresariais configura um manancial de pesquisa nos mais diversos ramos e abre possibilidades para diversas nações estudarem a forma como a sociedade europeia vem absorvendo tais normas e o resultado proveniente delas.

2.4.4. AUMENTO DA TRANSPARÊNCIA NOS NEGÓCIOS REALIZADOS POR INTERMÉDIO DE PLATAFORMAS ON-LINE

O objetivo principal da PE-CONS 51/19 é regulamentar as transações entre as plataformas *on-line* e seus utilizadores. Isso confere mais transparência e previsibilidade, cobre questões sobre termos e condições, bem como sua eficácia dentro da relação jurídica virtual, garantindo capacidade de recurso efetiva a todo momento em que haja descumprimento dos termos pactuados. Entre as plataformas atingidas pela nova regra estão as lojas e mercados virtuais, inclusive os motores de pesquisa, independentemente do seu local de estabelecimento, desde que se destinem ao uso dentro da União Europeia.

A necessidade de tal regulamentação foi impulsionada porque a União Europeia registrou mais de um milhão de empresas em negócios *on-line*, com uma estimativa de que cerca de 60% do consumo privado e 30% do consumo público de bens e serviços estejam diretamente relacionados às transações digitais ou por intermédio de plataformas digitais.

As novas regras visam garantir a previsibilidade e a transparência necessárias para que as empresas da UE consigam tirar proveito da economia das plataformas, uma das razões pelas quais é importante a conclusão do mercado único digital da UE[162].

---

161 Idem.

162 CONSELHO EUROPEU/ CONSELHO DA UNIÃO EUROPEIA. *UE estabelece obrigações de transparência para plataformas em linha*. Disponível em: https://www.consilium.europa.eu/pt/press/press-releases/2019/06/14/eu-introduces-transparency-obligations-for-on-line-platforms.

Capítulo 2

Segundo a proposta, mesmo que a União Europeia ofereça uma capacidade extraordinária em quebrar os limites territoriais de seus Estados-membros no que diz respeito a transações virtuais, esses ainda não conseguem explorar totalmente o potencial das plataformas e transações *on-line*. Isso se deve à falta de mecanismos eficientes para a resolução de conflitos, muitas vezes derivados do não cumprimento dos termos acordados, e para práticas comerciais que se mostram incompatíveis ou prejudiciais nas relações virtuais.

A proposta ainda prevê a autorização dos Estados-membros à criação de sanções conforme os próprios sistemas legislativos quando houver infração ao regulamento. Com isso, os participantes poderão incentivar as plataformas a criarem órgãos de mediadores especializados independentes e a elaborarem códigos de conduta e avaliarem regularmente o funcionamento das novas regras.[163]

2.4.5. PROGRAMA EUROPA DIGITAL - COMITÊ DE REPRESENTANTES PERMANENTES DOS GOVERNOS DOS ESTADOS-MEMBROS DA UNIÃO EUROPEIA (COREPER)

A implementação das inovações tecnológicas necessita de financiamento para impulsionar a digitalização da economia e a sociedade; por essa razão, o programa Europa Digital financiará projetos em cinco áreas tecnológicas: supercomputação, inteligência artificial, sistemas de cibersegurança, competências digitais avançadas e ampla utilização das tecnologias digitais. As áreas foram definidas para dar assistência ao desenvolvimento; trata-se de uma forma de emparelhar o desenvolvimento da sociedade, de pequenas e médias empresas prestadoras de serviço, tornando o ambiente propício ao desenvolvimento digital de forma mais ampla.

A União Europeia espera executar o programa entre 2021 e 2027. Seu objetivo é auxiliar as companhias europeias, especialmente as de pequeno porte, a se beneficiarem das vantagens oferecidas pela digitalização, bem como se tornarem mais competitivas. Assim, contribuem para reduzir a "fratura digi-

---

Acesso em: 01 nov. 2019.
163 CONSELHO EUROPEU/CONSELHO DA UNIÃO EUROPEIA. *Aumento da transparência nos negócios realizados por intermédio de plataformas em linha.* Disponível em: https://www.consilium. europa.eu/pt/press/press-releases/2019/02/20/increased-transparency-in-doing-business-through--on-line-platforms/. Acesso em: 05 nov. 2019.

tal", de maneira que disponham das competências necessárias para aderir plenamente à sociedade digital, levando em conta fatores como profissionalismo, equilíbrio entre gêneros no que diz respeito à computação de alta *performance* e em nuvem; às capacidades analíticas de megadados e à cibersegurança[164].

A extensão dos fundos disponibilizados se estende não somente às empresas atuantes no setor, mas também atinge as instituições de apoio à formação de profissionais com competências digitais avançadas, fornecendo, com isso, mão de obra qualificada para atender às demandas de mercado provenientes das empresas e da administração pública.

Por fim, destaca-se também a proposta de criação de uma rede de "polos europeus de inovação digital", que pretendem oferecer, principalmente às pequenas e médias empresas e à administração pública, acesso aos conhecimentos técnicos especializados, atuando como elo entre as indústrias, as empresas e a administração pública, operando de forma convergente e dispondo de soluções tecnológicas entre os envolvidos. A previsão geográfica de instalação dos polos é alcançar toda a extensão da União Europeia, estreitando ainda mais os laços entre os Estados-membros, sendo essa uma das bases na efetivação do programa de financiamento.

2.4.6. POLÍTICA DIGITAL PÓS-2020

Seguindo a sequência de propostas continuadas aos estados membros, o Conselho da União Europeia renova suas estratégias, consolidando os desafios e dando publicidade às convicções e descobertas. As conclusões dos procedimentos em andamento e a deliberação sobre a política digital a ser adotada a partir de 2020 são debatidas em proposta que, diferentemente das outras, além de delimitar intenções a serem seguidas, apresenta os resultados auferidos com as iniciativas em andamento, expondo os desafios e fundamentando a importância de incentivar as tecnologias digitais e a inovação. Também são alvos dessa proposta o respeito aos valores éticos no âmbito da inteligência artificial, o desenvolvimento da tecnologia 5G e as questões inerentes à cibersegurança.

---

[164] CONSELHO EUROPEU/CONSELHO DA UNIÃO EUROPEIA. *Programa Europa Digital – Coreper confirma entendimento comum com o Parlamento.* Disponível em: https://www.consilium.europa.eu/pt/press/press-releases/2019/03/13/digital-europe-programme-coreper-confirms-common-understanding-reached-with-parliament/. Acesso em: 05 nov. 2019.

Capítulo 2

A iniciativa reforça a visão de cultivar uma Europa digitalizada e "não deixar ninguém para trás", além de sublinhar como ponto primordial o aumento do número de mulheres atuando no setor tecnológico, oferecendo oportunidades para que todos os grupos vulneráveis obtenham benefícios das inovações digitais[165][166].

Dentre os assuntos abordados nas diretrizes da política digital pós-2020, destacam-se estas medidas prioritárias e consolidadas para empreender nos próximos anos: apoiar a inovação e incentivar as tecnologias digitais europeias fundamentais; respeitar os princípios e os valores éticos no âmbito da inteligência artificial; reforçar a capacidade de cibersegurança da Europa; melhorar as cibercompetências; desenvolver uma sociedade a *gigabits*, incluindo a 5G[167].

2.5. CONSIDERAÇÕES GERAIS SOBRE INICIATIVAS DIGITAIS: EXPERIÊNCIAS DOS PAÍSES

Fazer uso do material referente à legislação europeia, no que concerne ao Direito Digital, deveria ser experimentado por todos. Por meio

---

165 Nas palavras do Presidente do Conselho da União Europeia, Alexandru Petrescu: "A política digital da UE deve conservar uma dimensão ética e humana. Devemos evitar toda a burocracia desnecessária suscetível de prejudicar a inovação. Todos os europeus e todas as empresas europeias, independentemente da sua dimensão ou localização, deverão beneficiar da digitalização". "Hoje procedemos a um debate muito positivo sobre as principais prioridades e desafios para a política digital da Europa – incluindo a transformação digital – e a melhor forma de os abordar. Continuaremos a trabalhar no sentido de permitir à UE intensificar a sua competitividade a nível mundial. Tal inclui a promoção da inovação, o apoio às tecnologias essenciais, a melhoria das competências digitais, o reforço da nossa capacidade de cibersegurança e o aumento do número de mulheres a trabalhar neste setor. Um aspecto importante é a rápida adoção da inteligência artificial por parte de todas as empresas, incluindo as pequenas empresas. A nossa política futura deverá também abordar questões como as disparidades digitais para garantir que ninguém fique para trás". CONSELHO EUROPEU/ CONSELHO DA UNIÃO EUROPEIA. Política digital pós-2020 – Conselho adota conclusões. Disponível em: https://www.consilium.europa.eu/pt/press/press-releases/2019/06/07/post-2020-digital-policy-council-adopts-conclusions/. Acesso em: 07 nov. 2019.

166 CONSELHO EUROPEU/ CONSELHO DA UNIÃO EUROPEIA. *Conselho (Transportes, Telecomunicações e Energia)* sobre Telecomunicações, 7 de junho de 2019. Disponível em: https://www.consilium.europa.eu/pt/meetings/tte/2019/06/07/. Acesso em: 18 ago. 2019.

167 CONSELHO EUROPEU/ CONSELHO DA UNIÃO EUROPEIA. *Mercado único digital na Europa*. Disponível em: https://www.consilium.europa.eu/pt/policies/digital-single-market/. Acesso em: 01 out. 2019.

das propostas que o "velho mundo" mostra, pode-se alcançar um patamar das novas ferramentas digitais aplicadas na Indústria 4.0, nas empresas de um modo geral e, principalmente, no cotidiano.

Assim, as propostas legislativas europeias trazidas para esta análise foram as comunicadas pela União Europeia em 2019, sendo delineadas e aplicadas diversas normas que visam à colaboração entre os Estados-membros, à unificação de informações, à inclusão social, à sustentabilidade, ao financiamento e ao incentivo, além de pesquisa e quebra de paradigmas na legislação existente.

A ajuda mútua empregada e incentivada na União Europeia deve ser tomada como um exemplo mundial de colaborativismo. Isso porque as empresas, em momento algum, abrem mão de sua lucratividade, porém compartilham dados, um dos pontos mais importantes dessa revolução digital, considerado o "novo petróleo".

A disponibilização e o compartilhamento de dados, em sua medida legal, são abordados em diversas propostas e vistos como um possível propulsor de diversas tecnologias, principalmente a IA, que necessita de uma massa de dados consolidada e volumosa para que seus algoritmos possam detectar os padrões necessários ao bom desenvolvimento do *machinelearning*, do *deeplearnig* e até mesmo das redes neurais, o que fomenta ainda mais os subsistemas interligados, como Big Data, armazenamento em nuvens e IoT.

Após uma análise mais profunda sobre as últimas iniciativas europeias, consegue-se ter um panorama internacional em relação às três principais leis, normas ou diretrizes utilizadas, de forma a regular as atividades virtuais, ou digitais, em seu território.

A criação da legislação está intrinsecamente ligada a questões subjetivas de cultura, costumes, crenças e evolução da sociedade em questão. Dessa forma, não se pretende ater a divergências ou comparações em relação às normas nacionais, diligenciando-se, tão somente, expor as iniciativas pesquisadas como fonte de conhecimento e reflexão em relação ao tema principal do estudo. Diferenças significativas se dão em função de questões históricas, principalmente pelas grandes desigualdades nos regimes jurídicos de algumas nações.

Apesar do aparente distanciamento entre esse conteúdo e o tema central da presente pesquisa, os paralelos traçados entre as iniciativas brasileiras e os demais empreendimentos presentes hoje no mundo são de grande importância, a fim de estabilizar a posição brasileira em relação aos seus parceiros comerciais, fornecedores e compradores. Estes, depois de advinda a globalização, estreitaram permanentemente suas fronteiras, e hoje, pelos meios digitais, qualquer cidadão pode negociar com lojas e fornecedores presentes em qualquer lugar no mundo.

2.5.1. LEI DE PROTEÇÃO DE DADOS

Para dar a dimensão globalizada em relação ao uso de dados e à segurança das informações, são várias as iniciativas de países de diversos continentes. A proteção de dados é um tema que cresce exponencialmente nos últimos anos. O Brasil editou sua Lei Geral de Proteção de Dados, a LGPD (Lei nº 13.709/2018, em vigor a partir de agosto de 2020), a partir de experiências de países precursores no tema. A seguir, destacam-se alguns fundamentos de diversos países com maturidade legislativa em relação à legislação específica de proteção de dados.

A Austrália[168] utiliza, desde 1988[169], uma legislação para tratamento de dados e de privacidade. Em seus 13 princípios, conhecidos como 13 APPs (*Australian Privacy Principles*)[170], estão reunidas questões como uso e divulgação de dados, transparência, anonimato, coleta e qualidade dos dados, além de outros direitos[171]. Dois pontos que chamam a atenção são a segmentação dos dados de consumidores por possuírem tratamento diferenciado e um portal governamental com serviços e informações em que é possível denunciar qualquer violação de dados.

Já o Canadá se divide entre legislação federal, estadual, específicas, públicas e privadas. Em razão de sua estrutura de governo, o país conta com 28

---

168 OFFICE OF THE AUSTRALIAN INFORMATION COMMISSIONER (OAIC). *The Consumer Data Right* (CDR). Disponível em: https://www.oaic.gov.au/consumer-data-right/about-the-consumer-data-right/. Acesso em: 02 jul. 2019.

169 AUSTRALIAN GOVERNMENT. Federal Register of Legislation. *Privacy Act 1988*. Disponível em: https://www.legislation.gov.au/Series/C2004A03712. Acesso em: 25 set. 2019.

170 OFFICE OF THE AUSTRALIAN INFORMATION COMMISSIONER (OAIC). *The Australian Privacy Principles (or APPs)*. Disponível em: https://www.oaic.gov.au/privacy/australian-privacy-principles. Acesso em: 02 jul. 2019.

171 QUEENSLAND GOVERNMENT. *Information Privacy Act 2009*. Disponível em: https://www.legislation.qld.gov.au/view/html/inforce/current/act-2009-014. Acesso em: 25 set. 2019.

leis e normas contemplando o assunto[172 173 174]. A legislação com abrangência nacional, denominada Lei de Proteção de Informações Pessoais e Documentos Eletrônicos (*Personal Information Protection and Electronic Documents Act* ou Pipeda)[175], foi atualizada no fim de 2018, para que a legislação canadense pudesse vigorar com o mesmo nível de atuação e abrangência conferido à GDPR europeia. O país também possui *site* institucional com notícias, legislação e informações aos cidadãos, bem como um espaço para reclamação sobre violação de privacidade.

Outra nação com crescimento exponencial e que não poderia deixar de adotar uma regulamentação sobre dados pessoais é a China[176]. Seguindo os princípios adotados pela União Europeia, em janeiro de 2018, apresentou a versão final da nova Lei de Privacidade de Dados, Tecnologia da Informação – Especificação de Segurança de Informações Pessoais (GB/T 35273-2017)[177]. Antes da entrada em vigor dessa norma, existiam outras que regulavam o uso dos dados no país, porém de forma descentralizada; assim, a uniformização foi um importante passo para a melhor atuação dos órgãos no setor[178 179].

---

172 Exemplo: OFFICE OF THE PRIVACY COMMISSIONER OF CANADA. The privacy act. Disponível em: https://www.priv.gc.ca/en/privacy-topics/privacy-laws-in-canada/the-privacy-act/. Acesso em: 10 nov. 2019.

173 Exemplo: PROVINCE OF ALBERTA. Statutes of Alberta. - Office Consolidation. *Personal Information Protection* Act. 2003 Chapter P-6.5, Current as of November 22, 2019. Disponível em: http://www.qp.alberta.ca/1266.cfm?page=P06P5.cfm&leg_type=Acts&isbncln=9780779762507. Acesso em: 10 dez. 2019.

174 Exemplo: BRITISH COLUMBIA. *Personal Information Protection* Act. Disponível em: http://www.bclaws.ca/Recon/document/ID/freeside/00_03063_01.Acesso em: 04 jan. 2020.

175 I-SIGHT.2018 *Amendments to PIPEDA*: Key Changes to Know. Disponível em: https://i-sight.com/resources/2018-amendment-pipeda/. Acesso em: 30 abr. 2019.

176 DIRITTO MERCATO TECNOLOGIA. On-line journal. *General Rules of the Civil Law of the People's Republic of China*. Disponível em: https://www.dimt.it/images/pdf/GeneralRules.pdf. Acesso em: 20 nov. 2019.

177 OPENSTD SAMR GOV CN. *Information security technology: Personal information security specification*. Disponível em: http://www.gb688.cn/bzgk/gb/newGbInfo?hcno=4FFAA51D63BA-21B9EE40C51DD3CC40BE. Acesso em: 20 dez. 2019.

178 KPMG. *Overview of China's Cybersecurity Law*. China: KPMG, February 2017. Disponível em: https://assets.kpmg/content/dam/kpmg/cn/pdf/en/2017/02/overview-of-cybersecurity-law.pdf. Acesso em: 20 nov. 2019.

179 INSIDE PRIVACY. *China Releases National Standard for Personal Information Collected Over*

Capítulo 2

Em relação aos Estados Unidos[180], a organização legislativa norte-americana difere muito dos padrões brasileiros, pois não dispõe de uma legislação única sobre privacidade de dados. Em vez disso, a nação permite que seus Estados-membros determinem os caminhos a seguir, cada um especificando a maneira como os dados dos seus cidadãos devem ser tratados[181]. Nesse sentido, cabe especial destaque ao estado da Califórnia, que, em junho de 2018, aprovou o *California Consumer Privacy Act of* 2018 (CCPA)[182], definindo direitos e deveres relativos ao tratamento de dados pessoais, com inspiração na legislação europeia.

Na América Latina, a Argentina[183] possui, desde 2000, uma lei de proteção de dados, com amplitude a todas as pessoas ou entidades que tratem dados no país, regulando sobre consentimento em relação aos dados coletados, acesso, correção, exclusão e tratamento. Embora a legislação seja antiga, o assunto ainda faz parte das preocupações do país, a exemplo do projeto de lei para efetuar mudanças na atual legislação a fim de modernizá-la e ampliá-la, introduzindo mais rigor em novos conceitos e obrigações. O governo argentino dispõe de um portal sobre proteção de dados pessoais, possibilitando aos cidadãos acesso às informações e aos serviços relacionados ao tema.

No Brasil, por sua vez, a Lei Geral de Proteção de Dados menciona que os "dados" especificados em seu teor possuem diferentes classificações e conceitos, conforme o artigo 5º: *dados pessoais* – aqueles relacionados à pessoa, identificada ou identificável; *dados pessoais sensíveis* – dados relativos à origem racial, étnica, religião, opinião política,

---

Information Systems; Industry Self-Regulatory Organization Established. Disponível em: https://www.insideprivacy.com/international/china-releases-national-standard-for-personal-information--collected-over-information-systems-industr/. Acesso em: 20 nov. 2019.

180 CORNELL LAW SCHOOL. *Legal Information Institute.* 42 U.S. Code § 2000aa. *Searches and seizures by government officers and employees in connection with investigation or prosecution of criminal offenses.* Disponível em: https://www.law.cornell.edu/uscode/text/42/2000aa. Acesso em: 20 nov. 2019.

181 ELECTRONIC CODE OF FEDERAL REGULATIONS. Disponível em:https://www.ecfr.gov/cgi-bin/text-idx?SID=2b1fab8de5438fc52f2a326fc6592874&mc=true&tpl=/ecfrbrowse/Title16/16CIsubchapF.tpl. Acesso em: 20 nov. 2019.

182 STATE OF CALIFORNIA DEPARTMENT OF JUSTICE. *California Consumer Privacy Act (CCPA).* Disponível em: https://oag.ca.gov/privacy/ccpa. Acesso em: 20 nov. 2019.

183 ARGENTINA GOB. AR. *Protección de datos personales.* Disponível em: https://www.argentina.gob.ar/aaip/datospersonales. Acesso em: 21 nov. 2019.

filiação sindical, organização religiosa, filosófica ou política, prontuários médicos e informações sobre saúde, vida sexual, genética ou biométrico; *dados anonimizados* – são todos aqueles que não podem ser vinculados a um titular, a pessoa que forneceu não tem como ser identificada; *banco de dados* – conjunto estruturado de dados pessoais ou diversos, estabelecido em um ou vários locais, de forma digital ou não; *titular dos dados* – pessoa ou empresa a que se referem os dados.

As prescrições da LGPD são de interesse nacional e podem ser observadas tanto pela União quanto pelos estados, pelo Distrito Federal e pelos municípios. Seus fundamentos visam amparar os possíveis vulneráveis nas relações digitais, elencados no artigo 2º: o respeito à privacidade; a autodeterminação informativa; a liberdade de expressão, de informação, de comunicação e de opinião; a inviolabilidade da intimidade, da honra e da imagem; o desenvolvimento econômico e tecnológico e a inovação; a livre iniciativa, a livre concorrência e a defesa do consumidor; os direitos humanos, o livre desenvolvimento da personalidade, a dignidade e o exercício da cidadania pelas pessoas naturais.

Outra questão é a do tratamento de dados, entendido como todo e qualquer procedimento que "mexa" com algum tipo de dado, desde coleta, armazenamento, transferência, classificação, eliminação, utilização, indexação, ou outra forma cabível de manuseio. Dessa maneira, a LGPD determina formas claras sobre o manuseio, a utilização e o tratamento dos dados, bem como as formas legais de coletá-los e armazená-los, podendo o titular dos dados solicitar acesso, correção, anonimização ou até exclusão dos seus dados de algum banco de dados.

A LGPD brasileira dá suporte ao Código de Defesa do Consumidor em razão da segurança da informação, uma vez que evitará que dados pessoais (nome, CPF, cartões, endereço etc., conhecidos como *personally identifiable information*) dos consumidores armazenados em aplicativos e *sites* circulem sem a autorização dos indivíduos, em consonância com o princípio da transparência. Cabe, assim, ao consumidor autorizar, visualizar os dados que estão sendo armazenados, os motivos, a validade do consentimento de utilização de dados e a possibilidade de revogação. Segundo a LGPD, o órgão que fiscaliza as empresas em relação à sua conformidade é a Associação Nacional de Proteção de Dados (ANPD).

Capítulo 2

2.5.2. LEGISLAÇÃO E-COMMERCE

Outro marco importante da Indústria 4.0, que repercute na seara do consumidor, é a legislação referente ao *e-commerce*. Mais da metade dos países do mundo já possui legislação específica sobre *e-commerce*, de acordo com a Conferência das Nações Unidas sobre Comércio e Desenvolvimento (Unctad)[184], e as bases legislativas referentes a essa matéria se subdividem em quatro pilares: leis de transações eletrônicas; leis de privacidade e proteção de dados; leis de cibercrimes; por fim, leis de proteção ao consumidor.

Logo, verifica-se a proeminência de que a matéria necessita. Com os dados disponibilizados por meio do portal *Global Cyberlaw Tracker*[185], mantido e viabilizado pela ONU, sabe-se que 79% dos 194 Estados-membros da Unctad já possuem leis de transações eletrônicas, porém apenas 52% possuem legislação consumerista e 58% legislaram sobre direitos de privacidade. Já no que diz respeito aos cibercrimes, 72% contam com regras específicas para tratar o tema.

Analisando-se os dados no portal sobre os países com legislação referente aos quatro pilares ditos primordiais para o bom desenvolvimento do *e-commerce*, constata-se que apenas 35% dos países possuem todas as quatro vertentes. Assim, ainda serão necessários muito esforço e aprendizado para que o instituto se estabilize globalmente. Entre os países estão presentes Canadá, México, Estados Unidos, Argentina, Brasil, China, Austrália, além, claro, da União Europeia.

Outro dado impressionante disponível no portal é que 10% dos membros da Unctad não possuem legislação sobre o tema e outros 32% não apresentaram dados sobre a existência de leis que protejam seus consumidores *on-line*. Dentre esses 10%, destacam-se nações como Bolívia, Angola, Índia e Arábia Saudita[186].

---

184 UNITED NATIONS CONFERENCE ON TRADE AND DEVELOPMENT. UNCTAD. *Online Consumer Protection Legislation Worldwide*. Disponível em: https://unctad.org/en/Pages/DTL/STI_and_ICTs/ICT4D-Legislation/eCom-Consumer-Protection-Laws.aspx. Acesso em: 13 jul. 2019.
185 UNITED NATIONS CONFERENCE ON TRADE AND DEVELOPMENT. UNCTAD. *Summary of Adoption of E-Commerce Legislation Worldwide*. Disponível em: https://unctad.org/en/Pages/DTL/STI_and_ICTs/ICT4D-Legislation/eCom-Global-Legislation.aspx. Acesso em: 13 jul. 2019.
186 UNITED NATIONS CONFERENCE ON TRADE AND DEVELOPMENT. UNCTAD. *Online Consumer Protection Legislation Worldwide*. Op. cit.

É de causar perplexidade a ocorrência de países sem leis ou informações disponíveis sobre legislação em nenhum dos quatro pilares apresentados. Como exemplo, citam-se Cuba[187], com apenas um projeto referente a cibercrimes; Papua-Nova Guiné[188] e Moçambique[189], que contam somente com projeto de lei referente a transações eletrônicas. São 21 os países participantes da Unctad ainda carentes de legislação, alguns até mesmo com carências maiores para alavancar sua economia e inclusão digital.

2.6. A INDÚSTRIA 4.0 NO BRASIL

No Brasil, começa-se a vivenciar os benefícios advindos da Quarta Revolução Industrial. Iniciativas estão sendo tomadas e já existe um olhar diferenciado na cadeia produtiva brasileira, promovendo a disrupção necessária para integrar, de maneira plena, o mundo digital e globalizado que está se apresentando.

Não se pode perder de vista o contraste entre as iniciativas de inovação e a desigualdade alarmante no Brasil. Como salienta a jurista Edna Raquel Hogemann, a ideia da Quarta Revolução pode soar estranha em "um país de profundas desigualdades sociais como é o Brasil, em que se por um lado discute-se inteligência artificial nos grandes centros urbanos, no interior, muitas comunidades sequer possuem energia elétrica ou saneamento básico"[190]. A autora observa que, nesse cenário, coexistem e se misturam dois "mundos paralelos": o mundo digital e o analógico[191]:

---

187 UNITED NATIONS CONFERENCE ON TRADE AND DEVELOPMENT. UNCTAD. *Cyberlaw Tracker:* The case of Cuba. Disponível em: https://unctad.org/en/Pages/DTL/STI_and_ICTs/ICT4D-Legislation/CountryDetail.aspx?country=cu. Acesso em:13 jul. 2019.

188 UNITED NATIONS CONFERENCE ON TRADE AND DEVELOPMENT. UNCTAD. *Cyberlaw Tracker:* The case of Papua New Guinea. Disponível em: https://unctad.org/en/Pages/DTL/STI_and_ICTs/ICT4D-Legislation/CountryDetail.aspx?country=pg. Acesso em:13 jul. 2019.

189 UNITED NATIONS CONFERENCE ON TRADE AND DEVELOPMENT. UNCTAD. *Cyberlaw Tracker:* The case of Mozambique. Disponível em: https://unctad.org/en/Pages/DTL/STI_and_ICTs/ICT4D-Legislation/CountryDetail.aspx?country=mz. Acesso em:13 jul. 2019.

190 HOGEMANN, Edna Raquel. O futuro do Direito e do ensino jurídico diante das novas tecnologias. *Revista Interdisciplinar de Direito - Faculdade de Direito de Valença*, v. 16, n. 1, pp.105-115, jan./jun. 2018. Disponível em: DOI: 10.24859/fdv.2018.1.005. Acesso em: 26 dez. 2019, p. 106.

191 Idem, p. 107.

Capítulo 2

A tensão que existe entre essas realidades paralelas é a característica definidora desses tempos atuais desse século XXI. Insiste em demarcar para além das pretensas certezas de que a humanidade teima em querer manter, de fato os contornos e significados dessa nova realidade digital são muitas vezes incertos. Inevitavelmente, a resposta a essa incerteza é empregar conceitos do "velho mundo analógico" e paradigmas para entender e até regular o novo mundo.

Apresentam-se alguns pontos de incentivo e os desafios da sociedade brasileira para o desenvolvimento da Indústria 4.0, pelos dados compartilhados de agências governamentais com proposituras e iniciativas formadas pelo terceiro setor e pela iniciativa privada, estruturando-se de forma determinada e perdurável o panorama atual em experimentação.

As diretrizes da manufatura avançada vêm sendo debatidas por especialistas brasileiros de diferentes setores da designada *tríplice hélice*[192] (empresas, instituições de ciência e tecnologia – ICTs – e distintas esferas governamentais). Cita-se o relatório "Perspectivas de especialistas brasileiros sobre a manufatura avançada[193] no Brasil", publicado em 2016 pelo Ministério da Indústria, Comércio Exterior

---

[192] ETZKOWITZ e ZHOU explicam que a "Hélice Tríplice tornou-se um modelo reconhecido internacionalmente, que está no âmago da disciplina emergente de estudos de inovação, e um guia de políticas e práticas nos âmbitos local, regional, nacional e multinacional. As interações universidade-indústria-governo, que formam uma 'hélice tríplice' de inovação e empreendedorismo, são a chave para o crescimento econômico e o desenvolvimento social baseados no conhecimento". ETZKOWITZ, Henry; ZHOU, Chunyan. *Hélice Tríplice:* inovação e empreendedorismo universidade-indústria-governo. Estud. av. vol.31, n. 90. São Paulo, mai/ago, 2017. Disponível em: http://dx.doi.org/10.1590/s0103-40142017.3190003. Acesso em: 26 dez. 2019.

[193] Conforme definição do MDIC, "o tema manufatura avançada (ou Indústria 4.0) refere-se à 4ª revolução industrial, caracterizada pela integração e o controle remoto da produção, a partir de sensores e equipamentos conectados em rede (sistemas de automação associados a sistemas ciberfísicos). Nessas indústrias inteligentes, linhas de montagem e produtos 'conversam' ao longo do processo de fabricação e de produção. Unidades em diferentes lugares também trocam informações de forma instantânea sobre compras e estoques. Segundo um estudo da consultoria americana Gartner em Amberg, a expectativa é que, num futuro tecnológico próximo, sem a interferência de funcionários, máquinas fabricarão continuamente e sob medida (com um baixíssimo índice de defeitos) diferentes componentes encomendados pelo sistema logístico". BRASIL. Ministério da Indústria, Comércio Exterior e Serviços (MDIC). Disponível em: http://www.mdic.gov.br/index.php/inovacao/fomento-a-inovacao/manufatura-avancada. Acesso em: 26 dez. 2019.

e Serviços (MDIC) e Ministério da Ciência, Tecnologia, Inovações e Comunicações (MCTIC), documento que observa a importância de debates sobre cadeias produtivas, mecanismos de inserção e análise de lacunas, desenvolvimento de recursos humanos, integração academia-empresa, regulação, fomento, incentivos, desenvolvimento e acesso à infraestrutura[194].

O Sistema Nacional de Ciência, Tecnologia e Inovação (SNCTI) no Brasil é regido pela Lei de Inovação (Lei nº 10.973/2004); pela Lei nº 13.243/2016 (Marco Legal de Ciência, Tecnologia e Inovação) e pelo Decreto nº 9.283/2018, que regulamenta as citadas leis, bem como pela Emenda Constitucional nº 85/2015.

Em 26 de dezembro de 2019, foi publicada a Lei nº 13.969 sobre política industrial para o setor de tecnologias da informação e comunicação e para o setor de semicondutores[195], elaborada por determinação da OMC[196]. A lei concede crédito financeiro às pessoas jurídicas fabricantes de bens de tecnologias da informação e comunicação que investirem em atividades de pesquisa, desenvolvimento e inovação, preenchidos os requisitos estabelecidos.

---

194 BRASIL. Ministério da Indústria, Comércio Exterior e Serviços (MDIC); Ministério da Ciência, Tecnologia, Inovações e Comunicações (MCTIC). *Perspectivas de especialistas brasileiros sobre a manufatura avançada no Brasil:* um relato de workshops realizados em sete capitais brasileiras em contraste com as experiências internacionais. Brasília: Governo Federal, nov. 2016, p. 20. Disponível em: http://www.mdic.gov.br/images/REPOSITORIO/si/dfin/Perspectivas_de_especialistas_brasileiros_sobre_a_manufatura_avan%C3%A7ada_no_Brasil.pdf. Acesso em: 26 dez. 2019.

195 BRASIL. Poder Executivo. Lei nº 13.969 de 26 de dezembro de 2019. *Dispõe sobre a política industrial para o setor de tecnologias da informação e comunicação e para o setor de semicondutores.* Disponível em: http://www.planalto.gov.br/ccivil_03/_ato2019-2022/2019/lei/L13969.htm. Acesso em: 05 jan. 2020.

196 Antes da publicação da Lei, a Agência Brasil relatou que o "projeto foi construído após contestação da União Europeia e do Japão, na Organização Mundial do Comércio (OMC), sobre benefícios fiscais concedidos pelo Brasil a diversos setores da indústria nacional, inclusive o da informática. Segundo o entendimento do Japão e do bloco europeu, os tais benefícios não são consistentes com as regras do comércio internacional e discriminam empresas de outros países. O texto prevê que as empresas de tecnologia da informação que investirem em pesquisa, desenvolvimento e inovação farão jus, até 2029, a incentivos fiscais sobre a receita líquida decorrente da venda dos bens e serviços, desde que os projetos tenham sido aprovados pelos ministérios da Economia e da Ciência, Tecnologia, Inovações e Comunicações". BRASIL. EBC. Agência Brasil. *Regras para incentivo à tecnologia da informação podem mudar.* Brasília, 16 dez. 2019. Disponível em: http://agenciabrasil.ebc.com.br/politica/noticia/2019-12/regras-para-incentivo-tecnologia-da-informacao-podem-mudar. Acesso em: 05 jan. 2020.

Capítulo 2

Em relação ao Sistema Regional de Inovação (SRI), na visão de Labiak Junior, no caso específico do Brasil, as interações são observadas como uma "hélice sêxtupla", formada por seis atores regionais, a saber[197]: científicos e tecnológicos (universidades, faculdades, institutos federais); empresariais, institucionais (Sebrae, federações, agências de desenvolvimento); hábitat de inovação (parques tecnológicos, incubadoras) e de fomento (público ou privado) "que possuem o objetivo comum do desenvolvimento regional baseado na inovação originada pela interação e cooperação entre estes atores"[198].

Uma das principais iniciativas para o desenvolvimento da Indústria 4.0 no território nacional foi a proposta elaborada pelo MDIC em parceria com a Agência Brasileira de Desenvolvimento Industrial (Abdi), denominada Agenda Brasileira para a Indústria 4.0, apresentada em março de 2018 no Fórum Econômico Mundial[199], momento em que o então ministro, Marcos Jorge, exaltou as iniciativas brasileiras com um discurso objetivando "a recuperação da economia brasileira e a melhoria do ambiente de negócios trazem oportunidades para o investimento em inovação e a transformação das plantas industriais atuais em fábricas inteligentes e modulares"[200].

Esse marco no processo de modernização e revolução da indústria brasileira trouxe à tona outras iniciativas correlatas, tais como o

---

[197] Lei nº 13.243, de 11 de janeiro de 2016. *Dispõe sobre estímulos ao desenvolvimento científico, à pesquisa, à capacitação científica e tecnológica e à inovação.* Disponível em: http://www.planalto.gov.br/ccivil_03/_Ato2015-2018/2016/Lei/L13243.htm. Acesso em: 26 dez. 2019. Lei nº 10.973, de 2 de dezembro de 2004. *Dispõe sobre incentivos à inovação e à pesquisa científica e tecnológica no ambiente produtivo e dá outras providências.* Disponível em: http://www.planalto.gov.br/ccivil_03/_ato2004-2006/2004/lei/l10.973.htm. Acesso em: 26 dez. 2019.

[198] LABIAK JUNIOR, Silvestre. *Método de Análise dos Fluxos de Conhecimento em Sistemas Regionais de Inovação*, 2012. Doutorado em Engenharia e Gestão do Conhecimento – Programa de Pós-Graduação em Engenharia e Gestão do Conhecimento, Universidade Federal de Santa Catarina, Florianópolis -Brasil. Disponível em: http://btd.egc.ufsc.br/wp-content/uploads/2012/06/Silvestre-Labiak-Jr.pdf. Acesso em: 26 dez. 2019.

[199] BRASIL. Ministério da Indústria, Comércio Exterior e Serviços (MDIC). *MDIC e ABDI lançam Agenda Brasileira para a Indústria 4.0 no Fórum Econômico Mundial.* Disponível em: http://www.mdic.gov.br/index.php/ultimas-noticias/3133-mdic-e-abdi-lancam-agenda-brasileira--para-a-industria-4-0-no-forum-economico-mundial. Acesso em: 15 out. 2019.

[200] Idem.

Mapa Estratégico da Indústria 2018-2022 elaborado pela Confederação Nacional da Indústria (CNI), lançado em setembro do mesmo ano, contendo estimativas, previsões, desafios e metas a serem auferidos no período de 2018 a 2022.

2.6.1. CONCEITO E FUTURO DA INDÚSTRIA 4.0

Por meio da abordagem brasileira sobre a Indústria 4.0, cabe, neste ponto, descrever a forma conceitual utilizada por legisladores como definição da Indústria 4.0, em analogia ao conceito apresentado no Fórum Econômico Mundial pelo seu diretor executivo Klaus Martin Schwab.

No portal governamental Indústria 4.0, iniciativa brasileira (consequência do empreendimento global em busca da implantação e do aprimoramento da Indústria 4.0) motivada pela proposta lançada no Fórum Econômico Mundial, pode-se acessar diversas informações relativas ao fomento da sua instituição no país, bem como as empresas envolvidas. Assim, vislumbra-se que "A Quarta Revolução Industrial, que terá um impacto mais profundo e exponencial, caracteriza-se por um conjunto de tecnologias que permitem a fusão do mundo físico, digital e biológico"[201], uma forma bem mais simplista e acessível ao entendimento de todos, porém, como aludido anteriormente, para fins elucidativos, cabe trazer também a definição apresentada no Fórum Econômico Mundial.

Schwab foi além no conceito, não se atendo apenas a uma definição, mas também intensificando a explanação de sua visão em relação à vasta gama de possibilidades vindouras, elencando pontos importantes nessa nova jornada, principalmente o fato de que é necessário compreender de forma mais abrangente a velocidade e a amplitude da nova Revolução.

São incontáveis as possibilidades de bilhões de pessoas conectadas por dispositivos móveis, dando origem a um poder de processamento, recursos de armazenamento e acesso ao conhecimento sem precedentes. As inovações tecnológicas abrangem numerosas áreas: inteligência artificial, robótica, Internet das Coisas, veículos autônomos, impressão em

---

[201] BRASIL. Ministério da Indústria Comércio e Serviços. *Agenda Brasileira para a Indústria 4.0: O Brasil preparado para os desafios do futuro.* Disponível em: http://www.industria40.gov.br/. Acesso em: 10 mar. 2019.

Capítulo 2

3D, nanotecnologia, biotecnologia, ciência dos materiais, armazenamento de energia e computação quântica, para citar apenas algumas[202]. A velocidade unida à tecnologia será a chave do desenvolvimento nos próximos anos. Não se trata de um crescimento linear, como a sociedade está habituada a presenciar, mas sim um crescimento exponencial, pois, a cada dia, a evolução tecnológica dobra ou triplica seus resultados e possibilidades, necessitando de profissionais preparados para tal crescimento.

O Brasil caminha para um amadurecimento em relação a esses novos conceitos, pois as bases legais necessárias são uma realidade brasileira, um passo considerável em relação a outros países. Agora, perpassando pelas iniciativas relacionadas à implementação prática dos conceitos, gera-se uma tendência de crescimento industrial para os próximos anos, e são cruciais o debate e o aperfeiçoamento para que tal crescimento ocorra de forma apropriada, sustentável e primorosa.

Voltando às tecnologias essenciais para o desenvolvimento da Indústria 4.0, permitindo a fusão entre o mundo digital e físico, destacam-se a IA, a IoT, a manufatura aditiva[203], a biotecnologia e os sistemas ciberfísicos. O entrelaçamento dessas tecnologias gera possibilidades não só industriais, mas também científicas e médicas – hoje, por exemplo, é possível utilizar a tecnologia da manufatura aditiva, ou impressão 3D, aliada à biotecnologia, o que permite "imprimir" até mesmo órgãos, possibilitando meios de estudo nunca experimentados, salvando vidas por meio da tecnologia[204].

Fatos como esse vêm se tornando cada vez mais comuns, causando estranheza para muitos, mas oferecendo possibilidades exponenciais. Por esse motivo, a quebra no senso comum e o debate sobre o impacto das novas tecnologias em nosso cotidiano são tão importantes, pois promovem a busca por aprimoramento e a vinda de inovações para a comunidade.

---

202 SCHWAB, Klaus. *A quarta revolução industrial*. São Paulo: Edipro, 2016, p. 14.

203 Manufatura aditiva é o conjunto de tecnologias para impressão em 3D, criando objetos a partir de modelos digitais resultando na produção dos mais diversos produtos, elaborados com os mais diversos materiais.

204 O GLOBO. On-line. *Os usos da impressão 3D na medicina*. Disponível em: https://oglobo.globo.com/sociedade/os-usos-da-impressao-3d-na-medicina-21349347. Acesso em: 17 nov. 2019.

Apesar de a desmedida recessão econômica e do vislumbre de que o ritmo de avanço não foi exatamente o esperado, há motivos para acreditar que o mercado brasileiro é promissor: a criação de ecossistemas de inovação e ambientes promotores de inovação, com mecanismos de geração de empreendimentos, vem despertando o interesse dos investidores, nacionais e internacionais. O momento é decisivo para encorajar o crescimento, visto que, em 2017, o Brasil chegou à pior posição nos últimos dez anos no *ranking* global de competitividade, registrando modesto crescimento em 2018[205]. Em 2019, o país ficou na 59ª posição, na frente da Croácia, Argentina, Mongólia e Venezuela[206]. Um dos principais motivos da baixa conceituação em competitividade é medido pelas exportações e excessivas importações, perdendo campo até mesmo no mercado interno, por não suprir a demanda necessária do país.

2.6.2. DESAFIOS E OPORTUNIDADES

São muitos os desafios e riscos tecnológicos a serem enfrentados pelo Brasil. A participação da indústria no PIB nacional entre os anos de 1985 e 2016 caiu de 20 para 11%, conforme os dados da Agenda Brasileira para a Indústria 4.0[207]. Nesse sentido, o Mapa Estratégico da Indústria foi lançado para minimizar os impasses da participação da indústria no mercado nacional, visando abrir espaço para o possível crescimento no campo industrial e todos a ele interligados, com fortalecimento a partir de 2017.

Entre as causas ligadas à baixa produtividade apuradas no Mapa Estratégico da Indústria estão a baixa qualidade na educação, culminada pela falta de profissionais capacitados no mercado, o burocrático e oneroso sistema tributário brasileiro. Para superar esses desafios, a CNI vem

---

205 CONFEDERAÇÃO NACIONAL DA INDÚSTRIA. *Mapa Estratégico da Indústria 2018-2022*, p. 19. Disponível em: https://www.portaldaindustria.com.br/publicacoes/2018/3/mapa-estrategico-da-industria-2018-2022/. Acesso em: 10 mar. 2019.

206 REVISTA EXAME. *Brasil sobe pelo segundo ano seguido em ranking da escola de negócios suíça IMD, mas amarga a 59ª posição entre 63 países.* Disponível em: https://exame.abril.com.br/economia/pais-sobe-um-degrau-em-ranking-de-competitividade-mas-segue-entre-ultimos/. Acesso: 20 jun. 2019.

207 BRASIL. Ministério da Indústria Comércio e Serviços. *Agenda Brasileira para a Indústria 4.0: O Brasil preparado para os desafios do futuro.* Disponível em: http://www.industria40.gov.br/. Acesso em: 10 mar. 2019.

Capítulo 2

elaborando propostas, estratégias e metas para aumentar o dinamismo e a capacidade de inovação da indústria brasileira.

Já entre as estratégias para impulsionar a indústria estão a valorização da economia digital; o incentivo à normatização jurídica das questões envolvendo as novas tecnologias e proporcionando maior segurança jurídica; fomento ao surgimento de entidades gestoras a fim de expandir os ecossistemas de inovação; a busca pela ecoeficiência, com maior utilização de recursos recicláveis e ecologicamente sustentáveis frente àqueles que requerem maior desgaste ambiental; formas de inovação e integração, possibilitando o desenvolvimento do comércio exterior; educação multiprofissional e multidisciplinar, promovendo novas possibilidades de trabalho e empregabilidade para a sociedade; incentivo desde o ensino médio técnico especializado até a graduação e especialização; incentivo financeiro por possibilidade de financiamento; por fim, porém não menos importante, a implementação de programas de *compliance* por meio do viés anticorrupção, proteção ambiental e cibersegurança.

2.7. ALGUMAS QUESTÕES JURÍDICAS DA QUARTA REVOLUÇÃO INDUSTRIAL

As relações jurídicas na Indústria 4.0 possuem um campo muito fértil, distribuído nas diversas mudanças que vêm ocorrendo com a digitalização de empresas e processos. O Direito está inserido no contexto social como um regulador das relações existentes, mas, como a sociedade amplia o uso da tecnologia e redefine seus hábitos ao usá-la, ela se torna mais uma esfera carente de regulação. Nesse contexto, surge o conceito de Direito Digital, com suas diversas vertentes espalhadas em todo o ordenamento jurídico pátrio, adaptando normas já existentes, criando jurisprudências sobre os mais diversos assuntos e compelindo os legisladores a atentarem às questões relacionadas à regulamentação de novos assuntos, como assinatura digital, contratos digitais, trabalhos digitais, pesquisas médicas, genéticas, robótica, entre outros ramos tecnológicos, havendo a necessidade de um conselho ético, refletido pela legislação específica para cada caso.

Com a visão globalizada em que se vivenciam a indústria, o comércio e as relações comerciais, deve-se atentar não somente às práticas existentes em nosso território ou continente, mas também a toda a cadeia globalizada, criando-se suporte às relações jurídicas nacionais e internacionais, utilizando-se princípios éticos e morais para trabalhar essas relações, estabelecendo-se vínculos duradouros para aperfeiçoar a captação de recursos econômicos.

Cabe agora a definição de normas legais adequadas às novas condições trazidas pela Indústria 4.0. Somente assim as indústrias e empresas envolvidas poderão usufruir da segurança jurídica necessária para se introduzir nessa afluência de novos investimentos e transformação de suas linhas de produção.

As questões regulatórias devem estar atreladas primeiramente ao redimensionamento do ser humano, com vistas ao resgate da essência do Direito, como lecionam Mello e Martins[208]:

> O que o Direito não pode mais ser concebido como uma ordem normativa isolada cujo fundamento de validade será encontrado no mesmo, também para o homem real e concreto inserido no tecido social. Ao contrário, o Direito deve ser compreendido a partir de um pressuposto constitucional, de caráter existencialista.

É importante, ainda, que a edição de leis, decretos, medidas provisórias e outras possibilidades de regulamentação existentes a fim de minimizar os prováveis problemas que a sociedade enfrentará não se atenham apenas a questões de repercussão midiática ou que visem ao cidadão e ao consumidor. Devem ser consideradas as questões voltadas para indústrias e empresas, pois suas falhas e acertos podem interferir na vida e condição de milhares de pessoas, como nos serviços de *streaming*[209], como Netflix e Spotify.

As questões sobre a regulação de tais sistemas se iniciam desde a sua base conceitual, a fim de definir se são ou não considerados serviços, para adequação de regulamentação tributária. Essa afirmação visa demonstrar que a tributação das novas tecnologias depende de um esforço conjunto. No caso em tela, é pertinente o estudo desde a CF/1988, (artigo 150, VI, d e artigo 156, III)[210], chegando-se à Lei Complementar nº 116/2003[211],

---

208 MELLO, Cleyson de Moraes; MARTINS, Vanderlei. Direito e Pessoa: o Direito, o que é? In: *O Direito em Movimento*, Juiz de Fora: Editar Editora Associada Ltda, 2015, 35-41, pp. 39 e 40.

209 Tecnologia para transmissão instantânea de dados de áudio e vídeo pelas redes, *on-line* e sem fazer *download*.

210 BRASIL. Presidência da República. *Constituição da República Federativa do Brasil de 1988*. Disponível em: http://www.planalto.gov.br/ccivil_03/constituicao/constituicao.htm. Acesso em: 25 abr. 2019.

211 BRASIL. Presidência da República. Lei Complementar nº 116, de 31 de julho de 2003.

Capítulo 2

alterada pela Lei nº 12.485/2011[212], inteirada pela Lei Complementar nº 157/2016[213], sendo ainda necessária a regulamentação municipal, com a Lei nº 6.263/2017[214], vigente no Rio de Janeiro, e a Lei nº 16.757/2017[215], vigente em São Paulo. Essa matéria não se encontra pacificada em nosso ordenamento jurídico, requerendo um estudo pormenorizado sobre questões ainda não estabelecidas, tais como aspectos de tributação internacional.[216]

Os desafios na regulação das novas tecnologias não estão presos apenas à legislação federal, estadual e municipal, mas também às regras específicas existentes nacional e internacionalmente, pertinentes a cada segmento e sua área de atuação. São exemplos ISO (*International Organization for Standardization*), NBRs, W3C (*World Wide Web Consortium*), Icann (*Internet Corporation for Assigned Names and Numbers*) e outras tantas especificidades que proporcionam segurança e padronagem para o perfeito funcionamento do objeto normatizado. A CNI, no âmbito do Conselho Temático Permanente de Política Industrial e Desenvolvimento Tecnológico (Copin), vem lançando propostas para facilitar esse expediente[217]:

Dispõe sobre o Imposto Sobre Serviços de Qualquer Natureza, de competência dos Municípios e do Distrito Federal, e dá outras providências. Disponível em: http://www.planalto.gov.br/ccivil_03/leis/LCP/Lcp116.htm. Acesso em: 10 maio 2019.

212 BRASIL. Presidência da República. Lei nº 12.485, de 12 de setembro de 2011. *Dispõe sobre a comunicação audiovisual de acesso condicionado.* Disponível em: http://www.planalto.gov.br/ccivil_03/_Ato2011-2014/2011/Lei/L12485.htm. Acesso em: 10 maio 2019.

213 BRASIL. Presidência da República. *Lei Complementar nº 157, de 29 de dezembro de 2016.* Altera a Lei Complementar no 116, de 31 de julho de 2003, que dispõe sobre o Imposto Sobre Serviços de Qualquer Natureza. Disponível em: http://www.planalto.gov.br/ccivil_03/leis/LCP/Lcp157.htm. Acesso em: 12 mar. 2019.

214 BRASIL. Prefeitura do Rio de Janeiro. Lei n. 6.263 de 11 de outubro de 2017. Altera a Lei nº 691, de 24 de dezembro de 1984. Disponível em: http://smaon-line.rio.rj.gov.br/legis_consulta/55587Lei%206263_2017.pdf. Acesso em: 20 jul. 2019.

215 Prefeitura de São Paulo. Lei n. 16.757, de 14 de novembro de 2017. *Institui o Programa de Incentivos Fiscais para a Zona Sul.* Disponível em: https://www.prefeitura.sp.gov.br/cidade/upload/lei_16757_1541523791.pdf. Acesso em: 15 nov. 2019.

216 JOTA. Direito Tributário. Por Abhner Youssif Mota Arabi. *Direito e tecnologia:* relação cada vez mais necessária. Disponível em: https://www.jota.info/opiniao-e-analise/artigos/direito-e-tecnologia-relacao-cada-vez-mais-necessaria-03012017. Acesso em: 20 out. 2019.

217 CONFEDERAÇÃO NACIONAL DA INDÚSTRIA. *Desafios para a Indústria 4.0 no Brasil.* Brasília: CNI, 2016. Disponível em: https://www.portaldaindustria.com.br/publicacoes/2016/8/desafios-para-industria-40-no-brasil/. Acesso em: 10 nov. 2019.

- revisar o modelo de telecomunicações a fim de que os recursos públicos possam ser utilizados para viabilizar investimentos de infraestrutura de telecomunicação, independentemente do regime de prestação do serviço;
- oferecer proteção intelectual adequada;
- garantir a legislação sobre tratamento de dados pessoais;
- garantir que a legislação sobre tratamento de dados pessoais não impeça o fluxo de dados internacional, tampouco a coleta e o tratamento de dados em sistemas máquina-máquina;
- adotar padrões de cibersegurança a fim de minimizar o número de ciberataques, risco tecnológico, bem como legislação adequada a prevenir e responder aos incidentes;
- adotar abordagem internacional relacionada à regulamentação técnica para minimizar eventuais efeitos negativos relacionados à falta de interoperabilidade[218].

A Agenda Brasileira para a Indústria 4.0 também lançou sugestões específicas e prioritárias para a área industrial, tais como:

- robôs colaborativos (*cobot*) – atualização de diversas normas (NR-12, ISO 10218:1, 13849, por exemplo) para acelerar a robotização da indústria brasileira;
- Polo Industrial de Manaus (PIM) 4.0 – ajustes de instrumentos (PPBs, P&D, PPIs etc.) para permitir que as empresas do PIM realizem investimentos na modernização e na digitalização do seu parque industrial[219].

O Instituto de Estudos para o Desenvolvimento Industrial (Iedi) demonstra a necessidade de uma abordagem segura sobre as políticas regulatórias:

---

218 Idem.

219 BRASIL. Ministério da Indústria, Comércio Exterior e Serviços (MDIC). *MDIC e ABDI lançam Agenda Brasileira para a Indústria 4.0 no Fórum Econômico Mundial*. Disponível em: http://www.mdic.gov.br/index.php/ultimas-noticias/3133-mdic-e-abdi-lancam-agenda-brasileira--para-a-industria-4-0-no-forum-economico-mundial. Acesso em: 15 out. 2019.

Capítulo 2

Uma maneira de abordar as estratégias de busca de rendas em um mundo digital seria por meio de regulamentação mais rígida de práticas comerciais restritas, com forte monitoramento e administração em nível internacional. Outra abordagem seria desmembrar as grandes empresas responsáveis pela concentração de mercado. De acordo com a Unctad, forçar as empresas a formar *joint ventures* com certas regras de maioria para evitar a concentração de mercado pode também ser uma opção viável para economias com digitalização emergente, incluindo muitos países em desenvolvimento". [...] O relatório da Unctad alerta que a soberania da internet é outra questão-chave que requer mais discussão e negociação internacional, já que agora está claro que uma suposta "internet livre e aberta" é aquela que pode estar sujeita à regulação oculta por Estados poderosos, bem como manipulação por grandes atores privados como algumas empresas de plataformas multinacionais. Por essa razão, os governos dos países em desenvolvimento precisam estar cientes dessas preocupações antes de firmarem acordos de livre comércio que possam efetivamente reduzir sua soberania nacional e espaço político no mundo digital.[220]

Na visão da OECD, as inovações que tiram vantagem das tecnologias digitais frequentemente desafiam as estruturas regulatórias, particularmente em setores públicos, como serviços financeiros, transporte, energia ou saúde. O documento observa que as inovações digitais ocorrem frequentemente fora das estruturas regulatórias existentes, gerando insatisfação das empresas antigas e de indústrias interrompidas por alegarem que os "novos concorrentes digitais se beneficiam injustamente da aplicação ou aplicação desigual da regulamentação". Muitos produtos e modelos de negócios digitais, por serem totalmente novos no mercado, podem representar riscos imprevistos para os consumidores e para a economia como um todo. Assim, existe a necessidade de mediar

---

220 INSTITUTO DE ESTUDOS PARA O DESENVOLVIMENTO INDUSTRIAL – IEDI. *A Indústria do Futuro no Brasil e no Mundo*. ALMEIDA, Julio Sergio Gomes de; CAGNIN, Rafael Fagundes (Coords). Iedi: mar. 2019. Disponível em: https://iedi.org.br/media/site/artigos/20190311_industria_do_futuro_no_brasil_e_no_mundo.pdf. Acesso em: 18 abr. 2019.

a tensão entre atingir os objetivos legítimos da regulamentação, sem desincentivar a inovação e perder os benefícios da transformação digital[221].

Para responder a esse desafio, o relatório de 2019 da OECD[222] (*Shaping the Digital Transformation in Latin America*) propõe o surgimento das designadas "caixas de proteção regulatórias", que consistem na flexibilidade regulamentar limitada (em termos de espaço geográfico, prazo para duração ou requisitos para habilitação de atividades pelas autoridades reguladoras) para facilitar testes de mercado, experimentação e inovação, possibilitando projetos-piloto, mecanismos de geração de empreendedorismo, atraindo inovação e eliminando as incertezas de atividades pioneiras no mercado[223].

A "caixa de proteção regulatória" vem sendo testada no Reino Unido desde 2015, designada como caixa de areia regulatória (*regulatory sandbox*) pela British Financial Conduct Authority[224], estando aberta apenas para "empresas autorizadas, empresas não autorizadas que requeiram autorização e empresas de tecnologia que busquem oferecer inovação no mercado de serviços financeiros". A "caixa de areia" procura fornecer às empresas que possuam objetivos claros (como redução de custos para os consumidores) a possibilidade de testar proposições inovadoras (produtos e serviços) em ambiente controlado, por tempo limitado e com número restrito de consumidores reais; a redução de tempo entre a análise de um produto e sua disponibilização para a venda (*time-to-market*) a um custo potencialmente

---

221 OECD (2019). *Shaping the Digital Transformation in Latin America:* Strengthening Productivity, Improving Lives, OECD Publishing, Paris, p. 93. Disponível em: https://doi.org/10.1787/8bb-3c9f1-en. Acesso em: 25 dez. 2019.

222 A *Organisation for Economic Co-operation and Development* - OECD (No Brasil, *Organização para a Cooperação e Desenvolvimento Econômico* - OCDE) é uma organização internacional que, por meio de pesquisas, objetiva o fornecimento de soluções e sugestões para o aprimoramento das políticas públicas, desenvolvimento e inovação. Com todas as transformações que vêm atingindo o mercado globalizado, a OECD se posiciona como uma fonte relevante de conhecimento, apresentando análises comparativas e sugestões. A atuação da OECD facilita a cooperação da disseminação de conhecimento e inovação entre diversas nações.

223 OECD (2019). *Shaping the Digital Transformation in Latin America:* Strengthening Productivity, Improving Lives, OECD Publishing, Paris, p. 93. Disponível em: https://doi.org/10.1787/8bb3c9f-1-en. Acesso em: 25 dez. 2019.

224 A *Financial Conduct Authority* é órgão regulador de conduta de 59.000 empresas de serviços financeiros e mercados financeiros no Reino Unido e de regulação prudencial de mais de 18.000 dessas empresas. Disponível em: https://www.fca.org.uk/about/the-fca. Acesso em: 25 dez. 2019.

Capítulo 2

mais baixo; o suporte na identificação de salvaguardas adequadas de proteção ao consumidor para incorporar novos produtos e serviços; melhor acesso ao financiamento[225].

A Quarta Revolução Industrial traz novos modelos nas áreas econômica e social em âmbito global: "todas as macrovariáveis imagináveis – PIB, investimento, consumo, emprego, comércio, inflação e assim por diante – serão afetadas"[226]. São rupturas e transformações relevantes que impactam a vida dos indivíduos: mercado de trabalho, atendimento hospitalar, desenvolvimento dos negócios empresariais, ambiente doméstico (assistente virtual, otimização de afazeres domésticos), como brevemente apresentado.

A Quarta Revolução Industrial é marcada pelo uso da Inteligência Artificial, traz grandes rupturas, mas seu período será breve, se comparado aos períodos das revoluções anteriores, uma vez que a Quinta Revolução Industrial já pode ser vislumbrada. A computação quântica, com estudos intensificados na Quarta Revolução Industrial (utilizando-se de Inteligência Artificial Avançada)[227], será a porta de entrada para a Revolução Quântica, que influenciará os sistemas de informação, a medicina, o mercado financeiro e os transportes[228].

No capítulo a seguir, o foco se dará no impacto da Quarta Revolução Industrial no âmbito do consumidor, uma vez que este assume um papel de protagonista do cenário econômico, apresentando os dois lados de uma mesma moeda: sofrendo os efeitos da revolução digital e sendo o agente influenciador, ativo e dominante dessa revolução no mercado de consumo. O ambiente de estudo se volta para a análise do consumidor justificada pela necessidade de tentar compreender seu papel, suas características e seu futuro.

---

225 FINANCIAL CONDUCT AUTHORITY. *Regulatory Sandbox*. Disponível em: https://www.fca.org.uk/firms/innovation/regulatory-sandbox. Acesso em: 25 dez. 2019. Tradução livre.

226 SCHWAB, Klaus. *A quarta revolução industrial*. São Paulo: Edipro, 2016, p. 35.

227 Não são novos os estudos sobre Física Quântica, como demonstra o documentário 'Mecânica Quântica' disponível em: http://www.youtube.com/watch?v=WdORcPQkY5c&feature=related. Acesso em: 05 jan. 2020.

228 Em 21 de dezembro de 2018, foi publicada nos Estados Unidos a Lei Nacional da Iniciativa Quântica (*National Quantum Initiative Act*), que prevê o financiamento de 1,2 bilhão para se colocar na liderança nos estudos e descobertas dessa tecnologia. Disponível em: https://www.congress.gov/115/plaws/publ368/PLAW-115publ368.pdf. Acesso em: 05 jan. 2020.

CAPÍTULO 3:
CONSUMIDOR 4.0

3.1. GERAÇÕES DE CONSUMIDORES E ESPÉCIES DE VULNERABILIDADE: DO CONSUMIDOR CLÁSSICO AO PROSUMER

O cerne deste capítulo é demonstrar que o consumidor no Brasil não é um protagonista prostrado no tempo; pelo contrário, o Direito do Consumidor sempre esteve em rápida e constante evolução. A divisão das gerações de consumidor se dá atrelada à ideia da vulnerabilidade, uma vez que integra de forma consolidada o seu conceito.

Após a Segunda Guerra Mundial, historicamente marcada por crises nos países envolvidos, o conceito de consumidor ganhou força, alicerçado na corrida tecnológica e nas diversas conquistas científicas. Naturalmente, direitos ainda não concebidos foram surgindo, principalmente na Europa e nos Estados Unidos, pela crescente demanda nas relações de consumo, o que desencadeou uma necessidade de proteção ao consumidor e deu luz ao Direito do Consumidor. A proteção a este se tornou fundamental devido ao avanço da sociedade de consumo (*mass consumption society* ou *Konsumgesellschaft*) e à expansão das ofertas de produtos e serviços.

O desenvolvimento dos institutos de defesa e proteção dos direitos do consumidor tem início em 15 de março de 1962, momento em que o então presidente dos Estados Unidos, John F. Kennedy, declarou publicamente o reconhecimento da vulnerabilidade do consumidor, especificando seus direitos à segurança, à informação e à escolha. Por esse motivo, a data ficou universalmente caracterizada pela comemoração do Dia Mundial dos Direitos do Consumidor[229].

Enquanto isso, no Brasil, o consumidor 1.0 ou hipervulnerável era caracterizado pela falta de legislação especial para a sua proteção. A legislação

---

[229] BRASIL. SECRETARIA NACIONAL DO CONSUMIDOR – Senacon. *Defesa do Consumidor*. Disponível em: https://www.defesadoconsumidor.gov.br/portal/defesa-do-consumidor-no-brasil-menu. Acesso em: 27 dez. 2019.

continha dispositivos esparsos na defesa do consumidor, como os artigos 629 e 632 do Código Comercial de 1850[230], que estabeleciam direitos e obrigações dos passageiros de embarcações; o Código Civil de 1916, no artigo 1.245[231], que continha critérios de responsabilidade do fornecedor; e a Lei Delegada nº 4, de 1962[232], que vigorou até 1998 e visava assegurar a livre distribuição de produtos.

Os próprios consumidores 1.0 utilizaram as estruturas e buscaram seus direitos, fazendo com que a evolução partisse da própria sociedade e não da iniciativa legislativa. Não havia presunção absoluta de sua vulnerabilidade no mercado, que, via de regra, trabalhava com a autonomia da vontade e o liberalismo do princípio da *pacta sunt servanda*.

Nesse sentido, vale ressaltar que São Paulo foi o estado precursor na implementação de ações que visavam diretamente à proteção dos consumidores. Em 1976, o Governo do Estado de São Paulo criou o Grupo Executivo de Proteção ao Consumidor, amplamente conhecido como Procon. Vale dizer que a evolução do Direito do Consumidor no Brasil teve início antes mesmo do advento dos seus dois grandes marcos legislativos – a Constituição da República Federativa do Brasil de 1988 e a Lei nº 8.078/1990 –, que materializaram aquilo que já existia no âmago da sociedade de consumo: o anseio pelo comércio justo.

Assim, com a Constituição da República de 1988, surge a geração 2.0 de consumidores, prestes a serem contemplados com uma lei especial consumerista. A Constituição procurou ampliar e reforçar os direitos e interesses individuais e coletivos, alçando a defesa do consumidor à categoria e ao *status* dos direitos fundamentais (artigo 5º, XXXII), incluindo-a entre os princípios da ordem econômica (artigo 170, V)[233].

---

230 BRASIL. Presidência da República. Lei nº 556, de 25 de junho de 1850. *Código Comercial*. Disponível em: http://www.planalto.gov.br/ccivil_03/LEIS/L0556-1850.htm. Acesso em: 12 mar. 2019.

231 BRASIL. Presidência da República. Lei nº 3.071, de 1º de janeiro de 1916. *Código Civil dos Estados Unidos do Brasil*. Revogado pela Lei n. 10. 406, de 2002. Disponível em: http://www.planalto.gov.br/ccivil_03/leis/L3071.htm. Acesso em: 12 mar. 2019.

232 BRASIL. Presidência da República. Lei Delegada nº 4, de 26 de setembro de 1962. *Dispõe sobre a intervenção no domínio econômico para assegurar a livre distribuição de produtos necessários ao consumo do povo*. Revogada pela Lei nº. 13.874 de 2019. Disponível em: http://www.planalto.gov.br/ccivil_03/LEIS/Ldl/Ldl04.htm. Acesso em: 27 dez. 2019.

233 DELGADO, José Augusto. *Interpretação dos contratos regulados pelo código de proteção ao consumidor*. BDJur, Brasília, DF, 2007. Disponível em: https://ww2.stj.jus.br/publicacaoinstitucional/

Capítulo 3

Além da menção da defesa do consumidor consagrada nos citados artigos 5º, XXXII, e 170, V, a Constituição contém outros artigos que cuidam dessa previsão: o artigo 24, VIII, declara a responsabilidade por dano ao consumidor; o artigo 150, §5º, impõe que "a lei determinará medidas para que os consumidores sejam esclarecidos acerca dos impostos que incidam sobre mercadorias e serviços"; e o parágrafo único, II, do artigo 175, em relação à prestação de serviços públicos, diretamente ou sob o regime de concessão ou permissão, prevê a regulamentação mediante lei ordinária para dispor sobre os "direitos dos usuários".

A urgência da tutela do consumidor em sede constitucional foi trazida no artigo 48 do Ato das Disposições Constitucionais Transitórias, por meio de expressa determinação de que o Congresso Nacional elaborasse o Código de Defesa do Consumidor dentro de 120 dias a partir da promulgação da Constituição. Entretanto, quase dois anos após a promulgação, sobreveio a Lei nº 8.078, de 11 de setembro de 1990, que disciplina a proteção do consumidor. Como se vê, a opção do constituinte originário se evidenciou em vários dispositivos do texto constitucional[234] em favor da defesa do consumidor, impondo ao legislador ordinário a tarefa de tornar efetivo esse propósito[235].

A Lei nº 8.078/1990 é considerada como uma das mais avançadas legislações protetivas de consumo, como salienta Soares: "Rompendo com o modelo liberal e individualista do direito privado clássico, o CDC renovou o ordenamento jurídico pátrio, tutelando as legítimas

---

index.php/informativo/article/view/307/271. Acesso em: 25 out. 2019: "A defesa do consumidor pelo Estado é uma garantia fundamental de eficácia imediata, por ter efeito de impor as regras estabelecidas às entidades públicas e privadas encarregadas de exercê-la. Além de ter essa conotação hierárquica no contexto da Carta Magna, constitui-se em um dos princípios a ser seguido para o desenvolvimento da atividade econômica do país (art. 170, V, da CF), sendo meio contribuidor para se atingir o desiderato constitucional em que ela (atividade econômica) se fundamenta, que é na "valorização do trabalho humano e na livre iniciativa", para que possa "assegurar a todos existência digna, conforme os ditames da justiça social".

234 De acordo com Delgado: o sentido dessa normatividade constitucional é, portanto, de defender, em toda a sua extensão, o consumidor, protegendo-o, em qualquer tipo de relação legal de consumo, de ações que desnaturam a natureza jurisdicional desse tipo de negócio jurídico. Aplica-se na interpretação da norma ventilada, entre tantos outros, especialmente o denominado princípio da máxima efetividade da norma constitucional. Idem.

235 TEIXEIRA, Sálvio de Figueiredo. A proteção ao consumidor no sistema jurídico brasileiro. *Revista de Informação Legislativa*, a. 39, n. 155, jul.-set. 2002, p. 9.

expectativas de uma maior simetria dos agentes que integram o mercado de consumo"[236].

Para o Código de Defesa do Consumidor (CDC), Lei nº 8.078/1990, consumidor pode ser pessoa física ou jurídica adquirente ou usuária de produto ou serviço, desde que seja destinatária final. Nesse contexto, o consumidor é aquele que "age com vistas ao atendimento de uma necessidade própria e não para o desenvolvimento de outra atividade negocial"[237].

O consumidor 2.0 passa pelo crivo de diversas possibilidades interpretativas produzidas pelo conceito de consumidor, expresso no *caput* do artigo 2º, em especial relacionadas ao uso do termo "destinatário final" e ao fato de que o CDC não excluiu a pessoa jurídica do conceito de consumidor. Três teorias se destacam em relação à definição: a maximalista, a finalista e a intermediária ou finalista aprofundada.

Os seguidores da corrente maximalista utilizam-se de uma interpretação extensiva da definição de consumidor, contida no artigo 2º do CDC. Para essa corrente, não cabe ao intérprete restringir aquilo que nem a Constituição nem o CDC restringiram[238].

---

236 O autor acrescenta que: "O aparecimento da sociedade de consumo engendrou, assim, uma nova concepção de relações jurídicas, baseada na desigualdade fática entre os sujeitos de direito. O ordenamento jurídico modulou o paradigma da ordem pública econômica, disciplinando o intervencionismo do Estado no campo das relações privadas. Depois de manifestar-se com grande nitidez nas relações entre empregadores e assalariados, esta busca por uma maior isonomia jurídico-social passou a concentrar-se nas interações entre consumidores e fornecedores de produtos ou serviços". SOARES, Ricardo Maurício Freire. A Dimensão Principiológica do Código Brasileiro de Defesa do Consumidor. *Revista EVS - Revista de Ciências Ambientais e Saúde*, Goiânia, v. 35, n. 4, p. 717-751, abr. 2009. ISSN 1983-781X. Disponível em: Doi: http://dx.doi.org/10.18224/est.v35i4.690, pp. 718-719. Acesso em: 02 jul. 2021.

237 FILOMENO, José Geraldo Brito. Disposições Gerais. In: GRINOVER, Ada Pellegrini; BENJAMIN, Antônio Herman de Vasconcellos e; FINK, Daniel Roberto; FILOMENO, José Geraldo Brito; NERY JÚNIOR, Nelson; DENARI, Zelmo. *Código Brasileiro de Defesa do Consumidor*. 10. ed. Rio de Janeiro: Forense, 2011, p. 23.

238 Cavalieri Filho traz esse entendimento: "Aplica-se o Código de Defesa do Consumidor sempre que estivermos em face de uma relação de consumo, qualquer que seja a área do Direito onde ela vier a ocorrer. E relação de consumo, contratual ou extracontratual, que tem numa ponta o fornecedor de produtos e serviços e na outra o consumidor; é aquela realizada entre o fornecedor e o consumidor tendo por objeto a circulação de produtos ou serviços. Havendo circulação de produtos e serviços entre o consumidor e o fornecedor, teremos relação de consumo regulada pelo Código de Defesa do Consumidor". CAVALIERI FILHO, Sergio. *Programa de Responsabilidade Civil*. 10. ed. São Paulo: Atlas, 2012, p. 517.

Capítulo 3

Segundo Carpena, a teoria maximalista entende que, "para que esteja caracterizada a relação de consumo, basta que o bem não seja renegociado e reintroduzido no mercado, ou o serviço não constitua etapa do fornecimento de outro serviço ou produto"[239]. Ou seja, o ciclo econômico deve esgotar-se com o consumidor com a retirada do bem do mercado, não importando se o adquirente do bem é pessoa física ou jurídica.

Roberto Senise Lisboa propõe a teoria da causa final ou maximalismo não exacerbado, que proporciona uma incidência mais ampla da Lei nº 8.078/1990 sobre as relações jurídicas, não incidindo a legislação consumerista "em prol daquele que adquire ou se utiliza do produto ou serviço, seja ele pessoa física ou pessoa jurídica, desde que proceda à recolocação do bem ou da atividade no mercado de consumo, ainda que mediante a especificação ou transformação"[240].

Assim, a teoria maximalista defende que a lei do consumidor deve ser aplicada tanto para pessoas físicas como para pessoas jurídicas, uma vez que o Código de Defesa do Consumidor é norma de interesse social e a defesa do consumidor se constitui em direito fundamental e princípio geral da ordem econômica. Para que haja relação de consumo, basta que o ciclo econômico se esgote no consumidor com a retirada do bem do mercado, independentemente de se tratar de pessoa física ou jurídica.

A interpretação finalista defende que o conceito dado pelo artigo 2º do CDC deve ser interpretado restritivamente, visto que a expressão "destinatário final" se restringe a destinatário final fático e econômico, como depreendido a partir dos princípios básicos do CDC, contidos nos artigos 4º e 6º[241].

---

[239] CARPENA, Heloisa. *O consumidor no direito da concorrência*. Rio de Janeiro: Renovar, 2005. p. 176.

[240] LISBOA, Roberto Senise. *Responsabilidade civil nas relações de consumo*. 2. ed. São Paulo: RT, 2006. p. 183.

[241] A corrente finalista foi defendida por Marques: [...] "ser destinatário fático do produto, retirá-lo da cadeia de produção, levá-lo para o escritório ou residência: é necessário ser destinatário final econômico do bem, não o adquirir para revenda, não o adquirir para uso profissional, pois o bem seria novamente um instrumento de produção cujo preço será incluído no preço final do profissional que o adquiriu". MARQUES, Cláudia Lima. *Contratos no Código de Defesa do Consumidor*. 4. ed. São Paulo: Revista dos Tribunais, 2002, p. 378.

Para que as pessoas jurídicas sejam equiparadas aos consumidores, é preciso que não tenham fins lucrativos, já que a conceituação é indissociável do aspecto da hipossuficiência[242].

O objetivo da corrente finalista era não comprometer a proteção alcançada pelo CDC, em razão da aplicação indiscriminada das normas nos casos que não se caracterizassem como de consumo. Nessa corrente, a empresa não poderia ser consumidora, salvo exceções. A finalista foi largamente utilizada até 2003, quando o Superior Tribunal de Justiça passou a adotar a interpretação intermediária de consumidor, também denominada de teoria do finalismo aprofundado. Carpena[243] expõe que o que vai delimitar o campo de aplicação do CDC é a ideia de vulnerabilidade aliada à expressão "destinatário final" (artigo 4º, I c/c 2º, *caput*, ambos do CDC)[244].

---

242 Filomeno revela sua insatisfação com o fato de o CDC ter incluído as pessoas jurídicas no conceito de consumidor: "Embora, em princípio, repita-se, não se conceba a pessoa jurídica como consumidora, a realidade é que o próprio texto legal sob análise assim dispõe. Fá-lo, todavia, de maneira limitada, não apenas em decorrência do princípio da vulnerabilidade da pessoa jurídica-consumidora, tal como a pessoa física, como também pela utilização não profissional dos produtos e serviços". FILOMENO, José Geraldo Brito. Disposições Gerais. In: GRINOVER, Ada Pellegrini. et al. *Código Brasileiro de Defesa do Consumidor Comentado pelos autores do anteprojeto*. 10. ed. Rio de Janeiro: Forense Universitária, 2011, p. 32.

243 Carpena observa que o finalismo coloca em segundo plano o princípio da vulnerabilidade, pois se o adquirente pretendesse incorporar o produto ou serviço ao processo produtivo de outro bem ou atividade, não poderia ser considerado como consumidor, citando o exemplo do advogado que compra computadores para seu escritório. Caso seja adotada a teoria finalista, não se poderia beneficiá-lo com a proteção da lei especial, visto que sua "causa" não seria o consumo e sim a produção. Op. cit., p. 180.

244 A interpretação finalista aprofundada foi legitimada no REsp. 476.428/SC, por meio da Relatora Ministra Nancy Andrighi: "Direito do Consumidor. Recurso especial. (...) A relação jurídica qualificada por ser 'de consumo' não se caracteriza pela presença de pessoa física ou jurídica em seus polos, mas pela presença de uma parte vulnerável de um lado (consumidor), e de um fornecedor, de outro. Mesmo nas relações entre pessoas jurídicas, se da análise da hipótese concreta decorrer inegável vulnerabilidade entre a pessoa-jurídica consumidora e a fornecedora, deve-se aplicar o CDC na busca do equilíbrio entre as partes. Ao consagrar o critério finalista para interpretação do conceito de consumidor, a jurisprudência deste STJ também reconhece a necessidade de, em situações específicas, abrandar o rigor do critério subjetivo do conceito de consumidor, para admitir a aplicabilidade do CDC nas relações entre fornecedores e consumidores-empresários em que fique evidenciada a relação de "consumo". Terceira Turma, julgado em 19.04.2005, DJ 09.05.2005, p. 390.

Capítulo 3

3.1.1. ESPÉCIES DE VULNERABILIDADE

A vulnerabilidade[245] é um princípio relacionado ao princípio da igualdade. "Aquele que é vulnerável, necessariamente se encontra numa relação desigual. Pode-se afirmar que a vulnerabilidade é um subprincípio, derivado da igualdade, expresso no *caput* do art. 5º da Constituição Federal"[246], e da dignidade da pessoa humana.

Antes da Constituição, a geração de consumidores 1.0 era hipervulnerável, embora essa condição não ganhasse força de presunção absoluta. Isso porque os consumidores nesse cenário eram vistos simplesmente como compradores e estavam expostos às mais diversas práticas abusivas (leoninas), fruto de uma visão patrimonialista do direito privado, segundo a qual a intervenção do Estado nas relações negociais era mínima.

A frase "O consumidor é o elo mais fraco da economia; e nenhuma corrente pode ser mais forte do que seu elo mais fraco", atribuída a Henry Ford (conhecido como o "pai da produção em série"), traz a nítida visão de que, embora vulnerável, o consumidor é o verdadeiro protagonista do mercado de consumo.

Para Catalan, a vulnerabilidade é "pilar que sustenta a própria existência do Direito do Consumidor"[247].

São várias as espécies de vulnerabilidade, que podem ser observadas de modo isolado ou não. Para melhor compreensão do consumidor que se projeta para o futuro, é importante identificar as espécies de vulnerabilidade. A proposta é seguir um rito jurídico em que as gerações de consumidores devem estar alinhadas ao

---

245 Vulnerável: Que tende a ser magoado, danificado ou derrotado; frágil; que pode ser ferido por; destruído. Etimologia (origem da palavra *vulnerável*). Do latim *vulnerabilis*. DICIONÁRIO ON-LINE DE PORTUGUÊS. Vulnerável. Disponível em: https://www.dicio.com.br/vulneravel/. Acesso em: 03 set. 2019.

246 A afirmativa é de Heloisa Carpena. op. cit., pp. 182-183.

247 O autor reforça o entendimento explicando que: "a vulnerabilidade, mais que a presunção legal criada no intuito de avaliar e orientar a tutela de todo aquele que venha a ocupar a situação jurídica de consumidor em relação que o até, direta ou indiretamente, a um agente do mercado, há de ser semioticamente percebida como o axioma que justifica e impõe a efetiva proteção de um grupo deveras heterogêneo de seres humanos e que é responsável por impulsionar, aproximadamente, dois terços de toda a riqueza que circula anualmente no Brasil". CATALAN, Marcos. Uma ligeira reflexão acerca da hipervulnerabilidade dos consumidores no Brasil. In: *Derecho de Daños y Contratos*: desafíos frente a las problemáticas del siglo XXI. DANUZZO, Ricardo Sebastián (Org.). Resistencia: Contexto, 2019, p. 36.

requisito existencial, ao elemento que integra o próprio conceito: a vulnerabilidade.

A cada geração, identificam-se as vulnerabilidades, e acrescem-se novas, o que revela a necessidade de se amoldar o ambiente protetivo aos novos tempos, no sentido de reforçar sua proteção.

Como assevera Grau, o conceito é esboçado a partir da constatação de que, "adotando, os mercados, formas assimétricas, consumidor é, em regra, aquele que se encontra em uma posição de debilidade e subordinação estrutural em relação ao produtor do bem ou serviço de consumo"[248].

Ocorre a vulnerabilidade técnica quando o adquirente ou usuário não possui intelecção suficiente para avaliar a qualidade do produto ou serviço. Não tem, em outras palavras, condições de fazer uma escolha consciente. Esse tipo de vulnerabilidade deve ser verificado em razão das qualidades e características pessoais de cada adquirente e, adiante, será analisada na era digital.

Verifica-se vulnerabilidade jurídica quando o consumidor não dispõe de meios de acesso à Justiça, sendo menos esclarecido sobre os seus direitos e menos capaz de efetivá-los.

Já a vulnerabilidade fática ou econômica é a mais evidente e se refere apenas à posição econômica das partes da relação de consumo. As gerações 1.0 e 2.0 estavam expostas essencialmente às vulnerabilidades técnica, jurídica e econômica. Todos os consumidores brasileiros alcançaram a geração 2.0, identificada também como consumidor *clássico* ou tradicional, afinal o sistema protetivo do consumidor foi estabelecido a partir de 1988, com a Constituição da República. Ou seja, não há que se falar em consumidor 1.0 no Brasil atualmente, pois essa geração não gozava de leis especiais para proteção das suas relações no mercado de consumo, sendo identificados como *hipervulneráveis* por serem subjugados pelo poderio econômico dos fornecedores decorrente da falta de imposição de limites claros para sua atuação.

A preocupação com a vulnerabilidade informacional ganhou mais força com a difusão do *e-commerce* no Brasil, capaz de abrir espaço para um novo consumidor: o 3.0, identificado também como *moderno*. Nessa fase, considera-se que os fornecedores são os verdadeiros donos da

---

[248] GRAU, Eros Roberto. *A ordem econômica na Constituição de 1988*. 12. ed. São Paulo: Malheiros, 2007. p. 250.

Capítulo 3

informação e ditam as regras de consumo, tornando-se um fator de risco presente nas relações de consumo. Na lição de Marques: "Esta vulnerabilidade informativa não deixa, porém, de representar hoje o maior fator de desequilíbrio da relação vis-à-vis dos fornecedores, os quais, mais do que *experts*, são os únicos verdadeiramente detentores da informação"[249]. No Brasil, a geração 3.0 vem crescendo exponencialmente, graças à facilidade de acesso dos consumidores aos meios digitais, especialmente pelos *smartphones*.

O filósofo Byung-Chul Han fala do excesso de informações trazidas pela chamada "sociedade da transparência", que padece com a falta a verdade e aparência:

> Nem a verdade nem a aparência são transparentes. Só o vazio é totalmente transparente. Para exorcizar esse vazio coloca-se em circulação uma grande massa de informações. A massa de informações e de imagens é um enchimento onde ainda se faz sentir o vazio. Mais informações e mais comunicação não clarificam o mundo. A transparência tampouco torna clarividente. A massa de informações não gera verdade. Quanto mais se liberam informações tanto mais intransparente torna-se o mundo. A hiperinformação e a hipercomunicação não trazem luz à escuridão[250].

A vulnerabilidade digital é identificada nas gerações de consumidores 3.0 e 4.0, por estarem expostas às novas tecnologias, aos algoritmos e à inteligência artificial. A **geração 4.0**, identificada como *digital* ou *prosumer*, será detalhada a seguir.

Em síntese, basta que uma dessas vulnerabilidades se manifeste para que se possa concluir que a pessoa é consumidora, nos termos da lei[251].

---

249 MARQUES, Cláudia Lima. *Contratos no Código de Defesa do Consumidor:* O Novo Regime das Relações Contratuais. 5. ed. São Paulo: RT, 2006, p. 330.

250 HAN, Byung-Chul. *Sociedade da transparência*. Petrópolis, RJ: Vozes, 2017. Edição digital.

251 Importante notar que, quando os serviços essenciais são prestados em regime de monopólio, está configurada a vulnerabilidade do consumidor, mesmo que seja uma empresa de grande porte. "A imprescindibilidade de tais serviços, por si só, já é suficiente ao reconhecimento da vulnerabilidade de forma genérica, sendo este um bom exemplo de seu aspecto fático ou econômico". CARPENA, op. cit., p. 198.

3.2. CONSUMIDORES DA ERA DIGITAL

O ambiente virtual apresenta extrema fragilidade ao consumidor moderno (geração 3.0), uma vez que, na dinâmica do dia a dia, sem fazer uma análise detalhada do ambiente (virtual ou físico autônomo), entrega seus dados e preferências. É exigida do consumidor maior autonomia para a compra de produtos e serviços; em muitos casos, ele é mais influenciado e ainda se torna um "bem de consumo", pois seus dados e suas preferências serão usados como objeto de exploração comercial.

Na era digital, por meio da tecnologia e inovação, vêm se consolidando as figuras dos consumidores 3.0 e 4.0. Ambas as gerações buscam experiência de consumo de forma plena, voltada a mais do que o ato de comprar, mas a todas as relações pré e pós-compra, o que transforma o consumo em uma transação mais complexa do que costumávamos verificar. Os elementos diferenciadores são a autonomia do consumidor e a experiência oferecida pelo fornecedor.

Da mesma forma que as empresas há tempos se preocupavam com os estágios pré e pós-venda, hoje é a vez de os consumidores, ainda que, inconscientemente, passarem pelas fases de pré e pós-compra. Na fase pré-compra, o consumidor pesquisa o produto ou serviço na internet, estabelece comparações em *sites* concorrentes, pode recorrer a lojas físicas para conferir pessoalmente o produto ou serviço ou buscar avaliações virtuais deste.

Várias são as práticas abusivas na fase pré-compra além da conhecida propaganda enganosa. A possibilidade de localização geográfica do consumidor, por exemplo, pode levar fornecedores à prática de *geopricing* e *geobloking*: a primeira consiste na afixação de valores diferentes sobre um mesmo produto e, na segunda, há negativa de ofertas aos consumidores; trata-se de práticas abusivas, por discriminarem os consumidores segundo a sua localização geográfica. O artigo 39 do Código de Defesa do Consumidor veda a prática abusiva de "recusar atendimento às demandas dos consumidores, na exata medida de suas disponibilidades de estoque e, ainda, de conformidade com os usos e costumes" (inciso II) e de "recusar a venda de bens ou a prestação de serviços, diretamente a quem se disponha a adquiri-los mediante pronto pagamento, ressalvados os casos de intermediação regulados em leis especiais" (inciso IX).

Capítulo 3

O artigo 9º da Lei nº 12.965/2014 (Marco Civil da Internet) dispõe que o "responsável pela transmissão, comutação ou roteamento tem o dever de tratar de forma isonômica quaisquer pacotes de dados, sem distinção por conteúdo, origem e destino, serviço, terminal ou aplicação". Também impõe, no §2º, que, na hipótese de discriminação ou degradação do tráfego, o responsável deverá "agir com proporcionalidade, transparência e isonomia" (inciso II); "informar previamente de modo transparente, claro e suficientemente descritivo aos seus usuários sobre as práticas de gerenciamento e mitigação de tráfego adotadas, inclusive as relacionadas à segurança da rede" (inciso III); e "oferecer serviços em condições comerciais não discriminatórias e abster-se de praticar condutas anticoncorrenciais" (inciso IV).

Em junho de 2018, a empresa Decolar (segmentada em vendas na área de turismo na internet) foi multada em R$ 7,5 milhões pelo Departamento de Proteção e Defesa do Consumidor (DPDC)[252] por ofertar produtos como quarto de hotéis praticando *geopricing* e *geoblocking*[253].

Na fase pós-compra, o consumidor tem a expectativa de que os fornecedores se preocupem com a experiência de compra de um modo geral: com o prazo de entrega, o atendimento recebido, a ocorrência de problemas em alguma fase do processo de compra e, principalmente, a satisfação sobre o produto ou serviço.

A vulnerabilidade digital também compreende o monitoramento do consumidor para a utilização de dados sensíveis, capazes de influenciar seus processos de escolha. Os dados podem ser coletados com consentimento no âmbito dos contratos de adesão para instalação de *softwares*, aplicativos, utilização de *sites* etc. Por outro lado, podem se dar por monitoramento clandestino ou sem o devido esclarecimento e consentimento, pelos *cookies* instalados em computadores e celulares dos consumidores e do monitoramento via *smartphones* e assistentes

---

252 AGÊNCIA BRASIL. Economia. *Decolar.com é multada em R$ 7,5 milhões*. Disponível em: http://agenciabrasil.ebc.com.br/economia/noticia/2018-06/decolarcom-e-multada-em-r75-milhoes. Acesso em: 10 out. 2019.

253 Em janeiro de 2020, a empresa foi novamente multada, dessa vez pelo Procon de São Paulo, em R$ 1,1 milhão por infringir o artigo 39 do CDC com a prática de variação de preços para o mesmo serviço prestado em razão da localização geográfica de consumidor. BRASIL. São Paulo. *Procon SP multa Decolar*. Disponível em: https://www.procon.sp.gov.br/procon-sp-multa-decolar/. Acesso em: 20 jun. 2021.

virtuais. Em ambos os casos, a vulnerabilidade ocorre pela violação da privacidade e da intimidade dos consumidores.

Foi o que ocorreu, em dezembro de 2020, com as empresas Google e Amazon, multadas na França pela Comissão Nacional de Informática e Liberdades (CNIL), autoridade de proteção de dados francesa, pela prática de instalação automática de *cookies* nos computadores dos usuários franceses dos *sites* sem qualquer informação prévia ou consentimento. No caso da Google, a empresa violou a legislação também pela manutenção dos *cookies* nos computadores, mesmo após a oposição dos usuários à coleta de dados, por meio da desativação de anúncios.

A Amazon foi multada em 35 milhões de euros, conforme *Délibération SAN-2020-013 du 7 décembre 2020* da *Commission Nationale de l'Informatique et des Libertés*[254]. A Google LLC foi multada em 60 milhões de Euros e a Google Ireland Limited recebeu a multa de 40 milhões, o órgão as considerou solidariamente responsáveis, uma vez que determinam as finalidades e meios relacionados ao uso de *cookies*, perfazendo o valor de 100 milhões de euros, sendo a maior sanção aplicada ao Google na Europa (*Délibération SAN-2020-012 du 7 décembre 2020*), conforme portal Legifrance[255].

Os casos citados demonstram como ocorre a vulnerabilidade pela violação da confidencialidade consumidores, demonstrando a necessidade de maior proteção do *e-commerce*.

3.2.1. VULNERABILIDADE PSICOLÓGICA EM AMBIENTE DIGITAL: TÉCNICAS DE PERSUASÃO E GATILHOS MENTAIS

A vulnerabilidade apresenta diversos contornos, como apresentado anteriormente. Na era digital, diversos são os gatilhos mentais propostos pelos fornecedores, por técnicas de *marketing*, muitas vezes massificadas.

---

254 LEGIFRANCE. Le Service Public de la diffusion du droit. *Délibération de la formation restreinte no SAN-2020-013 du 7 décembre 2020 concernant la société Amazon Europe Core*. Disponível em: https://www.legifrance.gouv.fr/cnil/id/CNILTEXT000042635729. Acesso em: 20 jun. 2021.

255 LEGIFRANCE. Le Service Public de la diffusion du droit. *Délibération de la formation restreinte no SAN-2020-012 du 7 décembre 2020 concernant les sociétés Google LLC Et Google Ireland Limited*. Disponível em: https://www.legifrance.gouv.fr/cnil/id/CNILTEXT000042635706. Acesso em: 20 jun. 2021.

Capítulo 3

Schmidt Neto chama atenção para o fato de que os consumidores, geralmente, são levados a pensar que suas contratações decorrem da autonomia da vontade, quando, na verdade, são conduzidos ao consumismo:

> O uso da tecnologia para atingir o maior número possível de consumidores tem levado à pasteurização da cultura em um ambiente globalizado e massificado que as técnicas empregadas acabam por criar uma falsa ideia de que contratamos por livre e espontânea vontade, sem nos darmos conta de que somos, em verdade, literalmente conduzidos por contínuo bombardeio de mensagens hipnóticas de incentivo às compras, estampadas em todos os lugares e em todos os meios de comunicação, do rádio à televisão, dos *e-mails* às redes sociais, dos *outdoors* aos jornais e revistas, por todas as formas em fim utilizadas para chamar à atenção das pessoas[256].

O autor revela que há manipulação das necessidades de consumo, o que torna as relações de consumo ainda mais desequilibradas na contemporaneidade:

> Não se trata, todavia, de concluir que o consumidor toma decisões irracionais, pois, elas podem ser consideradas racionais uma vez que obedecem a uma lógica. A questão central é que esta lógica adotada é previsível e passível de identificação e manipulação por quem detém as informações que sirvam de material para este cálculo.
> Assim, ainda que haja racionalidade em cada interação subjetiva de mercado, aquele que tem os dados adequados está sempre um passo à frente[257].

Estudos sobre o comportamento do consumidor vêm auxiliando as estratégias de *marketing*, demonstrando que os humanos são educados para executar diversas ações rotineiras de forma inconsciente. Por um lado, embora tais ações sejam desenvolvidas visando economizar o des-

---

[256] SCHMIDT NETO, André Perin. *O livre-arbítrio na era do* big data. São Paulo: Tirant Lo Blanch Brasil, 2021, pp. 127-128. E-book.

[257] Ibidem, p. 137.

gaste mental com inúmeras tomadas de decisão repetitivas, por outro lado, podem gerar atitudes impulsivas[258]. É aí que os gatilhos mentais atuam no subconsciente do consumidor.

A "teoria do senso de escassez" consiste em uma técnica amplamente utilizada no mercado (físico e virtual) que leva o consumidor a se tornar vulnerável frente à sua massificação, muitas vezes passando despercebida até mesmo pelos consumidores 4.0. Sua finalidade é provocar a venda pelo impulso, pelo receio do consumidor de perder uma "grande oportunidade". Na aplicação da teoria do senso de escassez, os fornecedores utilizam expressões como "restam apenas 5 unidades..."; "últimos minutos da *Black Friday*"; "lote quase esgotado". Essas expressões objetivam, de forma subliminar, acessar o inconsciente do consumidor para um gatilho de urgência, de compra imediata ou antecipada.

A urgência, a novidade e a antecipação são estratégias destacadas na área de *marketing* que incentivam a impulsividade no consumidor, atuando em seu comportamento de forma a tornar o produto uma necessidade. Porém, abrem caminho para a vulnerabilidade, pois diminuem a quantidade de decisão do comprador.

Outro gatilho frequentemente utilizado em redes e mídias sociais é a "prova social". Sua utilização se dá normalmente em meios que demonstrem relevantes quantidades de aprovação social, seja por curtidas (*likes*), depoimentos ou outras formas de engrandecer o produto, influenciando a utilização, a experimentação e a compra deste. A vulnerabilidade na relação de consumo fica ainda mais expressiva quando os influenciadores digitais usam essa técnica, incidindo também sobre crianças e adolescentes, prática considerada abusiva.

---

258 No sentido de aperfeiçoar o ambiente protetivo do consumidor no Brasil, a Lei 14.181 de 1º de julho de 2021 tem por finalidade aperfeiçoar a disciplina do crédito ao consumidor e dispor sobre a prevenção e o tratamento do superendividamento. Identifica a vulnerabilidade informacional e psicológica do consumidor, no acréscimo, entre outros, do Art. 54-C ao Código de Defesa do Consumidor, dispondo que: "É vedado, expressa ou implicitamente, na oferta de crédito ao consumidor, publicitária ou não: II - indicar que a operação de crédito poderá ser concluída sem consulta a serviços de proteção ao crédito ou sem avaliação da situação financeira do consumidor; III - ocultar ou dificultar a compreensão sobre os ônus e os riscos da contratação do crédito ou da venda a prazo; IV - assediar ou pressionar o consumidor para contratar o fornecimento de produto, serviço ou crédito, principalmente se se tratar de consumidor idoso, analfabeto, doente ou em estado de vulnerabilidade agravada ou se a contratação envolver prêmio (...)".

Capítulo 3

Técnicas de persuasão são estudas pelo *neuromarketing*, que visa compreender o que pode influenciar a decisão de compra e traçar métodos para estimular o consumo, pelo mapeamento do cérebro humano exposto a estímulos de *marketing*. É um campo de estudos bastante abrangente, difundido por pesquisadores como Gerald Zaltman e Martin Lindstrom.

Para Zaltman, os consumidores e os profissionais de *marketing* devem interagir para o aperfeiçoamento de ideias de mercado, a partir de modelos mentais (metáforas) capazes de identificar as emoções dos consumidores em relação às marcas[259].

Lindstrom, por outro lado, observa que o *neuromarketing* ajuda a decodificar o que os consumidores pensam quando confrontados por um produto ou marca, mas adverte sobre o potencial risco de abuso no futuro, em razão da utilização errada da técnica, sendo necessária uma "responsabilidade ética", evitando que as empresas manipulem ou controlem as mentes dos consumidores[260].

3.2.2. VULNERABILIDADE PSICOLÓGICA DOS MENORES EM AMBIENTE DIGITAL: OS YOUTUBERS E A PRÁTICA ABUSIVA DO UNPACKING

Diante da convergência entre os mundos virtual e físico, torna-se necessária uma análise sobre como os vídeos no YouTube vêm disseminando publicidades abusivas e clandestinas dirigidas ao público infantil, a exemplo da prática de exibição de vídeos de *unpacking* ou *unboxing* (desempacotamento).

A vulnerabilidade psicológica infantil na era digital é deflagrada pela prática de publicidade clandestina e abusiva, deflagradora de hábitos consumistas, por meio de vídeos de *unpacking*, prática disseminada, viralizada no YouTube, **local digital de veiculação dos conteúdos produzidos pelos *youtubers* mirins** (vlogueiros mirins ou influenciadores mirins), que abrem não apenas um, como vários brinquedos, despertando nas crianças que os assistem a vontade de viver algo semelhante.

---

[259] ZALTMAN, Gerald. "Os modelos mentais". Entrevista concedida a Viviana Alonso, em *HSM Management*, n. 54, jan-fev. 2006, pp. 106-110.

[260] LINDSTROM, Martin. *A lógica do consumo*: verdades e mentiras sobre porque compramos. Rio de Janeiro: HarperCollins, 2017, p. 10.

Os vídeos difundem o consumismo como forma de felicidade por publicidades apelativas, disfarçadas (na maioria dos casos, apenas as crianças protagonizam tais vídeos), para persuadir o consumismo de outras crianças, explorando a vulnerabilidade infantil[261].

3.2.3. VULNERABILIDADE INFORMACIONAL EM AMBIENTE DIGITAL: RECONHECIMENTO FACIAL E TRANSFERÊNCIA DESAUTORIZADA DE DADOS

O fenômeno da prefixação de todo o conteúdo do contrato, ou de parte deste, de maneira unilateral e uniforme, por apenas uma das partes contratantes é expandido na Quarta Revolução Industrial. Duas expressões descrevem esse ambiente: os contratos de adesão e as condições gerais dos contratos. Não são sinônimas, mas pode-se estabelecer uma relação de continente e conteúdo entre elas, respectivamente. Não existe a expressão "condições gerais dos contratos" no CDC, quem a utiliza é a doutrina majoritária, trazendo-a do Direito alemão.

A preelaboração unilateral do conteúdo do contrato é utilizada por empresas públicas, privadas ou concessionárias de serviços públicos e até nos contratos de trabalho, pelas "condições gerais dos contratos".

Já a adesão, por um lado, se revela grande aliada da necessária rapidez das relações empresariais; por outro, amplia a vulnerabilidade informacional do consumidor[262].

---

261 No Brasil, a prática consiste em flagrante violação aos artigos 36 e 37 da Lei no 8.078 de 1990 (CDC). O *unpacking* é tema que abordo no artigo "Vulnerabilidade infantil na era digital: os youtubers e a prática abusiva do *unpacking*", em: *Estudos em homenagem ao professor Carlos Eduardo Japiassú*, Rio de Janeiro, 2019, pp. 595-609. Disponível em: https://www.academia.edu/42140698/VULNERABILIDADE_INFANTIL_NA_ERA_DIGITAL_OS_YOUTUBERS_E_A_PR%C3%81TICA_ABUSIVA_DO_UNPACKING. Acesso em: 20 jan. 2021.

262 Revela Marques que "hoje, estas novas técnicas contratuais, meios e instrumentos de contratação são indispensáveis ao atual sistema de produção e de distribuição em massa, não havendo como retroceder o processo e eliminá-lo da realidade social. Elas trazem vantagens evidentes para as empresas (rapidez, segurança, previsão dos riscos etc.), mas ninguém duvida de seus perigos para os contratantes vulneráveis ou consumidores. Estes aderem sem conhecer as cláusulas, confiando nas empresas que as preelaboraram e na proteção que, esperam, lhes seja dada por um Direito mais social. Esta confiança nem sempre encontra correspondente no instrumento contratual elaborado unilateralmente, porque as empresas tendem a redigi-los da maneira que mais lhe convém, incluindo uma série de cláusulas abusivas e inequitativas". MARQUES, Cláudia Lima. *Contratos no Código de Defesa do Consumidor: O Novo Regime das Relações Contratuais*. 6. ed. São Paulo: Revista dos Tribunais, 2011, p. 75.

Capítulo 3

Cada vez mais, os contratos tendem a basear-se no elemento "declaração" em vez do elemento "vontade", por conta da estandardização, da despersonalização e da necessária agilidade que impõe a moderna economia de massa. Por essa razão, a teoria da vontade vem perdendo importância, como observa Enzo Roppo:

> Existe, sem dúvida, na evolução da teoria e da disciplina dos contratos, uma tendência para a progressiva redução do papel e da importância da vontade dos contraentes, entendida como momento psicológico da iniciativa contratual: esta tendência, que podemos definir como objetivação do contrato, leva a redimensionar, sensivelmente, a influência que o elemento voluntarista exerce, quer em relação à definição geral do próprio conceito de contrato, quer em relação ao tratamento jurídico concreto de cada relação.[263]

A celeridade das contratações fez com que a teoria da declaração ganhasse força e sacrificasse a da vontade, que se demonstrou incompatível com a impessoalidade das relações contratuais e com a técnica da adesão.

Os contratos de adesão passam pelas mesmas fases que enfrentam os contratos em geral: a fase da proposta (oferta) e a fase da aceitação. Ambas consistem em declarações unilaterais de vontade, com efeitos jurídicos, pois buscam a integração de duas vontades para a formação da vontade contratual (bilateralidade). Contudo, a oferta passou a ser tratada com base na teoria da aparência[264], e a adesão, com fundamento na teoria da confiança[265].

---

263 ROPPO, Enzo. *O contrato*. Coimbra: Livraria Almedina, 1988, p. 297.

264 A velocidade das transações e o envolver frenético das relações jurídicas contemporâneas não permite sempre distinguir a aparência da realidade. Não seria factível impor sempre tal encargo ao homem moderno, como era a regra para os indivíduos no século XIX. Na sociedade contemporânea, a aparência instala-se no mundo. A imagem ganha estatuto de real, ou seja, passa a ter uma realidade própria, mais tangível que o objeto real do qual é cópia. A aparência de direito somente se dá quando um fenômeno manifestante faz aparecer como real aquilo que é irreal, ou seja, quando há uma incoincidência absoluta entre o fenômeno manifestante e a realidade manifestada. O âmbito da aparência são, destarte, os casos de exteriorização material nos quais não existe a correspondência entre a atividade do indivíduo e a realidade dos atos que pratica. Por isso terceiros de boa-fé podem ter em conta a exteriorização e ignorar a realidade oculta. Nesse sentido, de se frisar que a aparência é um instituto jurídico da modernidade. MOTA, Mauricio Jorge Pereira da. *A Teoria da Aparência Jurídica*. Artigo disponível em: http://conpedi.org. Acesso em: 12 nov. 2007.

265 Cf. CARPENA, op. cit., p. 205.

Quando não houver correspondência entre a atividade do indivíduo e a realidade dos atos que pratica, deve-se interpretar a contratação com base na teoria da aparência. O objetivo dessa teoria é garantir que o consumidor se sinta seguro diante das informações ou ofertas feitas pelo fornecedor, por terceiro em seu nome ou por quem indevidamente se utilize da marca, uma vez que, após a aceitação da oferta, o ofertante não poderá se recusar a cumpri-la, podendo o consumidor, em caso de recusa, alternativamente ou à sua livre escolha, (I) exigir o cumprimento forçado da obrigação, nos termos da oferta, apresentação ou publicidade; (II) aceitar outro produto ou prestação de serviço equivalente; (III) rescindir o contrato, com direito à restituição de quantia eventualmente antecipada, monetariamente atualizada, e a perdas e danos (artigo 35, CDC).

Ainda na seara dos contratos de adesão, observa-se que o conhecimento, a aceitação ou a concordância do aderente ao inteiro teor das condições gerais contratuais não são exigidos na formação do contrato, uma vez que não se presumem[266]. Em alguns contratos de adesão, o aderente não tem como se recusar a contratar, como nos serviços essenciais de fornecimento de água, energia elétrica e gás, prestados pelas concessionárias de serviço público.

Contudo, a possibilidade de conhecimento do conteúdo real das condições gerais é Direito do Consumidor, previsto no artigo 46 do CDC:

> Os contratos que regulam as relações de consumo não obrigarão os consumidores, se não lhes for dada a oportunidade de tomar conhecimento prévio de seu conteúdo, ou se os respectivos instrumentos forem redigidos de modo a dificultar a compreensão de seu sentido e alcance.

O princípio da transparência[267] se impõe nas relações de consumo, conforme artigo 4º, *caput* e inciso IV, do CDC. Assim, o predisponente

---

[266] O Código Civil italiano dispõe que o consumidor deve conhecer o teor das condições gerais do contrato, usando de "ordinária diligência". Art. 1.341 Condizioni generali di contratto – Le condizioni generali di contratto predisposte da uno dei contraenti sono efficaci nei confronti dell'altro, se al momento della conclusione del contratto questi le ha conosciute o avrebbe dovuto conoscerle usando l'ordinaria diligenza. IL CODICE CIVILE. Disponível em: https://www.ilcodicecivile.it/Libro_IV-Delle_obbligazioni.html?pag=34. Acesso em: 04 jan. 2020.

[267] "Transparência é clareza qualitativa e quantitativa da informação que incumbe às partes conceder reciprocamente, na relação jurídica". (LISBOA, Roberto Senise. *Responsabilidade Civil nas Relações de Consumo*. 2. ed. São Paulo: RT, 2006. p. 117).

Capítulo 3

tem o dever de informar o conteúdo do contrato e fazer com que as cláusulas sejam cognoscíveis ao aderente.[268] No âmbito das condições gerais, afirma Paulo Lôbo, o princípio do equilíbrio dos poderes contratuais[269] e da equalização jurídica realiza-se com o favorecimento do aderente[270]. A redação dada a esses contratos deve ser a melhor possível do ponto de vista do consumidor, com emprego de linguagem e construção gramatical transparentes, diretas. Porém, mesmo que as condições gerais sejam claras, sem ambiguidades, são passíveis de nulidade, se forem consideradas como abusivas.

A esse respeito, o artigo 51 do CDC enumera, de forma exemplificativa, uma série de cláusulas consideradas abusivas e que serão nulas de pleno direito, ainda que o aderente-consumidor tenha concordado com o conteúdo. Nesse caso, será necessário que o consumidor argua a nulidade da cláusula, pois, de acordo com a jurisprudência pacificada do STJ, não poderá ser declarada de ofício pelo tribunal[271].

---

[268] "Não se trata de fazer com que o aderente conheça e compreenda efetivamente as condições em cada contrato concreto, mas deve ser desenvolvida uma atividade razoável que o permita e facilite. [...] Ao predisponente imputa-se também o ônus de demonstrar que forneceu os meios para facilitar a compreensão do conteúdo das condições gerais". O dever de informar é dever de clareza, é dever de divulgação, é dever de esclarecer e garantia de acessibilidade, tendo-se sempre presente o aderente típico médio e não o contratante letrado ou detentor de conhecimentos técnicos e jurídicos, salvo quando esses conhecimentos sejam correntes na espécie de negócios que se concluam habitualmente entre predisponente e aderentes. (LÔBO, Paulo Luiz Netto. *Condições gerais dos contratos e cláusulas abusivas*. São Paulo: Saraiva, 1991, p. 110).

[269] O CDC consagra o princípio da interpretação a favor do consumidor, nos artigos 47 e 51, IV: Art. 47. As cláusulas contratuais serão interpretadas de maneira mais favorável ao consumidor. Art. 51. São nulas de pleno direito, entre outras, as cláusulas contratuais relativas ao fornecimento de produtos e serviços que: IV - estabeleçam obrigações consideradas iníquas, abusivas, que coloquem o consumidor em desvantagem exagerada, ou sejam incompatíveis com a boa-fé ou a equidade.

[270] LÔBO, Paulo Luiz Netto, p. 132.

[271] O posicionamento do STJ causou reações contrárias, a exemplo da crítica pronunciada pela Ministra do STJ, Fátima Nancy Andrighi: "Vedar o conhecimento de ofício, pelas instâncias originárias (juízes e tribunais) de nulidades que são reputadas pelo CDC como absolutas, notadamente quando se trata de matéria pacificada na jurisprudência pelo STJ, órgão uniformizador da jurisprudência, é privilegiar demasiadamente os aspectos formais do processo em detrimento do direito material. (...) Cabe a indagação: se o STJ, em reiterados precedentes, considerou possível o reconhecimento, de ofício, da nulidade da cláusula de eleição de foro com base na sua abusividade, porque assumir postura diversa com relação a todas as demais cláusulas abusivas que possam estar inseridas no contrato? Não há razão para adotar posicionamentos diametralmente opostos diante de questões de tal forma similares". Palestra proferida no III Ciclo de Palestras sobre Jurisprudência do STJ no Âmbito do Direito Público e Privado, realizado no Auditório Antônio Carlos Amorim

Em referência às cláusulas individualmente negociadas e consideradas como abusivas, o relatório da Comissão das Comunidades Europeias[272] considerou "ilusório pensar que os contratos de adesão em matéria de consumo possam verdadeiramente incluir cláusulas negociadas individualmente", uma vez que a margem de negociação é somente relativa "às características do produto (cor, modelo etc...), ao preço ou à data de entrega do bem ou de prestação do serviço, sempre cláusulas que raramente levantarão problemas relativos ao seu potencial caráter abusivo".

O referido relatório aponta uma possível confusão interpretativa entre os termos "negociado" e "expressamente aceite":

> Com efeito, a Comissão tem conhecimento de novas práticas efetuadas por algumas empresas destinadas a contornar a aplicação das disposições nacionais que transpõem a diretiva 93/13/CEE. Estas práticas consistem, por vezes, em incluir cláusulas em contratos relativamente aos quais o consumidor declara ter negociado e ter aceito expressamente as cláusulas contratuais gerais, conduzindo, por vezes, à utilização de contratos que parecem ser feitos à medida do consumidor por serem totalmente produzidos por computador, casuisticamente, não existindo em versão pré-impressa. Estas práticas, embora juridicamente ineficazes, são muito prejudiciais para o consumidor porque o induzem em erro sobre os seus direitos. Inspiram-se diretamente na restrição da diretiva referente às cláusulas contratuais que não tenham sido objeto de negociação individual.

Os termos e condições de uso, termos de privacidade e políticas de *cookies* de um *site* ou aplicativo possuem natureza jurídica de contrato de adesão. Nessa seara, verifica-se a vulnerabilidade informacional, uma vez que a maioria dos usuários desconhece que até mesmo os serviços gratuitos oferecem riscos e, muitas vezes, se apro-

---

– Palácio da Justiça – Rio de Janeiro, 02/12/2005. *Direitos do Consumidor na Jurisprudência do STJ*. Disponível em: http://bdjur.stj.gov.br. Acesso em: 15 jul. 2019.

272 EUR-LEX. Comissão Europeia. *Relatório da Comissão sobre a aplicação da diretiva 93/13/CE do Conselho de 5 de abril de 1993 relativa às cláusulas abusivas nos contratos celebrados com os consumidores*. Bruxelas, 27.04.2000. COM (2000) 248 final. Disponível em: https://eur-lex.europa.eu/legal-content/PT/TXT/?uri=CELEX%3A52000DC0248. Acesso em: 02 ago. 2019.

Capítulo 3

priam dos seus dados pessoais; monitoram o tráfego e registros de atividades dentro e fora do aplicativo; coletam dados de navegação; transacionam os dados com parceiros comerciais (desconhecidos do consumidor); mapeiam o rosto para – quem sabe – identificar a expressão facial do consumidor e sugerir produtos e serviços que mais lhe agradem[273].

Castells afirma que as tecnologias de controle[274] foram introduzidas a partir de interesses interligados do comércio e dos governos e que o "entusiasmo com a liberdade trazida pela internet foi tamanho que esquecemos a persistência de práticas autoritárias de vigilância"[275]. As tecnologias de liberdade (caracterizada pelo não controle de fluxo de dados, pela liberdade de expressão e pela privacidade) estão sendo "opostas a essas tecnologias de controle, a sociedade civil chega às trincheiras de novas batalhas pela liberdade, e o judiciário oferece certa proteção contra abusos flagrantes, pelo menos em alguns contextos"[276].

O princípio da transparência é essencial na "engrenagem" da proteção do consumidor; sua observância e eficácia reduziriam uma grande parte dos conflitos envolvendo consumidores e empresas,

---

273 JESUS, Tiffany Cunha de. *Porquê eu não baixei o aplicativo faceapp e o que você deveria saber sobre isso*. Disponível em: https://medium.com/@tcjesus.adv/porqu%C3%AA-eu-n%C3%A3o--baixei-o-aplicativo-faceapp-e-o-que-voc%C3%AA-deveria-saber-sobre-isso-c53976cafc2c. Acesso em: 15 out. 2019.

274 Castells subdivide as tecnologias de controle em três espécies: *tecnologias de identificação* (as que incluem o uso de senha, *cookies* e procedimentos de autenticação); *tecnologias de vigilância* (utilizando muitas vezes das tecnologias de identificação, mas se caracteriza na localização do usuário individual, são capazes de interceptar mensagens, instalar *cookies* de rastreamento de fluxos de comunicação, localização específica e de monitorar atividades) e *tecnologias de investigação* (referem-se à construção de banco de dados a partir dos resultados da vigilância e do armazenamento de informação rotineiramente registrada). CASTELLS, Manuel. *A Galáxia da internet*: reflexões sobre a internet, os negócios e a sociedade. São Paulo: Zahar, 2003, p. 142.

275 Para Castells "a transformação da liberdade e da privacidade na Internet é um resultado direto de sua comercialização. A necessidade de assegurar e identificar a comunicação na Internet para ganhar dinheiro com ela, e a necessidade de proteger direitos de propriedade intelectual nela, levaram ao desenvolvimento de novas arquiteturas de *software* que permitem o controle da comunicação por computador. Governos pelo mundo todo toleram essas tecnologias de vigilância ou as adotam individualmente para recuperar parte do poder que estavam perdendo". CASTELLS, Manuel, ibidem, p. 140.

276 CASTELLS, Manuel, ibidem, p. 141.

pois um consumidor bem-informado dificilmente se arrepende do contrato celebrado. Han adverte que a exigência por transparência revela uma crise na confiança da sociedade, na qual os valores morais de honestidade e sinceridade são substituídos por um novo imperativo social, que é a transparência[277].

No Brasil, em setembro de 2020, a Secretaria Nacional do Consumidor, por meio do Departamento de Proteção e Defesa do Consumidor (DPDC), aplicou multa de R$ 58.767,00 à Cia. Hering pela utilização de tecnologia de reconhecimento facial em loja situada em São Paulo. O processo administrativo instaurado (a partir da notificação do Idec), requereu que a Hering justificasse o uso de reconhecimento facial em sua loja, coletando dados sem o consentimento prévio dos consumidores. A prática foi considerada abusiva por ofender o princípio da transparência e violar o direito básico à informação, previsto no CDC. Além disso, o DPDC constatou que a empresa mantinha registros de dados (eliminados posteriormente) sem informar aos consumidores, violando o disposto no CDC e os direitos de personalidade dos consumidores[278].

No que diz respeito à proteção de dados, a vulnerabilidade em ambiente digital é deflagrada na utilização indevida dos dados dos consumidores, observada em uma das primeiras decisões no Brasil a aplicar a Lei Geral de Proteção de Dados (13.709/2018), que passou a vigorar em setembro de 2020, no sentido de proteger os dados dos consumidores. Trata-se da sentença da juíza Tonia Yuka Koroku, da 13ª Vara Cível de São Paulo que condenou a Cyrela Brazil Realty S.A. Empreendimentos e Participações a indenizar um consumidor que, ao adquirir uma unidade autônoma de empreendimento imobiliário da requerida, teve suas informações pessoais compartilhadas com outras empresas, passando a receber contatos indesejados

---

277 HAN, Byung-Chul. *Sociedade da transparência*. Petrópolis, RJ: Vozes, 2017. Edição digital. O autor afirma que: "Em vez do mote *transparência cria confiança* dever-se-ia propriamente dizer: *a transparência destrói a confiança*. A exigência por transparência torna-se realmente aguda quando já não há mais confiança, e na sociedade pautada na confiança não surge qualquer exigência premente por transparência. Por isso, a sociedade da transparência é uma sociedade da desconfiança e da suspeita, que, em virtude do desaparecimento da confiança, agarra-se ao controle". Grifos do autor.

278 DEFESA DO CONSUMIDOR.GOV. SENACON. *Secretaria Nacional do Consumidor aplica multa a empresa por reconhecimento facial*. Disponível em: https://www.defesadoconsumidor.gov.br/portal/ultimas-noticias/1539-secretaria-nacional-do-consumidor-aplica-multa-a-empresa-por-reconhecimento-facial. Acesso em: 20 jan. 2021.

de instituições financeiras, consórcios, empresas de arquitetura e de construção e fornecimento de mobiliário planejado[279].

As novas tecnologias propiciam o ambiente de violação do direito à proteção de dados, configurado nos direitos inerentes à personalidade e como garantia fundamental a intimidade e a vida privada. Marrafon e Coutinho chamam atenção para o fato de que a preocupação com a privacidade ocorre a partir da desmesurada utilização dos dados pessoais, gerando um verdadeiro desequilíbrio entre os indivíduos e os controladores do processamento e da forma de utilização dos dados coletados[280].

---

279 TRIBUNAL DE JUSTIÇA DO ESTADO DE SÃO PAULO COMARCA DE SÃO PAULO FORO CENTRAL CÍVEL 13ª VARA CÍVEL. Processo Digital nº: 1080233-94.2019.8.26.0100. Classe - Assunto Procedimento Comum Cível - Indenização por Dano Moral Requerente: Fabricio Vilela Coelho Requerido: CYRELA BRAZIL REALTY S/A EMPREENDIMENTOS E PARTICIPAÇÕES Juiz(a) de Direito: Dr(a). TONIA YUKA KOROKU. (...) Não há dúvida que a relação entre as partes é de natureza consumerista como restou assentado na decisão de fls. 627/630 de sorte que um dos direitos fundamentais do consumidor é de acesso à informação adequada acerca dos serviços que lhes são postos à disposição. Especificamente sobre o assunto referente ao tratamento de dados, a Lei nº 13.709/2018 (Lei Geral de Proteção de Dados LGPD) prescreve que são fundamentos da disciplina da proteção de dados, dentre outros, o respeito à privacidade, a autodeterminação informativa, a inviolabilidade da intimidade, da honra e da imagem, a defesa do consumidor, os direitos humanos, o livre desenvolvimento da personalidade e a dignidade (art. 2º). Vê-se, portanto, que os referidos diplomas (CDC e LGPD) encontram-se em consonância com os princípios fundamentais da República expressos na Constituição Federal de 1988, especialmente o respeito à dignidade humana (art. 1º, III, CF/88), a construção de uma sociedade livre, justa e solidária (art. 3º, I, CF/88) e a promoção do bem de todos sem preconceitos (art. 3º, IV, CF/88). Exsurge de tais valores o vetor que direciona a tutela dos direitos fundamentais como pilar inarredável do Estado Democrático de Direito, em que as garantias e os direitos individuais sequer são passíveis de serem infirmados ou reduzidos pelo Poder Constituinte Derivado (art. 60, § 4º, IV, CF/88). (....) Pelo exposto, JULGO IMPROCEDENTE a pretensão reconvencional e PROCEDENTES os pedidos autorais, com a confirmação da tutela provisória inicialmente deferida, para: a) condenar a ré a se abster de repassar ou conceder a terceiros, a título gratuito ou oneroso, dados pessoais, financeiros ou sensíveis titularizados pelo autor, sob pena de multa de R$ 300,00 (trezentos reais) por contato indevido; b) condenar a ré ao pagamento de indenização a título de dano moral no importe de R$ 10.000,00 (dez mil reais), atualizado pela tabela prática do TJSP desde a data da publicação desta sentença e acrescido de juros moratórios de 1% (um por cento) ao mês a contar da data do trânsito em julgado. BRASIL. PODER JUDICIÁRIO. Tribunal de Justiça do Estado de São Paulo. 13ª Vara Cível. *Indenização por Dano Moral.* Requerente: Fabricio Vilela Coelho. Requerido: Cyrela Brazil Realty S/A Empreendimentos e Participações. Juíza de Direito: Dra. Tonia Yuka Koroku. Disponível em: https://esaj.tjsp.jus.br/pastadigital/pg/abrirConferenciaDocumento.do. Processo n. 1080233-94.2019.8.26.0100. Código 9CEEC18.

280 "A privacidade tornou-se um fator crítico de confiança e de restrição das liberdades básicas na atual sociedade da informação. É amplamente reconhecido que, a menos que um sistema seja

O respeito do princípio da transparência é cada vez mais importante para assegurar o equilíbrio é essencial na engrenagem da proteção do consumidor. Em um mundo movido pela tecnologia, a privacidade é um grande desafio. A Lei Geral de Proteção de Dados (Lei nº 13.709/18) regulamenta a política de proteção de dados pessoais e privacidade no Brasil, prevendo que as operações no ambiente físico e virtual que envolvam tratamento de dados pessoais terão que se adaptar a esta nova legislação, tornando as empresas e órgãos públicos responsáveis pela guarda e criação de mecanismos que protejam os dados dos indivíduos, informando-os de forma clara de que maneira os dados serão coletados, utilizados, repassados e comercializados, numa tentativa de estabelecer garantias e deveres no uso da internet no Brasil.

3.2.4. VULNERABILIDADE TÉCNICA EM AMBIENTE DIGITAL: OBSOLESCÊNCIA PROGRAMADA EM RAZÃO DE UPDATE

Na era digital, a questão da vulnerabilidade técnica ganha novos contornos, particularmente em relação à técnica da *obsolescência programada ou planejada* (OP), que reduz a vida útil de produtos, para que as necessidades de aquisição sejam permanentes.

Como mencionado no capítulo 1 (item 1.2.1.), o marco mais importante da obsolescência programada é a Grande Depressão em 1929. A ideia era impulsionar a produção em larga escala, gerar postos de trabalhos e aquecer o mercado consumidor. A preocupação com a sustentabilidade não era levada em consideração[281]. Desde então, a técnica foi expandida para outros mercados, conquistou o grau de "estratégia de mercado" e segue presente em nosso cotidiano.

---

desenvolvido desde a base com proteção de seu núcleo axiológico essencial, falhas surgirão devido a deficiências inesperadas e não superadas. Com efeito, incorporar privacidade associada à segurança diretamente no *design* do sistema, produto ou serviço é uma etapa crucial para a proteção de dados", nas palavras de MARRAFON, Marco Aurélio; COUTINHO, Luiza Leite Cabral Loureiro. Princípio da privacidade por design: fundamentos e efetividade regulatória na garantia do direito à proteção de dados. In: *Revista Eletrônica Direito e Política*. Programa de Pós-Graduação Stricto Sensu em Ciência Jurídica da Univali, Itajaí, v.15, n.3, 3º quadrimestre de 2020, pp. 955-984, em DOI: https://doi.org/10.14210/rdp.v15n3.p955-984. p. 972.

281 *Obsolescência Programada:* Comprar, jogar fora, comprar. Direção e Produção: Cosima Dannoritzer. Espanha: Arte France, 2010. (52 min). Disponível em: https://www.youtube.com/watch?v=HDFKaXx7WLs. Acesso em: 26 dez. 2019.

Capítulo 3

No âmbito do mercado de consumo na era digital, observa-se outra espécie de obsolescência programada, impulsionada pela corrida tecnológica verificada pela disputa entre desenvolvedores de *hardware* e *software*, o que passei a designar como *obsolescência programada digital em razão de update* (OPD), que ocorre quando, por meio do uso da tecnologia, são instaladas atualizações de *firmware*[282] (*software* que comanda um equipamento eletrônico) mais recentes de um sistema operacional incompatíveis com a versão mais antiga do sistema operacional instalado no produto. O *update* (atualização, modernização) de *firmware* pode ocorrer pelo comando do usuário ou de forma automática, quando o próprio *software* identifica as atualizações disponíveis e as instala.

No caso dos sistemas operacionais[283], as atualizações são sugeridas e os procedimentos variam de acordo com a plataforma, sendo necessária a permissão do usuário para que possa ser efetivada. Nesse ponto, cabe destacar a vulnerabilidade técnica na era digital, pois, apesar de os sistemas prestarem informações sobre a atualização, melhorias e consequências, o consumidor, via de regra, não possui o conhecimento técnico necessário para vislumbrar o impacto das atualizações na sua experiência e na utilização do produto, podendo causar diversas insatisfações.

Esse tipo de obsolescência acontece quando o dispositivo requer ou sugere a instalação de uma nova versão do seu sistema operacional e, confiando que todas as atualizações beneficiam seu equipamento, o usuário as autoriza. Porém, em determinado tempo, os *updates* passam a gerar defeitos, em razão da incompatibilidade com a versão do sistema operacional, o que pode restringir diversas funções do equipamento, tornar lento e inadequado o desempenho e afetar a durabilidade da bateria.

---

282 O usuário espera e confia que nessas atualizações os principais dados do sistema operacional do aparelho proporcionem que determinado modelo continue apto ao acesso de novos recursos e a funcionalidades extras ou que tenha melhor desempenho.

283 É o conjunto de programas que gerenciam recursos, processadores, armazenamento, dispositivos de entrada e saída e dados da máquina e seus periféricos. O sistema que faz comunicação entre o *hardware* e os demais *softwares*. O sistema operacional cria uma plataforma comum a todos os programas utilizados. Exemplos: Android, Dos, Unix, Linux, Mac OS, OS-2, Windows. UNIVERSIDADE FEDERAL DE SANTA CATARINA - UFSC. Departamento de informática e estatística. *Sistema operacional*. Disponível em: http://www.inf.ufsc.br/~j.barreto/cca/sisop/sisoperac.html. Acesso em: 04 jan. 2020.

Com a chegada do consumidor 4.0 ao mercado, a tendência é uma nova postura de consumo: exigência em relação à transparência na relação de consumo; decisão de compra pautada na durabilidade dos produtos, na produção sustentável e na busca por práticas que evitem o desperdício. Espera-se que o perfil da nova geração de consumidores dificulte a "estratégia de mercado" praticada por diversos segmentos industriais que é a obsolescência programada.

3.3. CARACTERÍSTICAS DO CONSUMIDOR NA ERA DIGITAL

A fim de melhor identificar as gerações de consumidores da era digital, é necessário apresentar suas principais características, além de esclarecer algumas tendências.

Os principais pontos da Indústria 4.0 foram especialmente observados pelas lentes da União Europeia, que possui algumas experiências e legislações dirigidas a essa fase que atravessa a humanidade. A questão do mercado de consumo merece um olhar atento em um segundo momento, justamente para destacar a figura do seu principal protagonista: o consumidor. Nesse cenário, cabe a análise do novo perfil de consumidor: aquele que está na era digital, identificado como das gerações 3.0 e 4.0. Destaca-se que tais nomenclaturas são adotadas também para um melhor acompanhamento das nuances da Quarta Revolução Industrial, bem como as diretrizes do *marketing* 4.0.

Ainda que se encontrem resistências teóricas e controvérsias terminológicas, a lógica que justifica essas abordagens parte do pressuposto de que, se a indústria deflagra um contexto evolutivo denominado 4.0, deixar o consumidor em um modelo anterior seria deixar de saltar para o futuro e fugir das convenções e debates de âmbito mundial. Internacionalizar o diálogo é mais condizente do que se apegar aos tecnicismos, como o de debater se o modelo industrial brasileiro subiu ou não de nível, se o Brasil vive ou não a Indústria 4.0 ou se ainda terá que desenvolver muitos esforços para chegar nesse desiderato.

Não há como desconsiderar que o Brasil está na indústria 3.0, mas se prepara para uma escalada com equipamentos diversos: a Agenda Brasileira para a Indústria 4.0; reformas econômicas; Grupo de Trabalho para a Indústria 4.0[284]; políticas públicas; debates e diálogos nacionais e internacionais; implementação de novas medidas e legislações. Dessa forma, abordagens antigas pouco oxigenariam o mercado. E se o Brasil não está em plena Indústria 4.0, ao menos está ingressando, saindo da inércia e possibilitando diálogos importantes. A legislação avança nesse sentido, a exemplo do advento da Lei Geral de Proteção de Dados, com vigência prevista para 2020.

Por óbvio, não há como alçar todos os consumidores de um país com amplas desigualdades sociais à categoria de consumidor na era digital e ao nível de consumidor 4.0. O direito à inclusão digital[285] é um tema presente na sociedade brasileira e, bem antes disso, o debate sobre o cenário de exclusão social enfrentado por aqueles que não dispõe de recursos, mas que muitas vezes tentam desafiar o *game* do mercado de consumo, como bem observa Schmidt Neto:

> Nessa condição, vivem abaixo do nível de prosperidade mínimo e passam a compor uma "subclasse", condenada à exclusão social por não se submeterem às regras do jogo do consumismo ou por não vencerem sob a égide destas regras de mercado estabelecidas justamente por quem pode se dar ao luxo de ser seduzido pelas técnicas deste mesmo mercado. E se aquele que não dispõe de recursos se curvar às exigências mediante uso do crédito para

---

284 O GTI 4.0 tem por objetivo elaborar uma proposta de agenda nacional para o tema. Segundo o site do Governo Federal, o GTI 4.0 possui mais de 50 instituições representativas (governo, empresas, sociedade civil organizada etc.), por onde ocorreram diversas contribuições e debates sobre diferentes perspectivas e ações para a Indústria 4.0 no Brasil. Temas prioritários como aumento da competitividade das empresas brasileiras, mudanças na estrutura das cadeias produtivas, um novo mercado de trabalho, fábricas do futuro, massificação do uso de tecnologias digitais, *startups, test beds*, dentre outros foram amplamente debatidos e aprofundados neste GTI 4.0.

285 "A inclusão digital é um direito a partir do momento que, por suas características, ela não é somente uma necessidade, mas um valor que acrescenta ao ser humano potencialidades e maneiras de se realizar como tal, realçando e ativando outros direitos inerentes à sua condição, como a liberdade, a igualdade, a dignidade etc.". GONÇALVES, Victor Hugo Pereira. *Inclusão digital como direito fundamental*. 2012. Dissertação (Mestrado em Direitos Humanos) - Faculdade de Direito, Universidade de São Paulo, São Paulo, 2012, p. 50. Doi:10.11606/D.2.2012.tde-30102012-092412. Acesso em: 03 mar. 2021.

adquirir os significados que apontam para a inclusão, acabará por agravar sua condição miserável[286].

Mas há também que se destacar a presença crescente de consumidores modernos que circulam no comércio eletrônico, que superaquecem a economia brasileira e que já estão dispostos a se lançar para o futuro do consumo seja de curto, médio ou longo prazo, na medida em que a sociedade em rede avança e os novos nativos digitais ingressam no mercado.

Nesse ponto, cabe destacar que são requisitos existenciais de um consumidor na era digital a inclusão, a conectividade e a vontade. Afinal, como se tornar um consumidor 4.0 sem conhecimentos sobre internet, navegação e tecnologia?

A inclusão digital é indispensável para o consumo no ambiente virtual, sendo necessária ao menos a noção de navegação na *web*. Além disso, o consumidor deve estar conectado à internet, equipado com no mínimo um celular. A vontade é outro elemento existencial, uma vez que o consumidor pode não ser propriamente um excluído digital, dispondo de todos os recursos e formas de acesso à internet, mas não queira integrar a dinâmica de consumo virtual, seja por receio ou resistência.

Apostando cada vez mais na inclusão digital para o consumo, alguns segmentos no mercado vêm promovendo cursos gratuitos, impulsionando também a capacitação de desenvolvedores, instrutores e outros agentes importantes para atuação profissional no ambiente virtual, a exemplo do Sesi, do Senai e da Escola Virtual da Fundação Bradesco.

São características do consumidor da era digital autonomia, individualização, algoritmização, protagonismo, imediatismo e conveniência (multicanalidade).

3.3.1. AUTONOMIA, INDIVIDUALIZAÇÃO E ALGORITMIZAÇÃO DO CONSUMIDOR 4.0

A autonomia advém do empoderamento e da capacidade de resolução de problemas, característica marcante no perfil dos consumidores da era digital. Com o uso das tecnologias, é comum pesquisar, comprar e contratar de forma simples e descomplicada, dispensan-

---

286 SCHMIDT NETO, *op. cit*, p. 112.

Capítulo 3

do-se o auxílio de terceiros, sejam representantes comerciais ou intermediadores diversos. O consumidor 4.0, por exemplo, não vê dificuldade em comprar nas lojas físicas autônomas, tais como Amazon Go, Zaitt ou Shipp[287].

Pela individualização (personalização), que provém da autonomia, o consumidor digital passa a entender que é um "supercliente", tornando-se mais crítico, mais exigente e mais fiel às empresas que conhecem suas preferências e, consequentemente, menos fiel àquelas que o tratam como um comprador qualquer. A individualização é a característica pela qual o consumidor tende a buscar cada vez mais experiências de consumo personalizadas.

A algoritmização consiste na tendência de o consumidor digital mergulhar no mundo virtual em que esse fenômeno é constante, pois, nesse ambiente, estão presentes os algoritmos, aplicados durante a navegação nas redes sociais, nos *sites* de buscas e em pesquisas diversas, sendo responsáveis por sinalizar o perfil do consumidor, purificar suas preferências e antever suas necessidades, direcionando-lhe propagandas. Apesar disso, o consumidor 4.0 algoritmizado ou influenciado poderá ser mais consciente, especialmente porque tem na internet diversas informações sobre as vantagens e desvantagens dos mais diversos produtos e serviços, bem como formas de comparar preços entre os diversos *players* no mercado.

3.3.2. PROTAGONISMO DO CONSUMIDOR 4.0: INTERAÇÃO E ENGAJAMENTO

O protagonismo é subdividido em duas características: a interação e o engajamento. A interação liga o consumidor ao fornecedor, a partir do compartilhamento de experiências boas ou ruins com os demais consumidores, os denominados relatos ou testemunhos particulares.

De acordo com o Conselho Nacional de Autorregulamentação Publicitária (Conar), em razão do número indeterminado de pessoas que podem ser alcançadas pelos influenciadores digitais (interesse difuso),

---

[287] REVISTA PEQUENAS EMPRESAS E GRANDES NEGÓCIOS. Varejo. *Brasileiros montam loja do futuro sem atendente e que faz delivery de tudo.* Disponível em: https://revistapegn.globo.com/Banco-de-ideias/Varejo/noticia/2018/08/brasileiros-montam-loja-do-futuro-sem-atendente--e-que-faz-delivery-de-tudo.html. Acesso em: 20 ago. 2019.

os criadores de conteúdo devem ser responsabilizados pelas práticas em desacordo com as normas[288].

Em análise comparativa com o quadro internacional, nos Estados Unidos, o Federal Trade Commission (FTC), órgão de proteção dos consumidores norte-americanos, apresenta guias específicos ao uso de endossos e depoimentos em publicidade, fornecendo critérios para o cumprimento da lei pelos anunciantes e endossantes consumidores e especialistas, trazendo diversos exemplos de endossos (testemunhos particulares), confiáveis ou enganosos.

O FTC dispõe que o uso de endossos e testemunhos em publicidade deve refletir as opiniões honestas, descobertas, crenças ou experiências do endossante, vedando qualquer representação expressa ou implícita que seria enganosa se feita diretamente pelo anunciante (16 CFR Part 255, 2009, p. 53.139)[289].

Fruto dos anseios dos consumidores, que viam determinados produtos em redes sociais e não sabiam exatamente onde adquiri-los, o *social commerce* ou *s-commerce* nasceu e vem alavancando vendas e satisfação tanto de clientes quanto de fornecedores. Já está disponível em aplicativos como Instagram (Instagram Shopping) e Pinterest, entre outras redes sociais[290].

O principal foco do *s-commerce* é a possibilidade de congregar comunidades, nas quais a "propaganda boca a boca" auxilia consumidores que não pretendem fazer extensas pesquisas de mercado sobre determinados produtos e optam por produtos e serviços a partir

---

288 Com a expansão da internet, cresce substancialmente a necessidade de fiscalização das propagandas nas plataformas digitais (*blogs*, Facebook, Instagram e vídeos no YouTube) praticadas com infração às normas do Código Brasileiro de Autorregulamentação Publicitária, em especial os artigos 29 e 37, I, "d", "e" e II. CONSELHO NACIONAL DE AUTORREGULAMENTAÇÃO PUBLICITÁRIA (CONAR). *Código Brasileiro de Autorregulamentação Publicitária*. Disponível em: http://www.conar.org.br/codigo/codigo.php. Acesso em: 03 abr. 2019.

289 FEDERAL TRADE COMMISSION 16 CFR Part 255. *Guides Concerning the Use of Endorsements and Testimonials in Advertising*. Disponível em: https://www.ftc.gov/sites/default/files/documents/federal_register_notices/guides-concerning-use-endorsements-and-testimonials-advertising-16-cfr-part-255/091015guidesconcerningtestimonials.pdf. Acesso em: 07 abr. 2019.

290 ASSOCIAÇÃO BRASILEIRA DE COMUNICAÇÃO EMPRESARIAL – Aberje. *Futurologia. Kantar Media destaca 10 tendências para mídias sociais em 2019*. Disponível em: http://www.aberje.com.br/blogs/post/kantar-media-destaca-10-tendencias-para-midias-sociais-em-2019/. Acesso em: 20 set. 2019.

Capítulo 3

das opiniões dos participantes das comunidades, que nada mais são do que redes de relacionamentos, com a vantagem de ser, via de regra, mais confiáveis do que reportagens comparativas e pesquisas em geral. Como as comunidades normalmente estão presentes nas redes sociais, a interação entre a publicidade, a venda descomplicada e a opinião de outros consumidores são harmoniosas, proporcionando aos consumidores diferentes experiências.[291]

A interação proporcionada entre o fornecedor e o consumidor pode ser apontada como uma das principais vantagens do *s-commerce*. Com o estreitamento de laços, os fornecedores podem entender melhor a que seus consumidores aspiram, além de contar com avaliações positivas que ajudam, e muito, a influenciar novos potenciais consumidores.

Alguns *sites* reúnem reclamações e experiências negativas de diversos consumidores, com espaço para resolução de problemas entre os consumidores e fornecedores, tendo também a finalidade de alertar novos consumidores sobre experiências de compras ruins (ausência ou demora na entrega; defeito; troca; divergência de valor etc.).

O *e-commerce* revolucionou as formas negociais, estreitou fronteiras e aumentou consideravelmente o volume de vendas, aumentando expressivamente o volume de disputas decorrentes das relações de consumo. Contudo, o novo perfil do consumidor preza por soluções mais rápidas e desjudicializadas, pelo *Online Dispute Resolution* (ODR)[292].

Becker e Lameirão informam que o ODR incentiva compradores e vendedores a celebrarem um acordo, por meio de algoritmos, em que o

---

[291] Segundo Rodrigo Helcer, Fundador e CEO da Stilingue, deve-se observar as comunidades como: "Incontáveis e implacáveis, elas têm o poder de decretar o sucesso e — mais perigosamente ainda — o fracasso de uma companhia, marca e produto. Podem representar vendas, retenção, defesa. Por isso, a interação com essas comunidades deve ser mais do que privilegiada. E o diálogo, transparente desde o princípio. Quem não cria uma ligação profunda com as comunidades que movem mercados, corre sério risco de hoje ser atacado e amanhã, esquecido". MEIO MENSAGEM. *Do e-commerce para o social commerce*. Por Rodrigo Helcer. Disponível em: https://www.meioemensagem.com.br/home/opiniao/2019/01/10/do-e-commerce-para-o-social-commerce.html. Acesso em: 30 set. 2019.

[292] FISCILETTI, Rossana; COSTA JÚNIOR, João Batista Soares da. Sistema Multiportas para a Solução de Conflitos Decorrentes das Relações de Consumo: Estudo de Caso do Portal Consumidor.gov.br. In: *Arel Faar*, Ariquemes, RO, v. 6, n. 3, pp. 068-080, set. 2018, p. 75, em DOI: https://doi.org/10.14690/2317-8442.2018v63339.

software auxilia os usuários, por meio de uma série de questionamentos, visando obter a solução da controvérsia, dentro da plataforma *on-line*[293].

O grau de exigência dos consumidores é evidenciado pelo engajamento social, pela cobrança por um atendimento personalizado e de excelência, bem como pela preocupação com o respeito ao meio ambiente e pela adequação dos fornecedores às práticas de responsabilidade socioambiental. A sustentabilidade é um dos principais critérios de escolha para os *prosumers*.

Os *prosumers* admiram campanhas que deixam claro a utilização de métodos de produção sustentáveis, de preservação do ecossistema, de uma economia circular, políticas de descarte adequado de resíduos, de oferecimento de locais para o descarte seguro de resíduos. O consumidor 4.0 é engajado com causas ambientais e se preocupa com o futuro das próximas gerações.

Os fornecedores de produtos e serviços no ciberespaço apostam na interação visando influenciar o comportamento dos consumidores. Solomon explica a atuação dos denominados "grupos de referência" que possuem a capacidade de influenciar e alterar atos, avaliações, desejos e comportamentos de outros indivíduos, pelo poder persuasivo, visto como uma importante estratégia de *marketing*[294].

Bauman afirma que os membros da sociedade de consumo estão expostos não apenas à satisfação de suas necessidades, como também à comodificação ou recomodificação, capaz de torná-los em mercadorias vendáveis[295].

Em um estudo sobre o comportamento colaborativo dos *prosumers* diante da crise da pandemia da Covid-19, os autores Lang,

---

293 BECKER, Daniel; LAMEIRÃO, Pedro. *Online Dispute Resolution (ODR) e a Ruptura no ecossistema da Resolução de Disputas*. Disponível em: http://www.lexmachinae.com/2017/08/22/online-dispute-resolution-odr-e-a-ruptura-no-ecossistema-da-resolucao-de-disputas. Acesso em: 03 mar. 2021.

294 SOLOMON, Michael R. *O comportamento do consumidor:* comprando, possuindo e sendo, Porto Alegre, 2016, pp. 367-369.

295 Apesar disso, Bauman, adverte que "é a qualidade de ser uma mercadoria de consumo que os torna membros autênticos dessa sociedade. Tornar-se e continuar sendo uma mercadoria vendável é o mais poderoso motivo de preocupação do consumidor, mesmo que em geral latente e quase nunca consciente", afinal o ato de consumir é comparado a de um investimento em si próprio, por força do "valor social" e da "autoestima" proporcionados aos indivíduos ávidos por seu valor de investimento. BAUMAN, Zygmunt. *Vida para consumo:* a transformação das pessoas em mercadoria. Rio de Janeiro, 2008, pp. 75-6.

Capítulo 3

Dolan, Kemper e Northey dialogam que são caracterizados pelo fato de consumirem e produzirem valor para o próprio consumo e para o consumo de terceiros, citando exemplos de como suas ações ajudaram empresas ou membros mais vulneráveis de sua comunidade no período de *lockdown*, realizando compras de supermercado; ajudando a empilhar produtos nas prateleiras, entre outras iniciativas capazes de auxiliar uma empresa a permanecer no mercado[296].

Além disso, a pandemia impulsionou os chamados *DIY Prosumers*, ou seja, *prosumers* adeptos do movimento DIY (*Do It Yourself*), sendo definidos como os que desempenham atividades por conta própria, a exemplo das listadas pelo portal Sebrae: reformas e mudanças na decoração de casa; produção de objetos de artesanato e utilidades domésticas; customização e produção de peças de roupa; novas receitas culinárias [297].

Este perfil exige uma mudança no mercado para atender as suas necessidades, em razão de muitos consumidores estarem maior tempo em casa e, ainda, por diminuição da renda, precisarem reduzir gastos[298]. A Agenda do Consumidor 2020 da União Europeia observa que a pandemia modificou os hábitos de consumo e de mobilidade das pessoas, demonstrando a essencialidade das tecnologias digitais: as tendências observadas incluem comprar mais localmente, reservar viagens com menos antecedência, mas também usar serviços *on-line* com mais frequência[299].

---

296 LANG, Bodo; DOLAN, Rebecca; KEMPER, Joya; NORTHEY, Gavin. Prosumers in times of crisis: definition, archetypes and implications. In: *Journal of Service Management*, vol. 32, n. 2, pp. 176-189, em DOI: 10.1108/JOSM-05-2020-0155.

297 SEBRAE. Comércio varejista. #DIY E COVID-19: *Análise das publicações sobre o Faça Você Mesmo nas redes sociais durante a pandemia*. Disponível em: https://atendimento.sebrae-sc.com.br/inteligencia/pesquisa-de-comportamento-do-consumidor/diy-e-covid-19-analise-das-publicacoes-sobre-o-faca-voce-mesmo-nas-redes-sociais-durante-pandemia. Acesso em: 10 jun. 2021.

298 LANG, DOLAN, KEMPER e NORTHEY, *op. cit.*, ressaltam que "as empresas podem mudar ou aumentar suas ofertas para aqueles envolvidos em DIY (como melhorias caseiras, tricô, artesanato) e personalização. Quanto mais pessoas forem expostas às compras *on-line* durante a crise do COVID-19, mais os consumidores se sentirão confortáveis personalizando produtos. Empresas também precisam priorizar a prática de autoatendimento (ou seja, tutoriais *on-line*, autoajuda, guias *on-line*) para diminuir a carga sobre a equipe de atendimento ao cliente, uma vez que a maioria das empresas estão experimentando uma demanda maior do que a média nos *call centers* (tradução livre)".

299 "Algumas mudanças podem ser temporárias, ligadas à situação de saúde (por exemplo, usando menos transporte público), enquanto outras, notadamente aquelas ligadas à transformação digital (por exemplo, aumentando a compra *on-line* de alimentos ou o acesso a mais serviços de *streaming on-line* em casa, inclusive para eventos culturais e esportivos) poderia se tornar mais estrutural

O engajamento, por sua vez, resulta da preocupação do consumidor com as questões globais envolvendo sustentabilidade e consumo sustentável. O desafio dos fornecedores é desenvolver produtos e serviços ou estabelecer parcerias e estratégias com o objetivo de atender às demandas do consumidor engajado e não correr o risco de ser excluído da sua preferência por testar seus produtos em animais, atuar com desperdício de água, energias e sem descarte adequado de resíduos, contribuir para o aquecimento global, entre outros impactos ambientais.

A degradação ambiental gerada na produção e na execução de serviços é uma das maiores preocupações dos consumidores 4.0. Segundo Roberts, os "consumidores verdes" entraram em cena na década de 1990 nos Estados Unidos, mas foram se tornando um fenômeno universal. Consumidores ecologicamente conscientes se envolvem em atitudes ambientalmente corretas e analisam os impactos dos produtos e serviços no meio ambiente, um comportamento bem diferente do dos seus predecessores[300].

Os consumidores verdes são os consumidores digitais da Geração Millennial ou Geração Y (abarcando os nascidos entre 1983 e 1990), no período das transformações tecnológicas; da Geração Z (compreendendo os nascidos entre 1990 e 2010), absolutamente familiarizada com as tecnologias de informação, equipamentos digitais e redes sociais e da nova classe de consumidores que está se formando; a Geração Alpha (a dos nascidos a partir de 2010), destacada por Alves Pereira, presidente da Sociedade Brasileira de Direito Internacional, como sendo dotada de maior capacidade de resolver problemas e de se relacionar "com enorme facilidade com as tecnologias interativas; além disso, sua capacidade intelectiva foi e está sendo formada sob essa influência"[301].

Para atender às exigências desses consumidores no mercado, as empresas também se engajam nas causas de responsabilidade

---

(tradução livre)". COMISSÃO EUROPEIA. *Nova agenda do consumidor 2020 – 2025 ações destinadas a proteger os consumidores europeus.* Disponível em: https://ec.europa.eu/info/sites/info/files/nova_agenda_do_consumidor_-_ficha_informativa.pdf.

300 ROBERTS, James A. Green consumers in the 1990s: profile and implications for advertising, *Journal of Business Research*, vol. 36 No. 3, pp. 217-31, 1996.

301 PEREIRA, Antônio Celso Alves. A Nova Escola. In: *Democracia e Direitos Fundamentais*: estudos em homenagem ao professor Leonardo Rabelo. Rio de Janeiro: Processo, pp. 41 e 42.

Capítulo 3

socioambientais, utilizando o chamado *marketing* verde[302]. Trata-se de estratégias para assegurar ao público-alvo que seus produtos e serviços são favoráveis ao meio ambiente e atendem às diretrizes de proteção ambiental, envolvendo descarte de resíduos, utilização de energia limpa e não testagem em animais, por exemplo. As empresas chamam tais consumidores de LOHAS, ou *lifestyles of health and sustainability* (em tradução livre, estilo de vida de saúde e sustentabilidade)[303].

Embora o consumidor esteja mais atento às questões ambientais, nem sempre está de fato engajado. Solomon explica que uma das razões é o preço dos produtos ecológicos, geralmente mais caros que os convencionais. Outra é a desconfiança por causa da prática antiética de *greenwashing* (lavagem verde), quando empresas fazem falsas alegações sobre a sustentabilidade de seus produtos – que não pode ser confirmada – para impulsionar vendas[304].

3.3.3. IMEDIATISMO E CONVENIÊNCIA DO CONSUMIDOR 4.0

O imediatismo leva o consumidor na era digital à situação de vulnerabilidade. O perfil do consumidor é de se lançar no mundo virtual com pouca ou nenhuma preocupação com a proteção de dados pessoais, leitura de contratos, termos de uso, cláusulas de serviço, políticas de *cookies* ou privacidade. Isso se deve, em parte, à confiança depositada na empresa ou nos meios de resolução de problemas. Por outro lado, essa característica do consumidor desafia os fornecedores a desenvolverem métodos mais céleres de aquisição, atendimento e suporte, evoluindo significativamente as experiências de consumo.

Outro ponto do imediatismo é o fato de que o consumidor 4.0 vive a "cultura do nanosegundo" (*nanosecond*)[305], um ritmo acelerado

---

302 SOLOMON, Michael R. *O comportamento do consumidor*: comprando, possuindo, sendo. 11. ed. Porto Alegre: Bookman, 2016, p. 148.

303 Idem, p. 151.

304 Idem, p. 149-150.

305 "En la actualidad podemos caracterizar nuestra época por el nanosegundo. Este es una unidad de tiempo que se usa en la física cuántica, equivalente a la mil millonésima parte de un segundo. Pareciera que no alcanza para medir el tiempo con las horas y los segundos. Debemos medirlo en nanosegundos. Todo debe ser ya y cuando llegó es tarde. Tenemos la impresión que los días pasan a la velocidad de un

em que não é suficiente contar o tempo em horas e segundos, pois os dias se passam aceleradamente. Richard Honack[306] extrai dessa época os nanoconsumidores, clientes que não se adaptam aos antigos modelos negociais, pois "tudo tem que ser na velocidade da luz", com ferramentas ágeis para comprar na internet e logística de entrega ultrarrápida, no prazo combinado; do contrário, eles "se recusarão a recebê-lo, devolvendo ao fornecedor"[307].

Na característica da conveniência, observa-se que o consumidor na era digital busca um ambiente de compra confortável, descomplicado, desburocratizado e equipado por diversos canais para sua atuação (multicanalidade, omnicanalidade). Nesse ambiente de multicanalidade, o consumidor não faz mais distinção entre o *off-line* e o *on-line* quando pesquisa produtos e serviços em ambiente virtual, compara produtos e marcas, verifica opiniões de satisfação de outros consumidores, interage na loja física com pessoas e produtos, podendo finalizar a compra no espaço virtual. Em outras palavras, o consumidor quer um mercado *all-line*, apresentado em multiplataformas. No *marketing*, esse consumidor também é denominado de *omnishopper*[308].

A conveniência permite que a compra *on-line* e a retirada do produto em uma loja física ou ainda a compra em loja física seja autônoma, sem interferência humana para a escolha dos produtos, por meio de

---

nanosegundo. Sin darnos cuenta finaliza un año en el que nos quedaron muchas cosas sin hacer. La sensación de velocidad produce la paradoja de crear impaciencia, de hacernos sentir que no hay tiempo que alcance. Por ello, la ansiedad es uno de los síntomas de nuestra época." CARPINTERO, Enrique. *La época del nanosegundo*. Disponível em: https://www.topia.com.ar/articulos/la-%C3%A9poca-del-nanosegundo. Acesso em: 29 out. 2019.

306 HONACK, Richard. *Los nanoconsumidores*. Disponível em: https://www.dinero.com/edicion-impresa/especial-comercial/articulo/los-nanoconsumidores/21946. Acesso em: 29 out. 2019.

307 Idem. "Sin importar si son consumidores al detal o gerente de operaciones, estas personas son cada vez más exigentes y quieren recibir sus compras al día siguiente por DHL, FedEx o UPS. Si ordenan un computador on-line, esperan que llegue en el tiempo prometido. De lo contrario, no estarán para recibirlo y será devuelto al productor. Este servicio just-in-time, por ejemplo, es el pilar de la estrategia de ventas y de mercadeo de los computadores Dell".

308 O consumidor que se destaca por comprar dentro e fora da internet, mas não sem antes se informar ao máximo sobre todas as características do produto ou serviço que deseja adquirir. A designação é uma derivação do conceito *Omnichannel*, ou seja, um consumidor multicanal, que faz a convergência entre os diversos canais das empresas. AGÊNCIA SPAÇO. *Omnishopper*: sua empresa conhece esse tipo de cliente? Disponível em: https://www.agenciaspaco.com.br/omnishopper/. Acesso em: 15 set. 2019.

Capítulo 3

aplicativos específicos. Alguns restaurantes apresentam essa experiência aos seus consumidores, que, por aplicativos, lançam todos os itens que desejam consumir e recebem o pedido em suas mesas; após o consumo, o sistema gera o valor da conta, paga no mesmo aplicativo, que finaliza informando o pagamento ao estabelecimento de forma automática[309].

Outra experiência de compra relacionada à conveniência são os espaços para demonstração de produtos presencialmente e em realidade virtual, a exemplo do *E-Live Center*, o primeiro *marketplace* do mundo, inaugurado em São Paulo em outubro de 2019[310].

Estilos de vida mais acelerados em razão das horas demandadas no trabalho impulsionam os consumidores a buscar cada vez mais "soluções convenientes que ajudem a simplificar suas vidas agitadas", conforme estudo realizado pela Nielsen. Segundo a agência de pesquisa, em um mundo hiperconectado a "conveniência é a moeda final". Facilidade, simplicidade e utilidade são os atributos fundamentais da conveniência, pois são "a base de todo o espectro de consumo, compras e engajamento"[311].

Diferentemente dos *omnishoppers*, os *prosumers*[312] são consumidores mais arrojados, são a vanguarda da inovação consumerista. É por meio deles que as tendências são criadas, por se tratar de consumidores capacitados,

---

309 Um dos aplicativos é o KiiK, da empresa Incube, que está sendo testado em diversos estabelecimentos no Estado de São Paulo. REVISTA VEJA SÃO PAULO. *Apps para pagamento de contas em bares e restaurantes*. Disponível em: https://vejasp.abril.com.br/cidades/apps-para-pagamento-de-contas-em-bares-e-restaurantes/. Acesso em: 15 out. 2019.

310 Segundo o *site*, a proposta é a de proporcionar "um espaço físico para *e-commerces* exibirem seus produtos para o público com o máximo de experimentação. Cada ponto de exposição é pensado para gerar visita direta à página de seu produto, colocando o consumidor mais perto do carrinho de compras com o uso das principais tecnologias de ponto de venda para alavancar vendas *on-line*". Não se trata de um *shopping* ou de uma feira, e, sim, de um "espaço de exibição de *design*, arte e tecnologia" em que os itens desejados podem ser apresentados, testados para serem adquiridos imediatamente pelo *e-commerce* da empresa, ressaltando o ambiente com *design*, arte e tecnologia, para "criar ambientes de entretenimento, sem compra física, sem caixa, sem estoque físico, privilegiando o contato com os produtos e seus conteúdos (...). Uma galeria tecnológica para as pessoas comprarem nos *e-commerces* vivenciando o que uma loja do futuro deve ser: um *marketing place*". ELIVE CENTER. *Sobre a Elive*. Disponível em: https://elive.center/. Acesso em: 15 out. 2019.

311 Pesquisa realizada pela agência Nielsen. *Relatório Em busca da Conveniência*. Disponível em: https://www.nielsen.com/wp-content/uploads/sites/3/2019/04/Em20busca20da20conveniencia.pdf. Acesso em: 15 set. 2019.

312 A expressão "Prosumer" foi utilizada pela primeira vez por Alvin Toffler, em 1980. TOFFLER, Alvim. *The Third Wave*. United Stades: Bantam Books, 1980, p. 267.

criativos e conhecedores de tecnologia. São fundamentais para sugerir aos fornecedores possibilidades inovadoras e engenhosas para facilitar o dia a dia agitado do mundo moderno.

Os *prosumers* são consumidores 4.0. O portal *Marketing* Futuro destaca as seguintes características dos *prosumers*[313]:

1. Criam seu próprio estilo de vida. São proativos, procuram dicas e palpites de todas as fontes e montam seus estilos de vida em função de suas necessidades.
2. Fazem escolhas inteligentes. Buscam pela rede de contatos saber quais são os produtos que terão melhor custo-benefício. Nesse sentido, costumam errar menos nas escolhas.
3. Abraçam a mudança e a inovação. São os pioneiros em adotar novas tecnologias, mas não as aceitam de forma incondicional, ou seja, querem ser os primeiros a aderirem às novidades que acrescentem valor.
4. Estão conectados e interagem. Acessam a informação sem limitações de espaço e de tempo. Possuem a característica de enviar sugestões, reclamações e trocar informações e opiniões, com enorme capacidade de influenciar quem os rodeia.

A omnicanalidade é a forma mais abrangente de atendimento ao consumidor, pois integra todos os canais de um fornecedor a fim de melhorar a experiência do primeiro[314]. Christensen ressalta a importância do excesso de desempenho[315] na valorização de um modelo de evolução do produto[316], destacando quatro fases da "hierarquia de compras" designada

---

[313] MARKETING FUTURO. *Prosumer* – características do Consumidor Web. Disponível em: https://marketingfuturo.com/prosumer-caracteristicas-do-consumidor-web/. Acesso em: 15 nov. 2019.

[314] ECOMMERCE BRASIL. *Você está preparado para a omnicanalidade?* Disponível em: https://www.ecommercebrasil.com.br/artigos/voce-esta-preparado-para-omnicanalidade/. Acesso em: 15 set. 2019.

[315] Excesso de desempenho é o fator que conduz a transição de uma fase da hierarquia de compras para a próxima. CHRISTENSEN, Clayton M. *O dilema da inovação:* quando as novas tecnologias levam empresas ao fracasso. São Paulo: M. Books, 2012, p. 252.

[316] Idem.

Capítulo 3

pela *Windermere Associates* (Califórnia), que consiste na base da competição, pelos critérios, para escolha de um produto: (1) funcionalidade; (2) confiabilidade; (3) conveniência; e (4) preço (custo).

Por meio do modelo Windermere, explica Christensen, os clientes farão suas escolhas de compra com base no critério de prioridade mais alta. A funcionalidade é levada em conta quando nenhum dos produtos disponíveis satisfaz as exigências, e a escolha recairá sobre o produto que melhor atender à necessidade (funcionalidade). Quando mais de um agente no mercado oferece produtos que atendam ao primeiro critério, o processo de escolha de um produto ou fornecedor levará em conta a confiabilidade. Quando dois ou mais fornecedores apresentam a confiabilidade demandada no mercado, "a base de competição muda para a conveniência", que inclusive pode fazer com que os consumidores adquiram os produtos mais caros, em razão da conveniência oferecida. Por fim, se "múltiplos vendedores oferecem um pacote de produtos e serviços convenientes, que satisfaçam completamente a demanda do mercado, a base da competição muda para o preço"[317], e a sua implantação efetiva resultaria no ápice de satisfação dos consumidores 4.0 (*prosumers*).

É comum a falta de comunicação entre os diversos canais de fornecedores, o que desfere diversas reclamações e insatisfações dos consumidores. A falta de comunicação interna dos fornecedores não ocorre somente em pequenas e médias empresas, mas também em grandes varejistas. Um exemplo é que, apesar de diversos fornecedores oferecerem a retirada em loja física de um produto comprado virtualmente, não possibilitam que o consumidor que visite a loja física efetue a compra *on-line* e imediatamente retire o produto. Pelo contrário, alguns fornecedores dão prazos superiores a 5 dias para a retirada do produto em uma loja específica, sem considerar que o consumidor está no local no momento da compra e em contato com o produto.

A transformação necessária para a consolidação da omnicanalidade não será simples nem rápida. Ainda é comum que empresas e fornecedores foquem em apenas um canal do seu negócio ou apenas um "tipo" de consumidor.

---

317 Idem.

É necessária a quebra de paradigma de empreendedores e especialistas em *marketing*, gestão, relacionamento com o cliente, e demais *stakeholders* diretamente ligados à cadeia produtiva do fornecedor para oferecer diversos canais visando atender todos os perfis de consumidores *on-line*: os que adquirem por *sites* ou aplicativos; os que pesquisam em *sites* diversos e buscam detalhes sobre a compra e o vendedor. Afinal, por trás do *login*, se existe um consumidor realmente interessado em efetuar a compra, ela será realizada, independentemente dos meios, da publicidade, da algoritmização ou dos influenciadores.

3.4. CONTRATOS DE ADESÃO, ALGORITMIZAÇÃO, CONFIANÇA E VULNERABILIDADE NA ERA DIGITAL

Os fornecedores na Quarta Revolução Industrial passaram a reinventar seus modelos de publicidade, abordando o consumidor de forma personalizada, principalmente pelas mídias sociais. Essa abordagem se dá, muitas vezes, pelos dados coletados pelos algoritmos sobre navegação, pesquisas e escolhas dos usuários, direcionando publicações, eventos, produtos, serviços e outras oportunidades aos possíveis clientes, apresentando-se tal publicidade de forma direcional nas mídias sociais, nos *sites* de pesquisa e em demais plataformas utilizadas pelo usuário. O que, por um lado, parece uma possibilidade interessante para fornecedores e consumidores, por outro, acaba por trazer uma tendência exagerada nas publicidades, podendo causar até mesmo constrangimentos quando há exagero.

O ponto central das demandas e preocupações do consumidor 4.0 deve ser a vulnerabilidade digital gerada pela violação à privacidade. Por exemplo, se um usuário pesquisa um produto de uso íntimo, diversas propagandas do produto pesquisado e semelhantes serão exibidas em todas as próximas pesquisas e acessos às mídias sociais. Dependendo do local onde ele necessite acessar as redes, a publicidade pode parecer imprópria ou, no mínimo, vexatória.

Devido a falhas e exageros como os descritos é que dois professores do Instituto Federal de Tecnologia, em Lausanne (Suíça), criaram um

Capítulo 3

algoritmo que impede a polarização extrema do conteúdo apresentado ao consumidor[318]. Dessa forma, gera-se a noção de que as inovações influenciadoras também necessitam de regramento para que não atinjam de forma negativa os consumidores, criando repúdio em vez de fidelização[319].

Para o filósofo sul-coreano Byung-Chul Han, na era do "dataísmo" (da *big data*), "o homem não é mais soberano de si mesmo, mas resultado de uma operação algorítmica que o domina sem que ele perceba"[320].

As grandes corporações devem agir com equilíbrio, disponibilizando opções de publicidade "não indexada" ou ainda permitindo aos seus usuários escolher qual tipo de publicidade deverá ser exibida, uma tendência a ser amplamente adotada nos próximos anos, para efetividade da LGPD.

A confiança, do ponto de vista jurídico, corresponde a um estado em que determinada pessoa adere a certas representações que crê serem efetivas[321]. Confiança é o elemento que se integra ao contrato, corolário do princípio da boa-fé. Giddens observa que a confiança está ligada à natureza dos sistemas peritos (*expert systems*), "sistemas de excelência técnica ou competência profissional que organizam grandes áreas dos ambientes material e social em que vivemos hoje". O autor exemplifica

---

318 ASSOCIAÇÃO BRASILEIRA DE COMUNICAÇÃO EMPRESARIAL – Aberje. Futurologia. *Kantar Media destaca 10 tendências para mídias sociais em 2019*. Disponível em: http://www.aberje.com.br/blogs/post/kantar-media-destaca-10-tendencias-para-midias-sociais-em-2019/. Acesso em: 20 set. 2019.

319 Nesse sentido, observando os riscos ocultos das redes sociais, Jurno afirma que "os objetivos da ação dos algoritmos precisam ser claros e predeterminados pelos seus programadores. Portanto, apesar de serem constituídos por códigos matemáticos, que podem remeter à falsa ideia de objetividade, os algoritmos incorporam em sua natureza os objetivos e expectativas escolhidas parcialmente por grupos de interesse específicos. As escolhas dos algoritmos são previstas, programadas e realizadas a fim de garantir a manutenção do controle sobre o conteúdo que circula na plataforma. E esse controle é necessário para que os objetivos predeterminados pelos executivos da empresa sejam alcançados. Como a previsão baseia-se em dados e conhecimentos adquiridos no passado, é comum observarmos algoritmos agindo de "forma errada" quando se confrontam com situações novas que, por serem desconhecidas, não foram previstas em sua programação". JURNO, Amanda Chevtchouk. A seleção algorítmica de conteúdos: uma discussão a partir da plataforma facebook. In. *Algoritarismos*. JESÚS SABARIEGO, Jesús; AMARAL, Augusto Jobim do; SALLES, Eduardo Baldissera Carvalho (Coords). Valencia: Tirant Lo Blanch, 2020, p. 508.

320 EL PAÍS. *Byung-Chul Han: "Hoje o indivíduo se explora e acredita que isso é realização"*. Disponível em: https://brasil.elpais.com/brasil/2018/02/07/cultura/1517989873_086219.html. Acesso em: 05 jan. 2020.

321 MIRANDA, José Gustavo Souza. A Proteção da Confiança nas Relações Obrigacionais. *Revista de Informação Legislativa*, a. 39, nº 153, jan. - mar. 2002, p. 147.

com a utilização do automóvel na qual não é necessário o "conhecimento perito", e sim a confiança do motorista no seu processo de fabricação; o mesmo se aplica à ação de subir as escadas da própria casa: ainda que se considere que a estrutura pode desabar, não existe um medo específico. O conhecimento sobre a construção pode ser básico, rudimentar, pois, "para a pessoa leiga, a confiança em sistemas peritos não depende nem de uma plena iniciação nestes processos, nem do domínio do conhecimento que eles produzem. A confiança e inevitavelmente, em parte, um artigo de 'fé'". Essa fé, segundo o autor, é um elemento pragmático "baseado na experiência de que tais sistemas geralmente funcionam como se espera que eles o façam"[322].

O consumidor médio percebe que compras a distância podem oferecer riscos. Ponderar entre os riscos e benefícios existentes na relação contratual obriga o consumidor 4.0 a pesquisar sobre a reputação do fornecedor previamente.

Klaus Schwab assinala que, no mundo digital, "a confiança é tudo", observando os aspectos da regulação desse ambiente: "Em cada canto deste mundo, precisamos de um ambiente regulatório revitalizado que promova o uso confiável e inovador da tecnologia. O maior problema reside na legislação antiquada, a qual se mostra inadequada para lidar com os problemas contemporâneos"[323].

Assim, a confiança é fator essencial para a dinâmica dos contratos de consumo, sendo ela gerada a partir dos elementos de credibilidade, transparência e ética. Quando o fornecedor presta um serviço de qualidade, provavelmente o consumidor retorna e/ou indica para terceiros.

Segundo a OECD, é fundamental que a confiança do consumidor seja protegida e adequada à era digital. Os consumidores digitais enfrentam desafios relacionados à divulgação de informações enganosas e práticas comerciais injustas, confirmação e pagamento, roubo de identidade e fraude, segurança do produto, resolução/reparação de conflitos. Relegar a confiança significa que empresas e governos passarão a não utilizar tecnologias digitais, refreando o potencial crescimento e progresso social. Por exemplo, a violação de dados em larga escala tornou-se

---

[322] GIDDENS, Anthony. *As consequências da modernidade*. São Paulo: Unesp, 1991, pp. 30-31.

[323] SCHWAB, Klaus; DAVIS, Nicholas. *Aplicando a quarta revolução industrial*. São Paulo: Edipro, 2018, p. 19.

comum, tanto causando danos financeiros e à reputação das organizações, como deixando os indivíduos vulneráveis ao uso indevido dos dados pessoais e roubo de identidade, o que criou a sensação de que o espaço privado está diminuindo e estabeleceu a incerteza do consumidor em relação à integridade dos dados e informações fornecidas. Para a OECD, a confiança é um conceito multifacetado que envolve segurança digital, privacidade, proteção do consumidor, infraestruturas críticas[324], serviços essenciais, seguros e pequenas e médias empresas[325].

Nesse grande laboratório de questões jurídicas do futuro, um cenário que arrola a técnica da adesão, os princípios da confiança e da transparência e a vulnerabilidade digital do consumidor é a utilização de assistente virtual na tecnologia IoT (Internet das Coisas). O consumidor 4.0, notadamente marcado pelas características do imediatismo, da cultura do nanossegundo e da aceitação incondicional de novas tecnologias, como abordado anteriormente, pode estar exposto à violação da sua privacidade, o que pode interferir nos seus processos de escolha.

Como noticiado em abril de 2019, a Amazon, responsável desde 2014 pela fabricação e pelo suporte à assistente virtual Alexa (dispositivo que conecta e gerencia lares inteligentes por comando de voz), ganhou o noticiário internacional por manter funcionários ouvindo parte das conversas registradas pela assistente virtual, o que consiste em monitoramento. Segundo matéria publicada pela Bloomberg[326], os funcionários da Amazon trabalham em período integral e estão localizados em todo o mundo, de Boston à Índia, com a tarefa de anotar informações dos usuários e alimentar o *software* da Amazon para melhorar a compreensão da fala humana na Alexa.

---

324 No Brasil, o Decreto nº 9.573, de 22 de novembro de 2018, define como infraestruturas críticas as instalações, serviços, bens e sistemas cuja interrupção ou destruição, total ou parcial, provoque sério impacto social, ambiental, econômico, político, internacional ou à segurança do Estado e da sociedade (Anexo, artigo 1º, Parágrafo Único, I). Disponível em: http://www.planalto.gov.br/ccivil_03/_ato2015-2018/2018/decreto/D9573.htm. Acesso em: 25 dez. 2019.

325 ORGANISATION FOR ECONOMIC CO-OPERATION AND DEVELOPMENT - OECD (2019). *Shaping the Digital Transformation in Latin America:* Strengthening Productivity, Improving Lives, OECD Publishing, Paris, p. 33. Disponível em: https://doi.org/10.1787/8bb3c-9f1-en. Acesso em: 25 dez. 2019.

326 BLOOMBERG. Technology. *Amazon Workers Are Listening to What You Tell Alexa.* A global team reviews audio clips in an effort to help the voice-activated assistant respond to commands. Disponível em: https://www.bloomberg.com/news/articles/2019-04-10/is-anyone-listening-to-you-on-alexa-a-global-team-reviews-audio. Acesso em: 20 dez. 2019.

Há vulnerabilidade digital porque os consumidores estão expostos, especialmente quando não há transparência das empresas de tecnologia sobre como os dados pessoais serão usados. A denúncia publicada relata que a Amazon não informa aos consumidores que seus funcionários estão ouvindo suas conversas com Alexa. A empresa explica que, nos termos de uso (aceito contratualmente pelos consumidores, pela via da adesão), utiliza as solicitações dos usuários à Alexa para treinar os sistemas de reconhecimento de fala e compreensão de linguagem natural e, em defesa, informou que possui "rígidas salvaguardas técnicas e operacionais e uma política de tolerância zero para o abuso de nosso sistema", além de que "os funcionários não têm acesso direto às informações que possam identificar a pessoa ou a conta como parte desse fluxo de trabalho"[327]. O problema está em saber até que ponto o usuário deve confiar seus dados, sua intimidade a terceiros.

Do ponto de vista do consumidor, a assistente virtual é capaz de reconhecer as preferências dos moradores, como *hobbies*, lazer, comidas, bebidas, mas também dados mais sensíveis, como situação econômica, posições políticas e religiosas e questões de gênero. Esses dados coletados possibilitam a oferta de produtos e serviços aos usuários, influenciando ainda mais suas escolhas. A vulnerabilidade digital está na forma como esses dados podem ser coletados: pela violação da privacidade e da intimidade dos consumidores.

---

327 Idem.

CONCLUSÃO

Esta obra procurou agregar diversos campos do conhecimento, como Direito, Sociologia, História, Economia e *Marketing*. A pretensão foi edificar um pensamento sistêmico voltado à identificação das interconexões necessárias entre os objetos de estudo, de forma a possibilitar a compreensão integrada dos principais conceitos e aspectos explorados.

A necessidade de consumir interfere direta e indiretamente na evolução da tecnologia, da sociedade e da forma como conduzimos os negócios, nas empresas, na geração de empregos, na demonstração de falhas e na sugestão de soluções para os problemas cotidianos. O consumidor é o grande impulsionador das mais diversas descobertas tecnológicas.

O mercado de consumo se expande, assim como a consciência dos consumidores em relação aos seus direitos. Porém, nem sempre foi dessa forma; precisou-se que os consumidores se mobilizassem em sua defesa para frear os abusos, como o aumento despótico de preços e a falta de ética e de regras claras e equilibradas nas relações contratuais de consumo. O Direito do Consumidor é fruto das aspirações populares, da organização por parte da sociedade civil com o propósito de defender seus direitos junto ao mercado.

Em diversos segmentos de mercado, podem ser percebidas mudanças significativas ao longo dos anos. Os relatos sobre a Primeira e a Segunda Revolução Industriais revelam a dimensão do avanço tecnológico, tendo, entre outros, exemplos interessantes, como o advento do aperfeiçoamento da impressão gráfica, do computador e da *internet*.

O amplo acesso à internet, sem dúvida, modificou as formas de ofertar produtos e serviços e materializou o crescimento do *e-commerce*. O Direito Digital é um marco importantíssimo para a estruturação e continuidade dos institutos jurídicos, que a todo momento devem se amoldar, tendo em vista as transformações ocorridas na era da sociedade de rede, designada por Castells.

O consumidor do futuro, mais especificamente o brasileiro, diante da globalização, vem modificando seus hábitos de consumo. A legislação protetiva do consumidor é adequada e se aplica aos mais diversos cenários de consumo, mas algumas alterações podem se tornar necessárias para contemplar questões específicas da era digital.

É possível que no futuro o CDC, quando aplicável ao consumidor 4.0, se revele protetivo demais em alguns pontos e frágil em outros, tendo em vista que se trata de um consumidor com qualidades muito diferentes daquelas que foram delineadas com o advento do Código de Defesa do Consumidor (CDC), afirmação que não é lançada como previsão, mas como possibilidade.

A Lei nº 8.078/1990 (CDC) foi uma das maiores conquistas legislativas da sociedade brasileira, à época considerada hipervulnerável em razão do desequilíbrio nas relações jurídicas de consumo.

Embora seja observada na sociedade a presença do consumidor 4.0, mais moderno, exigente e experiente; há que se afirmar que é necessário o fortalecimento de sua proteção.

A vulnerabilidade do consumidor na era digital é realçada no que diz respeito ao tratamento e à comercialização de seus dados, além do fato de se expor aos vieses algorítmicos presentes no ambiente virtual para mapear e tentar influenciar suas escolhas.

Assim, quando o tema é voltado ao uso da tecnologia, um dos pontos mais críticos é a utilização da inteligência artificial nos processos de coleta de dados sobre os consumidores, com a intenção de "algoritimizá-lo", "hackeá-lo" para sugerir produtos e serviços e impulsionar as vendas, sendo necessário que a regulação tenha o condão de protegê-lo contra o uso indiscriminado da tecnologia e garantir que essa utilização ocorra de forma ética e chancelada pelos princípios da confiança e da boa-fé objetiva, a exemplo da Lei Geral de Proteção de Dados brasileira, sancionada com dispositivos que reforçam a proteção do consumidor.

É claro que a sociedade convive com diversas gerações de consumidores, e as mudanças legislativas devem considerar essa diversidade: nem todos os consumidores foram incluídos no ambiente digital; nem todos os consumidores gostam de utilizar o espaço virtual para compras.

Ainda levará tempo para se estabelecer uma associação total das relações interpessoais e virtuais de consumo, mas é necessário que o aparato legislativo esteja pronto para entender o perfil do consumidor 4.0 (via de regra, representado pelas Gerações Y e Z, nascidos entre 1980 e 2010), que é proativo, superconectado e engajado; gosta de ser ouvido e de compartilhar experiências; busca saber os valores das

Conclusão

empresas fornecedoras, como práticas socioambientais; demanda por produtos e serviços personalizados; resolve seus problemas diretamente com os fornecedores pelas plataformas automatizadas voltadas para mediação, por ter se desvinculado da cultura da "judicialização". Esse é o consumidor na era digital.

REFERÊNCIAS

ALVES, Marcos César Amador. *Responsabilidade social empresarial e a afirmação dos direitos fundamentais no trabalho: o paradigma da relação de trabalho responsável*, 2009. 280 f. Dissertação (Mestrado em Direito das Relações Sociais). PONTIFÍCIA UNIVERSIDADE CATÓLICA DE SÃO PAULO PUC-SP, 2009, p. 37. Disponível em: <https://tede2.pucsp.br/bitstream/handle/8768/1/Marcos%20Cesar%20Amador%20Alves.pdf>. Acesso em: 20 de set. de 2019.

ASHTON, T.S. *La revolución industrial:* 1760-1830. 2. ed. México: Fondo de cultura económica, 1950.

AZAMBUJA, Darcy. *Teoria Geral do Estado*. 39. ed. São Paulo: Globo, 1998.

BALDÉ, C.P., FORTI V., GRAY, V., KUEHR, R., STEGMANN, P.: *The Global E-waste Monitor – 2017:* Quantities, Flows, and Resources. United Nations University (UNU), International Telecommunication Union (ITU) &International Solid Waste Association (ISWA), Bonn/Geneva/Vienna.

BARBOSA FILHO, Milton Benedicto; STOCKLER, Maria Luiza Santiago. *História Moderna e Contemporânea*. São Paulo: Scipione, 1988.

BASTOS, Aurélio Wander. Cartéis e Concorrência: Estudo da Evolução Conceitual da Legislação Brasileira sobre Abuso do Poder Econômico. In: _____ (Org.) *Estudos Introdutórios de Direito Econômico*. Brasília: Brasília Jurídica, 1997.

BAUMAN, Zygmunt. *Vida para consumo:* a transformação das pessoas em mercadoria. Rio de Janeiro: Zahar, 2008.

BECKER, Daniel; LAMEIRÃO, Pedro. *Online Dispute Resolution (ODR) e a Ruptura no ecossistema da Resolução de Disputas.* Disponível em: <http://www.lexmachinae.com/2017/08/22/online-dispute-resolution-odr-e-a-ruptura-no-ecossistema-da-resolucao-de-disputas>. Acesso em: 03 de mar. de 2021.

BERNSTEIN, William J. *Uma breve história da riqueza:* como foi criada a prosperidade no mundo moderno. São Paulo: Fundamento, 2015.

BERTONCINI, Mateus Eduardo Siqueira Nunes; TONETTI, Felipe Laurini. Convenção Internacional sobre a eliminação de todas as formas de discriminação racial, constituição e responsabilidade social das empresas. *Revista de Direito Brasileira,* CONPEDI, Florianópolis, ano 3, v. 5, maio-ago./2013.

BROTTON, Jerry. *O bazar do Renascimento:* da rota da seda a Michelangelo. São Paulo: Grua, 2009.

BURCKHARDT, Jacob. *A cultura do renascimento na Itália:* um ensaio. São Paulo: Companhia das Letras, 2009.

BYNUM, William. *Uma breve história da ciência.* Porto Alegre: L&PM, e-book, 2014.

CARONIA, Antonio; PIREDDU, Mario; TURSI, Antonio. *La filosofia del post-umano:* nuova frontiera del soggetto. Disponível em: <http://un-ambigua-utopia.blogspot.com/2017/12/la-filosofia-del-post-umano-nuova.html>. Acesso em: 17 de out. de 2019.

CARPENA, Heloisa. *O consumidor no direito da concorrência.* Rio de Janeiro: Renovar, 2005.

CARPINTERO, Enrique. *La época del nanosegundo.* Disponível em: <https://www.topia.com.ar/articulos/la-%C3%A9poca-del-nanosegundo>. Acesso em: 29 de out. de 2019.

CASTELLS, Manuel. *A galáxia da internet:* reflexões sobre a internet, os negócios e a sociedade. São Paulo: Zahar, 2003.

Referências

CATALAN, Marcos. Uma ligeira reflexão acerca da hipervulnerabilidade dos consumidores no Brasil. In: *Derecho de Daños y Contratos:* desafíos frente a las problemáticas del siglo XXI. *DANUZZO, Ricardo Sebastián (Org.).* Resistencia: Contexto, 2019.

CAVALIERI FILHO, Sérgio. *Programa de responsabilidade civil.* 10. ed. São Paulo: Atlas, 2012.

CHARTIER, Roger. *Do Codige ao monitor:* a trajetória do escrito. Disponível em: <https://edisciplinas.usp.br/pluginfile.php/1868338/mod_resource/content/1/CHARTIER_DoCodiceAoMonitor.pdf>. Acesso em: 01 de maio de 2019.

CHRISTENSEN, Clayton M. *O dilema da inovação:* quando as novas tecnologias levam empresas ao fracasso. São Paulo: M. Books, 2012.

COOTER, Robert; ULEN, Thomas. *Teoría Económica del Contrato.* México: Fondo de cultura económica, 1998, p. 250.

DALLARI, Dalmo de Abreu. *Elementos da Teoria Geral do Estado.* 20. ed. São Paulo: Saraiva, 1998.

DELGADO, José Augusto. Interpretação dos contratos regulados pelo código de proteção ao consumidor. *BDJur,* Brasília, DF, 2007. Disponível em: <http://bdjur.stj.gov.br/dspace/handle/2011/10135>. Acesso em: 25 de out. de 2007.

DIAMOND, Jared. *Armas, germes e aço*: os destinos das sociedades humanas. São Paulo: Record, 2001.

DREIFUSS, René Armand. *Época das perplexidades:* mundialização, globalização e planetarização: novos desafios. 3. ed. Petrópolis, RJ: Vozes, 1996.

DYER, Frank Lewis; MARTIN, Thomas Commerford. *Edison his life and inventions.* Disponível em: <http://drugfreereading.com/interest_novels/Edison%20and%20His%20InventionsINV.pdf>. Acesso em: 14 de jul. de 2019. Tradução livre.

EPSTEIN, Lee; KING, Gary. *Pesquisa empírica em direito*: as regras de inferência / Lee Epstein, Gary King. São Paulo: Direito GV, 2013. Livro eletrônico, p. 11. Disponível em: <http://bibliotecadigital.fgv.br/dspace/handle/10438/11444>. Acesso em: 01 de jul. de 2019.

ETZKOWITZ, Henry; ZHOU, Chunyan. *Hélice Tríplice*: inovação e empreendedorismo universidade-indústria-governo. Estud. av. vol. 31, n. 90. São Paulo, mai/ago, 2017. Disponível em: <http://dx.doi.org/10.1590/s0103-40142017.3190003>. Acesso em: 26 de dez. de 2019.

FALCON, Francisco; RODRIGUES, Antônio Edmilson. *A formação do Mundo Moderno*: a construção do Ocidente dos séculos XIV ao XVIII. São Paulo: Elsevier, 2005.

FILOMENO, José Geraldo Brito. Disposições Gerais. In: GRINOVER, Ada Pellegrini; BENJAMIN, Antônio Herman de Vasconcellos e; FINK, Daniel Roberto; FILOMENO, José Geraldo Brito; NERY JÚNIOR, Nelson; DENARI, Zelmo. *Código Brasileiro de Defesa do Consumidor*. 10. ed. Rio de Janeiro: Forense, 2011.

FIORILLO, Celso Antônio Pacheco. *Curso de Direito Ambiental Brasileiro*. 9. ed. São Paulo: Saraiva, 2008.

FIORILLO, Celso Antônio Pacheco. Meio ambiente do trabalho em face do direito ambiental brasileiro. In: *8º Congresso Brasileiro do Magistério Superior de Direito Ambiental, 2010*. Disponível em: <http://www.nima.puc-rio.br/aprodab/artigos/celso_antonio_pacheco_fiorillo.pdf>. Acesso em: 20 de maio de 2018, s/p.

FISCILETTI, Rossana Marina De Seta. Vulnerabilidade infantil na era digital: os youtubers e a prática abusiva do unpacking. In: *Estudos em homenagem ao professor Carlos Eduardo Japiassú*. SOUZA, Arthur de Brito Gueiros; MELLO, Cleyson de Moraes; MARTINS, Vanderlei (Coords). Rio de Janeiro: Processo, 2019, pp. 595 a 609.

FISCILETTI, Rossana Marina De Seta; MATOS, Erika Tavares Amaral Rabelo de. Responsabilidade socioambiental das instituições financeiras:

Referências

estudo de casos. In: *Direito, economia e desenvolvimento econômico sustentável*. Organização CONPEDI/ Universidade do Minho. Coordenadores: José Barroso Filho; Sébastien Kiwonghi Bizawu; Serafim Pedro Madeira Froufe. Florianópolis: CONPEDI, 2017, pp. 112 a 135. Disponível em: <http://conpedi.danilolr.info/publicacoes/pi88duoz/x907t3bq/rDk2G-Nm284Fao57w.pdf>. Acesso em: 25 de set. de 2019.

FOSSIER, Robert. *O trabalho na Idade Média*. Petrópolis, RJ: Vozes, 2018.

GIDDENS, Anthony. *As consequências da modernidade*. São Paulo: Unesp, 1991, pp. 30-31.

GONÇALVES, Victor Hugo Pereira. *Inclusão digital como direito fundamental*. 2012. Dissertação (Mestrado em Diretos Humanos) – Faculdade de Direito, Universidade de São Paulo, São Paulo, 2012, p. 60. Doi:10.11606/D.2.2012.tde-30102012-092412. Acesso em: 03 de mar. de 2021.

GORDON, S. Wood. *A revolução americana*. Rio de Janeiro: Objetiva, 2013.

GRAU, Eros Roberto. *A ordem econômica na Constituição de 1988*. 12. ed. São Paulo: Malheiros, 2007.

HAN, Byung-Chul. *Sociedade da transparência*. Petrópolis, RJ: Vozes, 2017. Edição digital.

HARARI, Yuval Noah. *Homo Deus:* uma breve história do amanhã. São Paulo: Companhia das Letras, 2016, p. 311.

HARARI, Yuval Noah. O futuro da humanidade e os novos desafios do Século 21. In: *HSM EXPO 2019*. Disponível em: <https://experience.hsm.com.br/posts/hsm-expo19-o-futuro-da-humanidade-e-os-novos-desafios--do-seculo-21-com-yuval-noah-harari-2>. Acesso em: 15 de dez. de 2019.

HIRST, John. *A mais breve história da Europa:* uma visão original e fascinante das forças que moldaram nosso mundo. Rio de Janeiro: Sextante, 2018.

HOBBES, Thomas. *Leviatã:* matéria, forma e poder de um estado eclesiástico e civil, p. 81. E-book. Le Livros. Disponível em: <http://lelivros.love/book/baixar-livro-leviata-thomas-hobbes-em-pdf-epub-e-mobi-ou-ler-online>. Acesso em: 20 de maio de 2019.

HOGEMANN, Edna Raquel. O futuro do Direito e do ensino jurídico diante das novas tecnologias. *Revista Interdisciplinar de Direito - Faculdade de Direito de Valença, v. 16, n. 1, pp.105-115, jan./ jun. 2018. Disponível em: DOI: 10.24859/fdv.2018.1.005.* Acesso em: 26 de dez. de 2019, p. 106.

HONACK, Richard. *Los nanoconsumidores.* Disponível em: <https://www.dinero.com/edicion-impresa/especial-comercial/articulo/los-nanoconsumidores/21946>. Acesso em: 29 de out. de 2019.

HUIZINGA, Johan. *The Waning Of The Middle Ages*: a study of the forms of life thought and art in France and the netherlands in the fourteenth and fifteenth centuries. Canadá: Penguin Books, 1955.

ISAACSON, Walter. *Benjamin Franklin*: uma vida americana. São Paulo: Companhia das Letras, 2003.

JESUS, Tiffany Cunha de. *Porquê eu não baixei o aplicativo faceapp e o que você deveria saber sobre isso.* Disponível em: <https://medium.com/@tcjesus.adv/porqu%C3%AA-eu-n%C3%A3o-baixei-o-aplicativo-faceapp-e-o-que-voc%C3%AA-deveria-saber-sobre-isso-c53976cafc2c>. Acesso em: 15 de out. de 2019.

JOHNSON, Steven. *Como chegamos até aqui. A história das inovações que fizeram a vida moderna possível.* Livro digital. São Paulo: Zahar, p. 120.

JUHN, Chinhui; MURPHY, Kevin M.; PIERCE, Brooks. Wage Inequality and the Rise in Returns to Skill. *Journal of Political Economy*, The University of Chicago, 1993, vol. 101, n. 3, 1993, p. 412. Disponível em: <https://uh.edu/~cjuhn/Papers/docs/2138770.pdf>. Acesso em: 15 de dez. de 2019.

Referências

JURNO, Amanda Chevtchouk. A seleção algorítmica de conteúdos: uma discussão a partir da plataforma facebook. In. *Algoritarismos*. JESÚS SABARIEGO, Jesús; AMARAL, Augusto Jobim do; SALLES, Eduardo Baldissera Carvalho (Coords). Valencia: Tirant Lo Blanch, 2020.

KIRSCHBAUM, Charles. Decisões entre pesquisas quali e quanti sob a perspectiva de mecanismos causais. *Revista Brasileira de Ciências Sociais*, São Paulo, v. 28, n. 82, jun. 2013. Disponível em: <http://www.scielo.br/pdf/rbcsoc/v28n82/v28n82a11.pdf>. Acesso em: 28 de jun. de 2019.

KISHTAINY, Niall. *Uma breve história da economia*. 1.ed. Porto Alegre: L&PM, 2018, p. 142.

LABIAK JUNIOR, Silvestre. *Método de Análise dos Fluxos de Conhecimento em Sistemas Regionais de Inovação*, 2012. Doutorado em Engenharia e Gestão do Conhecimento -Programa de Pós-Graduação em Engenharia e Gestão do Conhecimento, Universidade Federal de Santa Catarina, Florianópolis -Brasil. Disponível em: <http://btd.egc.ufsc.br/wp-content/uploads/2012/06/Silvestre-Labiak-Jr.pdf>. Acesso em: 26 de dez. de 2019.

LANG, Bodo; DOLAN, Rebecca; KEMPER, Joya; NORTHEY, Gavin. Prosumers in times of crisis: definition, archetypes and implications. In: *Journal of Service Management*, vol. 32, n. 2, pp. 176-189, em DOI: 10.1108/JOSM-05-2020-0155.

LE GOFF, Jacques. *A civilização do ocidente medieval*. Bauru, SP: Edusc, 2005b.

LE GOFF, Jacques. *Em busca da Idade Média*. Rio de Janeiro: Civilização Brasileira, 2005a.

LE GOFF, Jacques. *Mercadores e banqueiros da Idade Média*. Universidade hoje. São Paulo: Martins Fontes, 1991.

LEONARD, Annie. *A história das coisas: da natureza ao lixo, o que acontece com tudo que consumimos (livro digital)*. Rio de Janeiro: Zahar, 2011.

LEVI, Primo. *Os que sucumbem e os que se salvam (edição digital)*. Portugal: Publicações Dom Quixote, 2018.

LÉVY, Pierre. *As tecnologias da inteligência:* o futuro do pensamento na era da informática. São Paulo: Editora 34, 2010, p. 179.

LINARDI, Fred. *Como funcionava a prensa de Gutenberg?*: Gutenberg evoluiu uma técnica muito mais antiga que ele. Disponível em: <https://super.abril.com.br/mundo-estranho/como-funcionava-a-prensa-de-gutenberg/>. Acesso em: 01 de jan. de 2020.

LINDSTROM, Martin. *A lógica do consumo: verdades e mentiras sobre porque compramos.* Rio de Janeiro: HarperCollins, 2017.

LISBOA, Roberto Senise. *Responsabilidade Civil nas Relações de Consumo.* 2. ed. São Paulo: RT, 2006.

LÔBO, Paulo Luiz Netto. *Condições gerais dos contratos e cláusulas abusivas.* São Paulo: Saraiva, 1991.

LOCKE, John. Segundo Tratado sobre o Governo. In. *Os pensadores.* São Paulo: Abril Cultural, 1978.

MACHADO, Paulo Affonso Leme. *Direito Ambiental Brasileiro.* 15. ed. São Paulo: Malheiros, 2007.

MACMILLAN, Margaret. *A Primeira Guerra Mundial.* São Paulo: Globo Livros, 2014.

MARCONI, Marina de Andrade; LAKATOS, Eva Maria. *Técnicas de pesquisa.* 5. ed. São Paulo: Atlas, 2002.

MARQUES, Cláudia Lima. *Contratos no Código de Defesa do Consumidor:* O Novo Regime das Relações Contratuais. 4. ed. São Paulo: Revista dos Tribunais, 2002.

MARQUES, Cláudia Lima. *Contratos no Código de Defesa do Consumidor.* O Novo Regime das Relações Contratuais. 6. ed. São Paulo: Revista dos Tribunais, 2011, p. 75.

MARQUES, Cláudia Lima. *Contratos no Código de Defesa do Consumidor.* O Novo Regime das Relações Contratuais. 5. ed. São Paulo: RT, 2006.

Referências

MARRAFON, Marco Aurélio; COUTINHO, Luiza Leite Cabral Loureiro. Princípio da privacidade por design: fundamentos e efetividade regulatória na garantia do direito à proteção de dados. In: *Revista Eletrônica Direito e Política*. *Programa de Pós-Graduação Stricto Sensu em Ciência Jurídica da Univali, Itajaí, v.15, n.3, 3º quadrimestre de 2020, pp. 955-984, em DOI:* https://doi.org/10.14210/rdp.v15n3.p955-984.

MELLO, Cleyson de Moraes; MARTINS, Vanderlei. Direito e Pessoa: o Direito, o que é? In: O Direito em Movimento, Juiz de Fora: Editar Editora Associada Ltda. 2015, 35-41, pp. 39 e 40.

MELO NETO, Francisco Paulo de; FROES, César. *Gestão da responsabilidade social corporativa:* o caso brasileiro. Rio de Janeiro: Qualitymark, 2001.

MICELI, Paulo. *História moderna*. São Paulo: Contexto, 2013.

MIRANDA, José Gustavo Souza. A Proteção da Confiança nas Relações Obrigacionais. *Revista de Informação Legislativa*, a. 39, nº 153, jan.-mar. 2002, p. 147.

MIRANDOLA, Giovanni Pico Della. *Discurso sobre a dignidade do homem*. Lisboa: Edições 70, 2011.

MORTIMER, Ian. *Séculos de transformações:* em mil anos de história, qual século passou por mais mudanças e qual a importância disso. Rio de Janeiro: Difel, 2018.

MOTA, Mauricio Jorge Pereira da. *A Teoria da Aparência Jurídica*. Disponível em: <http://conpedi.org>. Acesso em: 12 de nov. de 2007.

MOTA, Mauricio Jorge Pereira da. Função socioambiental da propriedade: o princípio do usuário pagador na nova interpretação da compensação ambiental pelo Supremo Tribunal Federal. In: _____ (coord.). *Função social do direito ambiental*. Rio de Janeiro: Elsevier, 2009.

OLIVEIRA, Eveline Nogueira Pinheiro de; MOITA, Dimitre Sampaio; AQUINO, Cassio Adriano Braz de. O Empreendedor na Era do Trabalho Precário: relações entre empreendedorismo e precarização laboral. *Rev. Psicologia Política,* São Paulo, v. 16, n. 36, p. 207-226, ago. 2016. Disponível em: <http://pepsic.bvsalud.org/scielo.php?script=sci_arttext&pid=S1519-549X2016000200006&lng=pt&nrm=iso>. Acesso em: 20 de mar. de 2021.

OLIVEIRA, L. R. *et al. Sustentabilidade:* da evolução dos conceitos à implementação como estratégia nas organizações. *Produção, v. 22, n. 1, p. 70-82, jan./fev. 2012.*

OLIVEIRA, Odete Maria de. Relações comerciais globais e o império dos mercados mundiais. In. *Direito Internacional Econômico em Expansão*: desafios e dilemas. Org. RI JUNIOR, Arno Dal; OLIVEIRA, Odete Maria (orgs). 2. ed. Ijuí: Unijuí, 2005.

PACKARD, Vance. *The Waste Makers.* New York: David MacKay Company Inc. 1960, p. 250. Trad. Livre.

PAZZINATO, Alceu Luiz; SENISE, Maria Helena Valente. *História Moderna e Contemporânea.* 9. ed. São Paulo: Ática, 1995.

PEREIRA, Antônio Celso Alves. A Nova Escola. In: *Democracia e Direitos Fundamentais:* estudos em homenagem ao professor Leonardo Rabelo. Rio de Janeiro: Processo, pp. 44 e 45.

PEREIRA, João Eduardo de Alves. Superação de assimetrias no acesso à energia. In: *Revista da Faculdade de Direito de Campos,* Ano VIII, n.º 10, Junho de 2007, 91-110.

PLATÃO. *A República.* Trad. Maria Helena da Rocha Pereira. 9. ed. Lisboa: Fundação Calouste Gulbenkian, 2001.

PIKETTY, Thomas. *Economia da desigualdade* (edição digital). Rio de Janeiro: Intrínseca, 2015.

PIKETTY, Thomas. *O capital no século XXI* (edição digital). Rio de Janeiro: Intrínseca, 2014.

Referências

REALE, Miguel. *A nova fase do direito moderno.* 2. ed. São Paulo: Saraiva, 2001.

REINHART, Carmen M; ROGOFF, Kenneth S. *This time is different:* eight centuries of financial folly. United States of America: Princeton University Press, 2009, p. 281.

ROBERTS, James A. "*Green consumers in the 1990s*: profile and implications for advertising", Journal of Business Research, vol. 36 nº. 3, pp. 217-231, 1996.

ROPPO, Enzo. *O contrato.* Coimbra: Livraria Almedina, 1988.

ROUSSEAU, Jean-Jacques. *Do contrato social.* 3. ed. São Paulo: Martins Fontes, 1998.

ROUSSEAU, Jean-Jacques. *O contrato social.* 3. ed. São Paulo: Martins Fontes, 1996.

ROUSSEAU, Jean-Jacques. *O contrato social.* São Paulo: Martins Fontes, 2003.

RUSSEL, Bertrand. *História do pensamento ocidental:* a aventura dos pré-socráticos a Wittgenstein. Rio de Janeiro: Nova Fronteira, 2016.

SCHMIDT NETO, André Perin. *O livre-arbítrio na era do big data.* São Paulo: Tirant Lo Blanch Brasil, 2021, pp. 127-128. E-book.

SCHWAB, Klaus. *Aplicando a quarta revolução industrial.* São Paulo: Edipro, 2018.

SCHWAB, Klaus. *A quarta revolução industrial.* São Paulo: Edipro, 2016.

SOARES, Ricardo Maurício Freire. A Dimensão Principiológica do Código Brasileiro de Defesa do Consumidor. *Revista EVS - Revista de Ciências Ambientais e Saúde*, Goiânia, v. 35, n. 4, p. 717-751, abr. 2009.

ISSN 1983-781X. Disponível em: Doi: <http://dx.doi.org/10.18224/est.v35i4.690>. Acesso em: 02 de jul. de 2021.

SOLOMON, Michael R. *O comportamento do consumidor:* comprando, possuindo, sendo. 11. ed. Porto Alegre: Bookman, 2016.

STEPHEN, Frank H. *Teoria Econômica do Direito.* São Paulo: Makron Books, 1993.

STEVENS, B. *Planned Obsolescence.* The Rotarian. February, 1960, p. 12. Disponível em: <https://books.google.com/books?id=ZzcEAAAAMBAJ&lpg=PA1&pg=PA12#v=onepage&q&f=false>. Acesso em: 27 de dez. de 2019.

TARBELL, Ida. *The History of the Standard Oil Company.* Disponível em: <http://www.clovis-schools.org/chs-freshman/Resources/e-books/historyofstandar00tarbuoft.pdf>. Acesso em: 23 de dez. de 2019.

TEIXEIRA, Sálvio de Figueiredo. A proteção ao consumidor no sistema jurídico brasileiro. *Revista de Informação Legislativa,* a. 39, n. 155, jul.-set. 2002.

TOFFLER, Alvin. *Future shock.* United States: A Bantam Book, 1970.

TOFFLER, Alvin. *The Third Wave.* United Stades: Bantam Books, 1980.

TORRES, Ricardo Lobo. *O direito ao mínimo existencial.* Rio de Janeiro: Renovar, 2009.

TORRES, Ricardo Lobo. O mínimo existencial e os direitos fundamentais. *Revista de Direito Administrativo.* Rio de Janeiro, n. 177, p. 29-49, jul/set.1989. Disponível em: <http://bibliotecadigital.fgv.br/ojs/index.php/rda/article/view/46113/44271>. Acesso em: 22 de dez. de 2019.

WEHLING, Arno. Fundamentos e virtualidades da epistemologia da história: algumas questões. *Estudos Históricos.* Rio de Janeiro, vol. 5, n. 10, 1992.

ZALTMAN, Gerald. *Os modelos mentais.* Entrevista concedida a Viviana Alonso, em *HSM Management,* n. 54, jan-fev. 2006, pp. 106-110.

Referências

SITES INSTITUCIONAIS/ PORTAIS DE NOTÍCIAS:

AGÊNCIA BRASIL. Economia. *Decolar.com é multada em R$ 7,5 milhões* Disponível em: <http://agenciabrasil.ebc.com.br/economia/noticia/2018-06/decolarcom-e-multada-em-r75-milhoes>. Acesso em: 10 de out. de 2019.

AGÊNCIA BRASILEIRA DE DESENVOLVIMENTO INDUSTRIAL - ABDI. *Indústria 4.0*. Disponível em: <https://www.industria40.abdi.com.br/home>. Acesso em: 25 de nov. de 2019.

AGÊNCIA SPAÇO. *Omnishopper: sua empresa conhece esse tipo de cliente?* Disponível em: <https://www.agenciaspaco.com.br/omnishopper/>. Acesso em: 15 de set. de 2019.

ARGENTINA.GOB.AR. *Protección de datos personales*. Disponível em: <https://www.argentina.gob.ar/aaip/datospersonales>. Acesso em: 21 de nov. de 2019.

ASSOCIAÇÃO BRASILEIRA DE COMUNICAÇÃO EMPRESARIAL – Aberje. Futurologia. *Kantar Media destaca 10 tendências para mídias sociais em 2019*. Disponível em: <http://www.aberje.com.br/blogs/post/kantar-media-destaca-10-tendencias-para-midias-sociais-em-2019>. Acesso em: 20 de set. de 2019.

AUSTRALIAN GOVERNMENT. Federal Register of Legislation. *Privacy Act 1988*. Disponível em: <https://www.legislation.gov.au/Series/C2004A03712>. Acesso em: 25 de set. de 2019.

BLOOMBERG. Technology. *Amazon Workers Are Listening to What You Tell Alexa*. A global team reviews audio clips in an effort to help the voice-activated assistant respond to commands. Disponível em: <https://www.bloomberg.com/news/articles/2019-04-10/is-anyone-listening-to-you-on-alexa-a-global-team-reviews-audio>. Acesso em: 20 de dez. de 2019.

BRASIL. Ministério da Indústria Comércio e Serviços. *Agenda Brasileira para a Indústria 4.0:* O Brasil preparado para os desafios do futuro. Disponível em: <http://www.industria40.gov.br/>. Acesso em: 10 de mar. de 2019.

BRASIL. Ministério da Indústria, Comércio Exterior e Serviços (MDIC). *MDIC e ABDI lançam Agenda Brasileira para a Indústria 4.0 no Fórum Econômico Mundial.* Disponível em: <http://www.mdic.gov.br/index.php/ultimas-noticias/3133-mdic-e-abdi-lancam-agenda-brasileira-para-a-industria-4-0-no-forum-economico-mundial>. Acesso em: 15 de out. de 2019.

BRASIL. ONU. *A Carta das Nações Unidas.* Disponível em: <https://nacoesunidas.org/carta/>. Acesso em: 13 de jul. de 2019.

BRASIL. Presidência da República. Lei nº 13.243, de 11 de janeiro de 2016. *Dispõe sobre estímulos ao desenvolvimento científico, à pesquisa, à capacitação científica e tecnológica e à inovação.* Disponível em: <http://www.planalto.gov.br/ccivil_03/_Ato2015-2018/2016/Lei/L13243.htm>. Acesso em: 26 de dez. de 2019.

BRASIL. Presidência da República. Lei nº 10.973, de 2 de dezembro de 2004. *Dispõe sobre incentivos à inovação e à pesquisa científica e tecnológica no ambiente produtivo e dá outras providências.* Disponível em: <http://www.planalto.gov.br/ccivil_03/_ato2004-2006/2004/lei/l10.973.htm>. Acesso em: 26 de dez. de 2019.

BRASIL. Presidência da República. *Decreto n. 9.573, de 22 de novembro de 2018.* Disponível em: <http://www.planalto.gov.br/ccivil_03/_ato2015-2018/2018/decreto/D9573.htm>. Acesso em: 25 de dez. de 2019.

BRASIL. Presidência da República. Lei n. 8.078 de 11 de setembro de 1990. *Dispõe sobre a proteção do consumidor e dá outras providências.* Disponível em: <http://www.planalto.gov.br/ccivil_03/LEIS/L8078.htm>. Acesso em: 28 de mar. de 2019.

BRASIL. Presidência da República. *Constituição da República Federativa do Brasil de 1988.* Disponível em: <http://www.planalto.gov.br/ccivil_03/constituicao/constituicao.htm>. Acesso em: 25 de abr. de 2019.

BRASIL. Presidência da República. Lei Complementar nº 116, de 31 de Julho de 2003. *Dispõe sobre o Imposto Sobre Serviços de Qualquer Natureza, de competência dos Municípios e do Distrito Federal, e dá outras providências*. Disponível em: <http://www.planalto.gov.br/ccivil_03/leis/LCP/Lcp116.htm>. Acesso em: 10 de maio de 2019.

BRASIL. Presidência da República. Lei nº 12.485, de 12 de Setembro de 2011. *Dispõe sobre a comunicação audiovisual de acesso condicionado*. Disponível em: <http://www.planalto.gov.br/ccivil_03/_Ato2011-2014/2011/Lei/L12485.htm>. Acesso em: 10 de maio de 2019.

BRASIL. Presidência da República. Lei Complementar nº 157, de 29 de dezembro de 2016. *Altera a Lei Complementar nº 116, de 31 de julho de 2003, que dispõe sobre o Imposto Sobre Serviços de Qualquer Natureza*. Disponível em: <http://www.planalto.gov.br/ccivil_03/leis/LCP/Lcp157.htm>. Acesso em: 12 de mar. de 2019.

BRASIL. Presidência da República. Lei nº 556, de 25 de junho de 1850. *Código Comercial*. Disponível em: <http://www.planalto.gov.br/ccivil_03/LEIS/L0556-1850.htm>. Acesso em: 12 de mar. de 2019.

BRASIL. Presidência da República. Lei nº 3.071, de 1º de janeiro de 1916. *Código Civil dos Estados Unidos do Brasil*. Revogado pela Lei n. 10. 406, de 2002. Disponível em: <http://www.planalto.gov.br/ccivil_03/leis/L3071.htm>. Acesso em: 12 de mar. de 2019.

BRASIL. Presidência da República. Lei Delegada nº 4, de 26 de setembro de 1962. *Dispõe sobre a intervenção no domínio econômico para assegurar a livre distribuição de produtos necessários ao consumo do povo*. Revogada pela Lei nº 13.874 de 2019. Disponível em: <http://www.planalto.gov.br/ccivil_03/LEIS/Ldl/Ldl04.htm>. Acesso em: 27 de dez. de 2019.

BRASIL. Presidência da República. Lei nº 13.969 de 26 de dezembro de 2019. *Dispõe sobre a política industrial* para *o setor de tecnologias da informação e comunicação e para o setor de semicondutores*. Disponível em: <http://www.planalto.gov.br/ccivil_03/_ato2019-2022/2019/lei/L13969.htm>. Acesso em: 05 de jan. de 2020.

BRASIL. Presidência da República. Lei nº 14.181, de 1º de julho de 2021. *Altera a Lei nº 8.078, de 11 de setembro de 1990 (Código de Defesa* do Consumidor), e a Lei nº 10.741, de 1º de outubro de 2003 (Estatuto do Idoso), para aperfeiçoar a disciplina do crédito ao consumidor e dispor sobre a prevenção e o tratamento do superendividamento. Disponível em: <http://www.planalto.gov.br/ccivil_03/_Ato2019-2022/2021/Lei/L14181.htm>. Acesso em: 02 de jul. de 2021.

BRASIL. EBC. Agência Brasil. *Regras para incentivo à tecnologia da informação podem mudar. Brasília, 16 dez. 2019.* Disponível em: <http://agenciabrasil.ebc.com.br/politica/noticia/2019-12/regras-para-incentivo-tecnologia-da-informacao-podem-mudar>. Acesso em: 05 de jan. de 2020.

BRASIL. EBC. Agência Brasil. Economia. *Decolar.com é multada em R$ 7,5 milhões.* Disponível em: <http://agenciabrasil.ebc.com.br/economia/noticia/2018-06/decolarcom-e-multada-em-r75-milhoes>. Acesso em: 10 de out. de 2019.

BRASIL. SECRETARIA NACIONAL DO CONSUMIDOR – Senacon. *Defesa do Consumidor.* Disponível em: <https://www.defesadoconsumidor.gov.br/portal/defesa-do-consumidor-no-brasil-menu>. Acesso em: 27 de dez. de 2019.

BRASIL. São Paulo. *Procon.* Disponível em: <https://www.procon.sp.gov.br/>. Acesso em: 20 de dez. de 2019.

BRASIL. São Paulo. *Procon SP multa Decolar.* Disponível em: <https://www.procon.sp.gov.br/procon-sp-multa-decolar/>. Acesso em: 20 de jun. de 2021.

BRASIL. Poder Legislativo. Câmara dos Deputados. Notícias. *Especial 70 anos da Declaração Universal dos Direitos Humanos.* Disponível: <https://www2.camara.leg.br/camaranoticias/radio/materias/REPORTAGEM-ESPECIAL/563782-70-ANOS-DA-DECLARACAO-UNIVERSAL-DOS-DIREITOS-HUMANOS-ORIGEM-DA-DECLARACAO-BLOCO-1.html>. Acesso em: 12 de jul. de 2019.

BRASIL. ONU. DUDH. Disponível em: <https://nacoesunidas.org/wp-content/uploads/2018/10/DUDH.pdf>. Acesso em: 13 de jul. de 2019.

Referências

BRASIL. Procuradoria-Geral da República (PGR). *Carta Internacional dos Direitos Humanos*. Segundo Protocolo Adicional ao Pacto Internacional sobre os Direitos Civis e Políticos com vista à Abolição da Pena de Morte. Documento proclamado em 1989, em vigor desde 1991. Disponível em: <http://pfdc.pgr.mpf.mp.br/atuacao-e-conteudos-de-apoio/legislacao/direitos-humanos/prot_dir_civis_politicos.pdf>. Acesso em: 20 de out. de 2019.

BRASIL. Ministério da Indústria, Comércio Exterior e Serviços (MDIC). Disponível em: <http://www.mdic.gov.br/index.php/inovacao/fomento-a-inovacao/manufatura-avancada>. Acesso em: 26 de dez. de 2019.

BRASIL. Ministério da Indústria, Comércio Exterior e Serviços (MDIC); Ministério da Ciência, Tecnologia, Inovações e Comunicações (MCTIC). *Perspectivas de especialistas brasileiros sobre a manufatura avançada no Brasil: um relato de workshops realizados em sete capitais brasileiras em contraste com as experiências internacionais*. Brasília: Governo Federal, nov. 2016, p. 20. Disponível em: <http://www.mdic.gov.br/images/REPOSITORIO/si/dfin/Perspectivas_de_especialistas_brasileiros_sobre_a_manufatura_avan%C3%A7ada_no_Brasil.pdf>. Acesso em: 26 de dez. de 2019.

BRASIL. *MDIC e ABDI lançam Agenda Brasileira para a Indústria 4.0 no Fórum Econômico Mundial*. Disponível em: <http://www.mdic.gov.br/index.php/ultimas-noticias/3133-mdic-e-abdi-lancam-agenda-brasileira-para-a-industria-4-0-no-forum-economico-mundial>. Acesso em: 15 de out. de 2019.

BRASIL. Superior Tribunal de Justiça – STJ. Min. Fátima Nancy Andrighi: Palestra proferida no III Ciclo de Palestras sobre Jurisprudência do STJ no Âmbito do Direito Público e Privado, realizado no Auditório Antônio Carlos Amorim – Palácio da Justiça – Rio de Janeiro, 02/12/2005. *Direitos do Consumidor na Jurisprudência do STJ*. Disponível em: <http://bdjur.stj.gov.br>. Acesso em: 15. de jul. de 2019.

BRASIL. PODER JUDICIÁRIO. Tribunal de Justiça do Estado de São Paulo. 13ª Vara Cível. *Indenização por Dano Moral*. Requerente: Fabricio Vilela Coelho. Requerido: Cyrela Brazil Realty S/A Empreendimentos e Participações. Juíza de Direito: Dra. Tonia Yuka Koroku. Disponível em: <https://

esaj.tjsp.jus.br/pastadigital/pg/abrirConferenciaDocumento.do. Processo n. 1080233-94.2019.8.26.0100>. Código 9CEEC18.

BRASIL. *Superior Tribunal de Justiça*. REsp. 476.428/SC. Rel. Min. Nancy Andrighi. Terceira Turma, julgado em 19.04.2005, DJ 09.05.2005, p. 390.

BRASIL. Câmara Legislativa. *Tramitação*. Disponível em: <https://www.camara.leg.br/proposicoesWeb/fichadetramitacao?idProposicao=2141480>. Acesso em: 29 de dez. de 2019.

BRASIL. Câmara Legislativa. *Parecer*. Disponível em: <https://www.camara.leg.br/proposicoesWeb/prop_mostrarintegra?codteor=1778345&filename=Parecer-CDEICS-11-07-2019>. Acesso em: 29 de dez. de 2019.

BRITISH COLUMBIA. *Personal Information Protection Act*. Disponível em: <http://www.bclaws.ca/Recon/document/ID/freeside/00_03063_01>. Acesso em: 04 de jan. de 2020.

CAMBRIDGE DICTIONARY. Online, Inglês-Português. *Bug*. Disponível em: <https://dictionary.cambridge.org/pt/dicionario/ingles-portugues/bug>. Acesso em: 29 de dez. de 2019.

COMISSÃO EUROPEIA. *Que dados pessoais são considerados sensíveis?* Disponível em: <https://ec.europa.eu/info/law/law-topic/data-protection/reform/rules-business-and-organisations/legal-grounds-processing-data/sensitive-data/what-personal-data-considered-sensitive_pt>. Acesso em: 20 de out. de 2019.

COMISSÃO EUROPEIA. *Nova agenda do consumidor 2020 – 2025 ações destinadas a proteger os consumidores europeus*. Disponível em: <https://ec.europa.eu/info/sites/info/files/nova_agenda_do_consumidor_-_ficha_informativa.pdf>. Acesso em: 05 de abr. de 2021.

CONFEDERAÇÃO NACIONAL DA INDÚSTRIA. *Desafios para a Indústria 4.0 no Brasil*. Brasília: CNI, 2016. Disponível em: <https://www.portaldaindustria.com.br/publicacoes/2016/8/desafios-para-industria-40-no-brasil/>. Acesso em: 10 de nov. de 2019.

Referências

CONFEDERAÇÃO NACIONAL DA INDÚSTRIA. Agência CNI de Notícias. *Profissões ligadas à tecnologia terão alto crescimento até 2023, aponta SENAI.* Disponível em: <https://noticias.portaldaindustria.com.br/noticias/educacao/profissoes-ligadas-a-tecnologia-terao-alto-crescimento-ate-2023-aponta-senai/>. Acesso em: 13 de ago. de 2019.

CONFEDERAÇÃO NACIONAL DA INDÚSTRIA. *Mapa Estratégico da Indústria 2018-2022*, p. 19. Disponível em: <https://www.portaldaindustria.com.br/publicacoes/2018/3/mapa-estrategico-da-industria-2018-2022/>. Acesso em: 10 de mar. de 2019.

CONFEDERAÇÃO NACIONAL DA INDÚSTRIA. *Pesquisa Mapa do trabalho industrial 2019/2023.* Disponível em: <https://noticias.portaldaindustria.com.br/especiais/conheca-o-mapa-do-trabalho-industrial-nos-estados/>. Acesso em: 17 de ago. de 2019.

CONSELHO DA UNIÃO EUROPEIA. *Mercado único digital na Europa.* Disponível em: <https://www.consilium.europa.eu/pt/policies/digital-single-market/>. Acesso em: 01 de out. de 2019.

CONSELHO DA UNIÃO EUROPEIA. *Ampla reutilização de informações do setor público:* Presidência chega a acordo provisório com o Parlamento. Disponível em: <https://www.consilium.europa.eu/pt/press/press-releases/2019/01/22/wider-reuse-of-public-sector-data-presidency-reaches-provisional-deal-with-parliament/>. Acesso em: 01 de out. de 2019.

CONSELHO DA UNIÃO EUROPEIA. *UE estimula a sua economia dos dados:* Conselho aprova acordo sobre reutilização mais ampla dos dados publicamente financiados. Disponível em: <https://www.consilium.europa.eu/pt/press/press-releases/2019/02/06/eu-boosts-its-data-economy-as-council-approves-deal-on-wider-reuse-of-publicly-funded-data/>. Acesso em: 01 de out. de 2019.

CONSELHO DA UNIÃO EUROPEIA. *Direito das sociedades na UE adaptado à era digital.* Disponível em: <https://www.consilium.europa.eu/pt/press/press-releases/2019/02/04/eu-company-law-adapted-to-the-digital-era/>. Acesso em: 01 de nov. de 2019.

CONSELHO DA UNIÃO EUROPEIA. *Diretiva do Parlamento Europeu e do Conselho relativa aos direitos de autor e direitos conexos no mercado único digital e que altera as Diretivas 96/9/CE e 2001/29/CE.* Disponível em: <https://data.consilium.europa.eu/doc/document/PE-51-2019-INIT/pt/pdf>. Acesso em: 01 de nov. de 2019.

CONSELHO DA UNIÃO EUROPEIA. *Legislação da UE sobre direitos de autor adaptada à era digital.* Disponível em: <https://www.consilium.europa.eu/pt/press/press-releases/2019/02/13/eu-copyright-rules-adjusted-to-the-digital-age/>. Acesso em: 01 de nov. de 2019.

CONSELHO DA UNIÃO EUROPEIA. *UE estabelece obrigações de transparência para plataformas em linha.* Disponível em: <https://www.consilium.europa.eu/pt/press/press-releases/2019/06/14/eu-introduces-transparency-obligations-for-online-platforms/>. Acesso em: 13 de nov. de 2019.

CONSELHO DA UNIÃO EUROPEIA. *Aumento da transparência nos negócios realizados por intermédio de plataformas em linha.* Disponível em: <https://www.consilium.europa.eu/pt/press/press-releases/2019/02/20/increased-transparency-in-doing-business-through-online-platforms/>. Acesso em: 07 de nov. de 2019.

CONSELHO DA UNIÃO EUROPEIA. *Programa Europa Digital – Coreper confirma entendimento comum com o Parlamento.* Disponível em: <https://www.consilium.europa.eu/pt/press/press-releases/2019/03/13/digital-europe-programme-coreper-confirms-common-understanding-reached-with-parliament/>. Acesso em: 07 de nov. de 2019.

CONSELHO DA UNIÃO EUROPEIA. *Política digital pós-2020 – Conselho adota conclusões.* Disponível em: <https://www.consilium.europa.eu/pt/press/press-releases/2019/06/07/post-2020-digital-policy-council-adopts-conclusions/>. Acesso em: 07 de nov. de 2019.

CONSELHO DA UNIÃO EUROPEIA. *Conselho (Transportes, Telecomunicações e Energia) sobre Telecomunicações, 7 de junho de 2019.* Disponível em: <https://www.consilium.europa.eu/pt/meetings/tte/2019/06/07/>. Acesso em: 18 de ago. de 2019.

Referências

CONSELHO DA UNIÃO EUROPEIA. *UE adapta legislação sobre direitos de autor à era digital.* Disponível em: <https://www.consilium.europa.eu/pt/press/press-releases/2019/04/15/eu-adjusts-copyright-rules-to-the-digital-age/>. Acesso em: 17 de ago. de 2019.

CONSELHO EMPRESARIAL BRASILEIRO PARA O DESENVOLVIMENTO SUSTENTÁVEL (CEBDS). *CEBDS participa da primeira reunião do Conselho Superior de Meio Ambiente da Fiesp.* Disponível em: <http://cebds.org/noticias/cebds-participa-da-primeira-reuniao-do-conselho-superior-de-meio-ambiente-da-fiesp/#.WrbzTZdv9PY>. Acesso em: 24 de mar. de 2018.

CONSELHO NACIONAL DE AUTORREGULAMENTAÇÃO PUBLICITÁRIA (CONAR). Código Brasileiro de Autorregulamentação Publicitária. Disponível em: <http://www.conar.org.br/codigo/codigo.php>. Acesso em: 03 de abr. de 2019.

CORNELL LAW SCHOOL. Legal Information Institute. *42 U.S. Code § 2000 aa. Searches and seizures by government officers and employees in connection with investigation or prosecution of criminal offenses.* Disponível em: <https://www.law.cornell.edu/uscode/text/42/2000aa>. Acesso em: 20 de nov. de 2019.

DEFESA DO CONSUMIDOR.GOV. SENACON. *Secretaria Nacional do Consumidor aplica multa a empresa por reconhecimento facial.* Disponível em: <https://www.defesadoconsumidor.gov.br/portal/ultimas-noticias/1539-secretaria-nacional-do-consumidor-aplica-multa-a-empresa-por-reconhecimento-facial>. Acesso em: 20 de jan. de 2021.

DEUTSCHE WELLE - DW. Tecnologia. *França investiga Apple por possível obsolescência programada.* Disponível em: <https://www.dw.com/pt-br/fran%C3%A7a-investiga-apple-por-poss%C3%ADvel-obsolesc%C3%AAncia-programada/a-42074614>. Acesso em: 29 de dez. de 2019.

DICIO. Dicionário Online de Português. *Confiança.* Disponível em: <https://www.dicio.com.br/confianca/>. Acesso em: 22 de set. de 2019.

DICIONÁRIO ONLINE DE PORTUGUÊS. Disponível em: <https://www.dicio.com.br/vulneravel/>. Acesso em: 03 de set. de 2019.

DIRITTO MERCATO TECNOLOGIA. On-line journal. *General Rules of the Civil Law of the People's Republic of China.* Disponível em: <https://www.dimt.it/images/pdf/GeneralRules.pdf>. Acesso em: 20 de nov. de 2019.

DOW JONES SUSTAINABILITY INDEX. Disponível em: <www.sustainability-indices.com>. Acesso em: 20 de mar. de 2019.

EBIT/NIELSEN. *Web shoppeers*, edição n. 38, 2018, p.13. Disponível em: <https://www.fecomercio.com.br/public/upload/editor/ws38_vfinal.pdf>. Acesso em: 03 de nov. de 2019.

EBIT/NIELSEN, *Web shoppeers*, edição n. 40, 2019, p. 9. Disponível em: <https://www.nielsen.com/br/pt/insights/article/2019/e-commerce-mantem-crescimento-e-fatura-r-264-bilhoes-no-primeiro-semestre-de-2019/>. Acesso em: 03 de nov. de 2019.

ECOEFICIENTES. *A história do termo Ecoeficiência.* Disponível em: <http://www.ecoeficientes.com.br/a-historia-do-termo-ecoeficiencia/>. Acesso em: 20 de mar. de 2019.

E-COMMERCE BRASIL. *Você está preparado para a omnicanalidade?* Disponível em: <https://www.ecommercebrasil.com.br/artigos/voce-esta-preparado-para-omnicanalidade/>. Acesso em: 15 de set. de 2019.

ELIVE CENTER. *Sobre a Elive.* Disponível em: <https://elive.center/>. Acesso em: 15 de out. de 2019.

EL PAÍS. Economia. *Renda básica universal:* a última fronteira do Estado de bem-estar social. Os testes com salário garantido para todos os cidadãos independente de estar trabalhando se multiplicam pelo mundo. Disponível em: <https://brasil.elpais.com/brasil/2018/06/15/economia/1529054985_121637.html>. Acesso em: 22 de dez. de 2019.

EL PAÍS. *Byung-Chul Han:* "Hoje o indivíduo se explora e acredita

Referências

que isso é realização". Disponível em: <https://brasil.elpais.com/brasil/2018/02/07/cultura/1517989873_086219.html>. Acesso em: 05 de jan. de 2020.

ELECTRONIC CODE OF FEDERAL REGULATIONS. Disponível em: <https://www.ecfr.gov/cgi-bin/text-idx?SID=2b1fab8de5438fc52f2a326fc6592874&mc=true&tpl=/ecfrbrowse/Title16/16CIsubchapF.tpl>. Acesso em: 20 de nov. de 2019.

ENIAC. Disponível em: <https://commons.wikimedia.org/wiki/File:Two_women_operating_ENIAC.gif#/media/File:Two_women_operating_ENIAC_(full_resolution).jpg>. Acesso em: 13 de jul. de 2019.

EUR-LEX. El acceso al Derecho de la Unión Europea. Directiva 95/46/CE do Parlamento Europeu e do Conselho de 24 de outubro de 1995. *Relativa à protecção das pessoas singulares no que diz respeito ao tratamento de dados pessoais e à livre circulação desses dados.* Disponível em: <https://eur-lex.europa.eu/legal-content/PT/TXT/PDF/?uri=CELEX:31995L0046&from=PT>. Acesso em: 01 de ago. de 2019.

EUR-LEX. Regulamento (UE) 2016/679 do Parlamento Europeu e do Conselho de 27 de abril de 2016. *Relativo à proteção das pessoas singulares no que diz respeito ao tratamento de dados pessoais e à livre circulação desses dados e que revoga a Diretiva 95/46/CE (Regulamento Geral sobre a Proteção de Dados).* Disponível em: <https://eur-lex.europa.eu/legal-content/PT/TXT/HTML/?uri=CELEX:32016R0679&qid=1563860130845&from=PT>. Acesso em: 08 de ago. de 2019.

EUR-LEX. Comissão europeia. Comunicação da comissão ao Parlamento Europeu, ao Conselho, ao Comité Económico e Social Europeu e ao Comité das Regiões. *Uma Agenda Digital para a Europa.* Bruxelas, 19.5.2010 COM (2010) 245 final. Disponível em: <https://eur-lex.europa.eu/legal-content/PT/TXT/PDF/?uri=CELEX:52010DC0245&from=PT>. Acesso em: 08 de ago. de 2019.

EUR-LEX. Comissão Europeia. *Relatório da Comissão sobre a aplicação da diretiva 93/13/CE do Conselho de 5 de abril de 1993 relativa às* cláusulas abusivas nos contratos celebrados com os consumidores. Bruxelas, 27.04.2000. COM (2000) 248 final. Disponível em: <https://eur-lex.europa.eu/legal-content/PT/TXT/?uri=CELEX%3A52000DC0248>. Acesso em: 02 de ago. de 2019.

EUR-LEX. Comissão Europeia. *Rumo a uma economia circular.* Disponível em: <https://ec.europa.eu/commission/priorities/jobs-growth-and-investment/towards-circular-economy_pt>. Acesso em: 30 de dez. de 2019.

EUR-LEX. COMUNICAÇÃO DA COMISSÃO EUROPA 2020. *Estratégia para um crescimento inteligente, sustentável e inclusivo.* Bruxelas, 3.3.2010 COM (2010) 2020 final. Disponível em: <https://eur-lex.europa.eu/LexUriServ/LexUriServ.do?uri=COM:2010:2020:FIN:PT:PDF>. Acesso em: 09 de ago. de 2019.

FEDERAL TRADE COMMISSION 16 CFR Part 255. *Guides Concerning the Use of Endorsements and Testimonials in Advertising.* Disponível em: <https://www.ftc.gov/sites/default/files/documents/federal_register_notices/guides-concerning-use-endorsements-and-testimonials-advertising-16-cfr-part-255/091015guidesconcerningtestimonials.pdf>. Acesso em: 07 de abr. de 2019.

FINANCIAL CONDUCT AUTHORITY. *Regulatory Sandbox.* Disponível em: <https://www.fca.org.uk/firms/innovation/regulatory-sandbox>. Acesso em: 25 de dez. de 2019.

FINANCIAL CONDUCT AUTHORITY. *About the FCA.* Disponível em: <https://www.fca.org.uk/about/the-fca>. Acesso em: 25 de dez. de 2019.

FOOD AND AGRICULTURE ORGANIZATION (FAO). *Review of pumps and water lifting techniques.* Disponível em: <http://www.fao.org/3/ah810e/AH810E05.htm#5.4.1>. Acesso em: 02 de jan. de 2020.

GUIA DO MARKETING. *O que são Digital Influencers?* Disponível em: <https://www.guiadomarketing.com.br/o-que-sao-digital-influencers/>. Acesso em: 22 de set. de 2019.

Referências

IL CODICE CIVILE. Disponível em: <https://www.ilcodicecivile.it/Libro_IV-Delle_obbligazioni.html?pag=34>. Acesso em: 04 de jan. de 2020.

INDUSTRIAL DEVELOPEMENT. *The Second Industrial Revolution.* Disponível em: <https://industrialdevelopement.weebly.com/>. Acesso em: 18 de out. de 2019.

INSIDE PRIVACY. *China Releases National Standard for Personal Information Collected Over Information Systems; Industry Self-Regulatory Organization Established.* Disponível em: <https://www.insideprivacy.com/international/china-releases-national-standard-for-personal-information-collected-over-information-systems-industr/>. Acesso em: 20 de nov. de 2019.

INSTITUTO DE ESTUDOS PARA O DESENVOLVIMENTO INDUSTRIAL – IEDI. A Indústria do Futuro no Brasil e no Mundo. ALMEIDA, Julio Sergio Gomes de; CAGNIN, Rafael Fagundes (Coords). *Iedi:* mar. 2019. Disponível em: <https://iedi.org.br/media/site/artigos/20190311_industria_do_futuro_no_brasil_e_no_mundo.pdf>. Acesso em: 18 de abr. de 2019.

I-SIGHT. 2018 *Amendments to PIPEDA*: Key Changes to Know. Disponível em: <https://i-sight.com/resources/2018-amendment-pipeda/>. Acesso em: 30 de abr. de 2019.

JOTA. Direito Tributário. Por Abhner Youssif Mota Arabi. *Direito e Tecnologia:* relação cada vez mais necessária. Disponível em: <https://www.jota.info/opiniao-e-analise/artigos/direito-e-tecnologia-relacao-cada-vez-mais-necessaria-03012017>. Acesso em: 20 de out. de 2019.

KPMG. Overview of China's Cybersecurity Law. *China*: KPMG, February 2017. Disponível em: <https://assets.kpmg/content/dam/kpmg/cn/pdf/en/2017/02/overview-of-cybersecurity-law.pdf>. Acesso em: 20 de nov. de 2019.

L'AUTORITÀ GARANTE DELLA CONCORRENZA E DEL MERCATO. *Bollettino settimanale.* Disponível em: <https://www.agcm.it/dotcmsdoc/bollettini/2018/40-18.pdf>. Acesso em: 29 de dez. de 2019.

LEGIFRANCE. Le Service Public de la diffusion du droit. *Code de la consommation.* Disponível em: <https://www.legifrance.gouv.fr/affichCodeArticle.do?idArticle=LEGIARTI000031053376&cidTexte=LEGITEXT000006069565&dateTexte=20150819>. Acesso em: 30 de dez. de 2019.

LEGIFRANCE. Le Service Public de la diffusion du droit. *Délibération de la formation restreinte no SAN-2020-013 du 7 décembre 2020 concernant la société Amazon Europe Core.* Disponível em: <https://www.legifrance.gouv.fr/cnil/id/CNILTEXT000042635729>. Acesso em: 20 de jun. de 2021.

LEGIFRANCE. Le Service Public de la diffusion du droit. *Délibération de la formation restreinte no SAN-2020-012 du 7 décembre 2020 concernant les sociétés Google LLC Et Google Ireland Limited.* Disponível em: <https://www.legifrance.gouv.fr/cnil/id/CNILTEXT000042635706>. Acesso em: 20 de jun. de 2021.

MARKETING FUTURO. *Prosumer:* características do Consumidor Web. Disponível em: <https://marketingfuturo.com/prosumer-caracteristicas-do-consumidor-web/>. Acesso em: 15 de nov. de 2019.

MAX-PLANCK-GESELLSCHAFT. *Monkey hunting ensured survival of homo sapiens in the rainforest:* New study provides direct evidence for the hunting of tree-dwelling monkeys and other small mammals by Homo sapiens 45,000 years ago in Sri Lanka. February 19, 2019. Disponível em: <https://www.mpg.de/12746043/humans-colonize-south-asian-rainforest-by-hunting-primates?c=2249>. Acesso em: 05 de mar. de 2019.

MEIO MENSAGEM. *Do e-commerce para o social commerce. Por Rodrigo Helcer.* Disponível em: <https://www.meioemensagem.com.br/home/opiniao/2019/01/10/do-e-commerce-para-o-social-commerce.html>. Acesso em: 30 de set. de 2019.

NIELSEN. *Consumer Trust in Online, Social and Mobile Advertising Grows.* Disponível em: <https://www.nielsen.com/us/en/insights/article/2012/consumer-trust-in-online-social-and-mobile-advertising-grows/>. Acesso em: 02 de nov. de 2019.

Referências

NIELSEN. *Relatório Em busca da Conveniência.* Disponível em: <https://www.nielsen.com/wp-content/uploads/sites/3/2019/04/Em-20busca20da20conveniencia.pdf>. Acesso em: 15 de set. de 2019.

NUNES, Cláudia Ribeiro Pereira; BOTIJA, Fernando González; PERALTA, Pedro Días. *Tratado de Órganos Humanos:* Desafíos del alineamiento de la legislación de Brasil con los principios del Convenio de Santiago de Compostela - Consejo de Europa (CoE). *Cadernos de Dereito Actual, nº 8, num. ordinario (2017), pp. 205-219.*

O GLOBO. Acervo. *EUA detonam primeira bomba em 1952 e aceleram corrida armamentista.* Disponível em: <https://acervo.oglobo.globo.com/fatos-historicos/eua-detonam-primeira-bomba-em-1952-aceleram-corrida-armamentista-10465634>. Acesso em: 13 de jul. de 2019.

O GLOBO. Online. *Os usos da impressão 3D na medicina.* Disponível em: <https://oglobo.globo.com/sociedade/os-usos-da-impressao-3d-na-medicina-21349347>. Acesso em: 17 de nov. de 2019.

OBSOLESCÊNCIA PROGRAMADA: *Comprar, jogar fora, comprar. Direção e Produção:* Cosima Dannoritzer. Espanha: Arte France, 2010. (52 min). Disponível em: <https://www.youtube.com/watch?v=HDFKaXx7WLs>. Acesso em: 26 de dez. de 2019.

OFFICE OF THE PRIVACY COMMISSIONER OF CANADA. *The privacy act.* Disponível em: <https://www.priv.gc.ca/en/privacy-topics/privacy-laws-in-canada/the-privacy-act/>. Acesso em: 10 de nov. de 2019.

OFFICE OF THE AUSTRALIAN INFORMATION COMMISSIONER (OAIC). *The Consumer Data Right (CDR).* Disponível em: <https://www.oaic.gov.au/consumer-data-right/about-the-consumer-data-right/>. Acesso em: 02 de jul. de 2019.

OFFICE OF THE AUSTRALIAN INFORMATION COMMISSIONER (OAIC). *The Australian Privacy Principles* (or APPs). Disponível em: <https://www.oaic.gov.au/privacy/australian-privacy-principles>. Acesso em: 02 de jul. de 2019.

OPENSTD SAMR GOV CN. *Information security technology:* Personal information security specification. Disponível em: <http://www.gb688.cn/bzgk/gb/newGbInfo?hcno=4FFAA51D63BA21B9EE40C51D-D3CC40BE>. Acesso em: 20 de dez. de 2019.

ORGANISATION FOR ECONOMIC CO-OPERATION AND DEVELOPMENT (OECD) (2019). *Shaping the Digital Transformation in Latin America:* Strengthening Productivity, Improving Lives, OECD Publishing, Paris, p. 33. Disponível em: <https://doi.org/10.1787/8bb-3c9f1-en>. Acesso em: 25 de dez. de 2019.

ORGANISATION FOR ECONOMIC CO-OPERATION AND DEVELOPMENT (OECD) (2019). Um roteiro de medição para o futuro. In: *Medir a Transformação Digital:* Um Roteiro para o Futuro, *OECD Publishing, Paris, p. 9.* Disponível em: <http://www.oecd.org/going-digital/mdt-roadmap-portuguese.pdf>. Acesso em: 25 de dez. de 2019.

ORGANIZAÇÃO DAS NAÇÕES UNIDAS (ONU). Desenvolvimento sustentável. *Lixo eletrônico precisa ser transformado em fonte de trabalho decente, diz OIT.* Data da publicação: 23 abr. 2019. Disponível em: <https://nacoesunidas.org/lixo-eletronico-precisa-ser-transformado-em-fonte-de-trabalho-decente-diz-oit/>. Acesso em: 27 de dez. de 2019.

ORGANIZAÇÃO DAS NAÇÕES UNIDAS (ONU). *Declaração do Rio de Janeiro sobre Meio Ambiente e Desenvolvimento de 1992.* Disponível em: <http://www.onu.org.br/rio20/img/2012/01/rio92.pdf>. Acesso em: 25 de mar. de 2018.

PARLAMENTO EUROPEU. Comissão para o Mercado Interno e da Proteção dos Consumidores. *Relatório sobre produtos com uma duração de vida mais longa:* vantagens para os consumidores e as empresas (2016/2272(INI)). Disponível em: <http://www.europarl.europa.eu/doceo/document/A-8-2017-0214_PT.pdf?redirect>. Acesso em: 29 de dez. de 2019.

PARLAMENTO EUROPEU. *Eurobarómetro.* Disponível em: <https://www.europarl.europa.eu/at-your-service/pt/be-heard/eurobarometer>. Acesso em: 29 de dez. de 2019.

Referências

PORTAL AGÊNCIA BRASIL. *SUS poderá incorporar pele de tilápia para tratamento de queimados*. Disponível em: <http://agenciabrasil.ebc.com.br/saude/noticia/2019-05/sus-podera-incorporar-pele-de-tilapia--para-tratamento-de-queimados>. Acesso em: 02 de jan. de 2020.

PORTAL GTT HEALTHCARE. *Tecidos humanos na medicina regenerativa!* Disponível em: <http://gtthealthcare.com.br/blog/index.php/avanco-tecnologico-novos-tecidos-humanos/>. Acesso em: 20 de out. de 2019.

PROVINCE OF ALBERTA. Statutes of Alberta. - Office Consolidation. *Personal Information Protection Act*. 2003. Chapter P-6.5, Current as of November 22, 2019. Disponível em: <http://www.qp.alberta.ca/1266.cfm?page=P06P5.cfm&leg_type=Acts&isbncln=9780779762507>. Acesso em: 10 de dez. de 2019.

QUEENSLAND GOVERNMENT. *Information Privacy Act 2009*. Disponível em: <https://www.legislation.qld.gov.au/view/html/inforce/current/act-2009-014>. Acesso em: 25 de set. de 2019.

REDE D'OR. *Robótica Rede D'Or*. Disponível em: <http://www.roboticarededor.com.br/>. Acesso em: 10 de nov. de 2019.

RELATÓRIO BRUNDTLAND. *Nosso Futuro Comum. Our Common Future*. Disponível em: <http://www.un.org/documents/ga/res/42/ares42-187.htm>. Acesso em: 02 de jan. de 2020.

REINHART, Carmen M; ROGOFF, Kenneth S. *This time is different:*eight centuries of financial folly. United States of America: Princeton University Press, 2009, p. 281.

REVISTA PEQUENAS EMPRESAS E GRANDES NEGÓCIOS. Varejo. *Brasileiros montam loja do futuro sem atendente e que faz delivery de tudo*. Disponível em: <https://revistapegn.globo.com/Banco-de-ideias/Varejo/noticia/2018/08/brasileiros-montam-loja-do-futuro-sem-atendente-e-que-faz-delivery-de-tudo.html>. Acesso em: 20 de ago. de 2019.

REVISTA ÉPOCA NEGÓCIOS. Online. *Conheça o homem mais poderoso do Vale do Silício.* Masayoshi Son, *fundador do Soft Bank, acredita que a inteligência artificial é a tecnologia que vai moldar o futuro.* Disponível em: <https://epocanegocios.globo.com/Empresa/noticia/2019/08/conheca-o-homem-mais-poderoso-do-vale-do-silicio.html>. Acesso em: 10 de ago. de 2019.

REVISTA EXAME. Online. *Fiat indica futuro do trabalho com uso de exoesqueleto. Montadora usa exoesqueleto para maior conforto e ergonomia na montagem de carros na fábrica de Betim (MG).* Disponível em: <https://exame.abril.com.br/tecnologia/fiat-indica-futuro-do-trabalho-com-uso-de-exoesqueletos/>. Acesso em: 10 de jul. de 2019.

REVISTA EXAME. *Brasil sobe pelo segundo ano seguido em ranking da escola de negócios suíça IMD, mas amarga a 59ª posição entre 63 países.* Disponível em: <https://exame.abril.com.br/economia/pais-sobe-um-degrau-em-ranking-de-competitividade-mas-segue-entre-ultimos/>. Acesso: 20 de jun. de 2019.

REVISTA VEJA SÃO PAULO. *Apps para pagamento de contas em bares e restaurantes.* Disponível em: <https://vejasp.abril.com.br/cidades/apps-para-pagamento-de-contas-em-bares-e-restaurantes/>. Acesso em: 15 de out. de 2019.

RIO DE JANEIRO (Município) Prefeitura do Rio de Janeiro. Lei n. 6.263 de 11 de outubro de 2017. *Altera a Lei nº 691, de 24 de dezembro de 1984.* Disponível em: <http://smaonline.rio.rj.gov.br/legis_consulta/55587Lei%206263_2017.pdf>. Acesso em: 20 de jul. de 2019.

SEBRAE. Comércio varejista. *#DIY E COVID-19: Análise das publicações sobre o Faça Você Mesmo nas redes sociais durante a pandemia.* Disponível em: <https://atendimento.sebrae-sc.com.br/inteligencia/pesquisa-de-comportamento-do-consumidor/diy-e-covid-19-analise-das-publicacoes-sobre-o-faca-voce-mesmo-nas-redes-sociais-durante-pandemia>. Acesso em: 10 de jun. de 2021.

Referências

SÃO PAULO (Município). Prefeitura de São Paulo. Lei nº 16.757, de 14 de novembro de 2017. *Institui o Programa de Incentivos Fiscais para a Zona Sul*. Disponível em: <https://www.prefeitura.sp.gov.br/cidade/upload/lei_16757_1541523791.pdf>. Acesso em: 15 de nov. de 2019.

S&P DOW JONES INDICES. *Dow Jones Sustainability World Index*. Disponível em: <https://eu.spindices.com/indices/equity/dow-jones-sustainability-world-index>. Acesso em: 20 de mar. de 2019.

SITES RECORD. Internet. *O que é Arpanet?* Disponível em: <https://sites.google.com/site/sitesrecord/o-que-e-arpanet>. Acesso em: 12 de jul. de 2019.

STATE OF CALIFORNIA DEPARTMENT OF JUSTICE. *California Consumer Privacy Act* (CCPA). Disponível em: <https://oag.ca.gov/privacy/ccpa>. Acesso em: 20 de nov. de 2019.

THE LIGHT BULB CONSPIRACY: *A história secreta da obsolescência programada*. Direção: Cosima Dannoritzer. Produção: Arte France, Televisión Española e Televisió de Catalunya. Espanha: 2010. Documentário. 52 min. Disponível em: <https://www.youtube.com/watch?v=H7EUyuNNaCU&list=PLc7p9R78x71onBuFE6=-a2iaUO5241pG6P&index8=&t-0s>. Acesso em: 13 de jul. de 2019.

TOMS. *Blake Mycoskie*. Disponível em: <https://www.toms.com/blakes-bio>. Acesso em: 17 de dez. de 2019.

UNITED NATIONS CONFERENCE ON TRADE AND DEVELOPMENT. UNCTAD. *Online Consumer Protection Legislation Worldwide*. Disponível em: <https://unctad.org/en/Pages/DTL/STI_and_ICTs/ICT4D-Legislation/eCom-Consumer-Protection-Laws.aspx>. Acesso em: 13 de jul. de 2019.

UNITED NATIONS CONFERENCE ON TRADE AND DEVELOPMENT. UNCTAD. *Summary of Adoption of E-Commerce Legislation Worldwide*. Disponível em: <https://unctad.org/en/Pages/DTL/STI_and_ICTs/ICT4D-Legislation/eCom-Global-Legislation.aspx>. Acesso em: 13 de jul. de 2019.

UNITED NATIONS CONFERENCE ON TRADE AND DEVELOPMENT. UNCTAD. *Cyberlaw Tracker:* The case of Cuba. Disponível em: <https://unctad.org/en/Pages/DTL/STI_and_ICTs/ICT4D-Legislation/CountryDetail.aspx?country=cu>. Acesso em: 02 de jan. de 2020.

UNITED NATIONS CONFERENCE ON TRADE AND DEVELOPMENT. UNCTAD. *Cyberlaw Tracker:* The case of Papua New Guinea. Disponível em: <https://unctad.org/en/Pages/DTL/STI_and_ICTs/ICT4D-Legislation/CountryDetail.aspx?country=pg>. Acesso em: 02 de jan. de 2020.

UNITED NATIONS CONFERENCE ON TRADE AND DEVELOPMENT. UNCTAD. *Cyberlaw Tracker:* The case of Mozambique. Disponível em: <https://unctad.org/en/Pages/DTL/STI_and_ICTs/ICT4D-Legislation/CountryDetail.aspx?country=mz>. Acesso em: 02 de jan. de 2020.

UNITED NATIONS. *Report of the World Commission on Environment and Development:* Our Common Future. Disponível em: <https://sustainabledevelopment.un.org/content/documents/5987our-common-future.pdf>. Acesso em: 04 de jan. de 2020.

UNITED NATIONS PUBLIC ADMINISTRATION NETWORK- UNPAN. Disponível em: <http://unpan1.un.org/intradoc/groups/public/documents/un-dpadm/unpan044147.pdf>. Acesso em: 01 de jul. de 2019.

UNIVERSIDADE FEDERAL DE SANTA CATARINA - UFSC. *Departamento de informática e estatística.* Sistema operacional. Disponível em: <http://www.inf.ufsc.br/~j.barreto/cca/sisop/sisoperac.html>. Acesso em: 04 de jan. de 2020.